MARKUS PÖCKER

Die Rechtsfolgen der Einlegung von Widerspruch und Anfechtungsklage

Schriften zum Öffentlichen Recht

Band 868

Die Rechtsfolgen der Einlegung von Widerspruch und Anfechtungsklage

Kritik des § 80 VwGO
und dogmatische Neukonzeption

Von

Markus Pöcker

Duncker & Humblot · Berlin

Die Deutsche Bibliothek – CIP-Einheitsaufnahme

Pöcker, Markus:
Die Rechtsfolgen der Einlegung von Widerspruch und Anfechtungsklage : Kritik des § 80 VwGO und dogmatische Neukonzeption / Markus Pöcker. – Berlin : Duncker und Humblot, 2001
(Schriften zum öffentlichen Recht ; Bd. 868)
Zugl.: Frankfurt (Main), Univ., Diss., 2000
ISBN 3-428-10555-9

Fremddatenübernahme: Klaus-Dieter Voigt, Berlin
Druck: Werner Hildebrand, Berlin
Printed in Germany

ISSN 0582-0200
ISBN 3-428-10555-9

Gedruckt auf alterungsbeständigem (säurefreiem) Papier
entsprechend ISO 9706 ♾

Vorwort

Die Arbeit lag dem Fachbereich Rechtswissenschaft der Johann-Wolfgang-Goethe-Universität Frankfurt am Main im Wintersemester 2000/2001 als Dissertation vor. Sie ist auf dem Stand vom März 2001.

Ohne die Teilnahme am öffentlich-rechtlichen Seminar meines Doktorvaters, Prof. Dr. Dr. h.c. Hans Meyer, wäre die Arbeit so nicht entstanden. Beim Verfassen der Arbeit hat er mir stets die notwendige Freiheit gelassen. Prof. Dr. Georg Hermes hat zügig das Zweitgutachten erstattet und für die veröffentlichte Fassung manche Verbesserungen angeregt.

In besonderer Weise inspiriert hat mich Manuela Rottmann. Philipp Boos, Dr. Claus Pegatzky und Peter Spengler haben in verschiedenen Phasen immer wieder für Diskussionen zur Verfügung gestanden.

Ihnen allen möchte ich an dieser Stelle herzlich danken.

Gewidmet ist die Arbeit meinen Eltern, die durch ihre Unterstützung die Entstehung der Arbeit ermöglicht haben.

Frankfurt am Main, den 19.3.2001 *Markus Pöcker*

Inhaltsverzeichnis

2. Kapitel

Das neue Modell 88

3. Kapitel

Die Rechtsfolgen der Rechtsbehelfseinlegung im einzelnen 103

Abkürzungsverzeichnis

Abs.	Absatz
a. E.	am Ende
ÄndG	Änderungsgesetz
Anm.	Anmerkung
Art.	Artikel
ASOG	Allgemeines Gesetz über die öffentliche Sicherheit und Ordnung
AsylVfG	Asylverfahrensgesetz
AtomG	Atomgesetz
AuslG	Ausländergesetz
Az.	Aktenzeichen
BadWürttNatschG	baden-württembergisches Naturschutzgesetz
BauGB	Baugesetzbuch
BauR	Baurecht
BayBO	Bayerische Bauordnung
BayNatschG	bayerisches Naturschutzgesetz
BayObLG	Bayerisches Oberstes Landesgericht
BayVBl.	Bayerische Verwaltungsblätter
BBahnG	Bundesbahngesetz
BBergG	Bundesberggesetz
BBG	Bundesbeamtengesetz
Bd.	Band
BFernstrG	Bundesfernstraßengesetz
BGB	Bürgerliches Gesetzbuch
BGBl.	Bundesgesetzblatt
BGH	Bundesgerichtshof
BGHSt	Entscheidungssammlung des BGH in Strafsachen
BImSchG	Bundesimmissionsschutzgesetz
BRDrs.	Bundesratsdrucksache
BTDrs.	Bundestagsdrucksache
BVerfG	Bundesverfassungsgericht
BVerfGE	Entscheidungssammlung des BVerfG
BVerfGG	Bundesverfassungsgerichtsgesetz
BVerwG	Bundesverwaltungsgericht
BVerwGE	Entscheidungssammlung BVerwG
BWassStrG	Bundeswasserstraßengesetz
BWVBl.	baden-württembergische Verwaltungsblätter
bzw.	beziehungsweise

DAR	Deutsches Autorecht
d. h.	das heißt
DÖV	Die öffentliche Verwaltung
DVBl.	Deutsches Verwaltungsblatt
EuGH	Europäischer Gerichtshof
EZAR	Entscheidungen zum Ausländerrecht
f.	folgende Seite
ff.	folgende Seiten
Fn.	Fußnote
FS	Festschrift
GastG	Gaststättengesetz
GewArch.	Gewerbearchiv
GewO	Gewerbeordnung
GG	Grundgesetz
GVBl.	Gesetz- und Verordnungsblatt
HessAGKrwAbfG	hessisches Ausführungesetz zum Kreislaufwirtschafts und Abfallgesetz
HessAGVwGO	hessisches Ausführungsgesetz zur Verwaltungsgerichtsordnung
HessBauO	hessische Bauordnung
HessGO	hessische Gemeindeordnung
HessNatschG	hessisches Naturschutzgesetz
HessSOG	hessisches Gesetz über die öffentliche Sicherheit und Ordnung
HessVGRspr.	hessische Verwaltungsrechtsprechung
HessVwVfG	hessisches Verwaltungsverfahrensgesetz
h. M.	herrschende Meinung
Hs.	Halbsatz
i. V. m.	in Verbindung mit
JuS	Juristische Schulung
JZ	Juristenzeitung
Kap.	Kapitel
LTDrs.	Landtagsdrucksache
LuftVG	Luftverkehrsgesetz
m. w. N.	mit weiteren Nachweisen
NJW	Neue juristische Wochenschrift
Nr.	Nummer
Nrn.	Nummern
NStZ	Neue Zeitschrift für Strafrecht
NVwZ	Neue Zeitschrift für Verwaltungsrecht
NVwZ-RR	Rechtsprechungsreport der Neuen Zeitschrift für Verwaltungsrecht
NWVBl.	nordrhein-westfälische Verwaltungsblätter
OBG	Ordnungsbehördengesetz
OVG	Oberverwaltungsgericht
OVGE	Entscheidungssammlung der Oberverwaltungsgerichte Münster u. Lüneburg

OWiG	Ordnungswidrigkeitengesetz
PAG	Polizeiaufgabengesetz
PBefG	Personenbeförderungsgesetz
PolG	Polizeigesetz
Rz.	Randziffer
S.	Seite
StGB	Strafgesetzbuch
st. Rspr.	ständige Rechtsprechung
StVG	Straßenverkehrsgesetz
StVZO	Staßenverkehrszulassungsordnung
u.a.	unter anderem
UPR	Umwelt- und Planungsrecht
Verf.	Verfasser
VG	Verwaltungsgericht
VGH	Verwaltungsgerichtshof
vgl.	vergleiche
Vorb.	Vorbemerkung
VwGO	Verwaltungsgerichtsordnung
VwVfG	Verwaltungsverfahrensgesetz
WRV	Weimarer Reichsverfassung
z.B.	zum Beispiel

Einleitung

Beschäftigt man sich mit dem einstweiligen verwaltungsgerichtlichen Rechtsschutz, der hier als einstweiliger Rechtsschutz gegen belastende Verwaltungsakte interessieren soll, so ist zumindest ein faktischer Befund unbestritten: Die tatsächliche Bedeutung dieses einstweiligen Rechtsschutzes hat über die Jahre stetig zugenommen und wächst noch immer.[1]

Dieser erheblichen praktischen Bedeutung des einstweiligen Rechtsschutzes gegen belastende Verwaltungsakte steht auf der Seite seiner dogmatischen Erfassung ein großes Durcheinander gegenüber.[2] Im Jahre 1995 konstatierte etwa Friedrich Schoch, der acht Jahre zuvor mit seiner Habilitationsschrift[3] angetreten war, den einstweiligen Rechtsschutz im Verwaltungsprozeßrecht auf ein festgefügtes dogmatisches Fundament zu stützen, daß die dogmatischen Grundlagen dieses einstweiligen Rechtsschutzes in vielerlei Hinsicht immer noch ungeklärt seien.[4] Schochs Bestandsaufnahme ist auch bis heute nichts hinzuzufügen.

Daß sichere dogmatische Grundlagen fehlen, ist angesichts der großen praktischen Bedeutung besonders mißlich. Gleichwohl wurde die Frage, inwieweit die Grundkonzeption des § 80 VwGO, die Rechtsfolgen der Anfechtung belastender Verwaltungsakte zu regeln, überhaupt tauglich ist, ein klares und stimmiges Programm zur Lösung von Fällen zu liefern, bisher nicht gestellt. Das erste Kapitel der Arbeit stellt diese Frage. Zunächst wird ermittelt, welche Regelungskonzeption § 80 VwGO zugrunde liegt. Im Anschluß daran wird gefragt, ob sich dieses Modell bei der Lösung von Fällen umsetzen läßt.

Zunächst zeigt sich bei einem solchen Vorgehen, daß die Vorschriften der Absätze 1 und 2 des § 80 VwGO nach Wortlaut und Systematik zweifels-

---

1 Hierzu m.w.N. *Schoch,* in: Schoch/Schmidt-Aßmann/Pietzner, Verwaltungsgerichtsordnung, Rz. 3 Vorb. § 80 VwGO. Die Rechtsprechung bis zum Jahre 1987 findet sich vollständig nachgewiesen und verarbeitet bei *Schoch,* Vorläufiger Rechtsschutz und Risikoverteilung im Verwaltungsrecht.

2 Beklagt etwa von *Redeker/v. Oertzen,* Verwaltungsgerichtsordnung, Rz. 1 zu § 80 VwGO.

3 Vorläufiger Rechtsschutz und Risikoverteilung im Verwaltungsrecht, Heidelberg 1988.

4 So ausdrücklich in seiner Besprechung der Dissertation *Timmlers* über „Rechtsnatur der Aussetzungsentscheidung nach § 80 Abs. 5 Satz 1 VwGO", NVwZ 1995, S. 570.

frei auf dem Regelungsmodell aufbauen, daß zwischen aufschiebender Wirkung und sofortiger Vollziehbarkeit[5] ein Regel-Ausnahme-Verhältnis bestehen soll. Weiterhin zeigt sich, daß aus dem Regel-Ausnahme-Verhältnis folgt, daß jede Anordnung der sofortigen Vollziehbarkeit nach § 80 Abs. 2 Nr. 4 VwGO mit einem anderen öffentlichen Interesse gerechtfertigt werden muß als dem, das schon den Verwaltungsakt als solchen trägt. Damit aber statuiert § 80 VwGO nicht einhaltbare Anforderungen an die Rechtfertigung und Begründung der Anordnung der sofortigen Vollziehbarkeit nach § 80 Abs. 2 Nr. 4 VwGO in einer großen Zahl von Fällen. Problematisch ist dies deshalb, weil es sich gerade um diejenigen Fälle handelt, in denen der Zweck des jeweiligen Verwaltungsaktes nur erreicht werden kann, wenn der Verwaltungsakt sofort umgesetzt werden darf.

Damit erschöpfen sich die Probleme aber nicht. Es besteht nämlich ein Zusammenhang zwischen dem Regelungsmodell des Regel-Ausnahme-Verhältnisses von aufschiebender Wirkung und sofortiger Vollziehbarkeit und einem zweiten „Kardinalproblem" des § 80 VwGO. Ein Regel-Ausnahme-Verhältnis von aufschiebender Wirkung und sofortiger Vollziehbarkeit setzt voraus, daß die aufschiebende Wirkung Rechtsfolgen, die der angefochtene Verwaltungsakt hervorbringt, pauschal erfaßt. Das damit angesprochene Problem der Bedeutung des Begriffs der aufschiebenden Wirkung ist bekanntlich seit langer Zeit Gegenstand einer etwa von Bachof[6] als akademische Haarspalterei ohne praktische Konsequenzen abgetanen Kontroverse.[7] Wie sich zeigen wird, wird bei dieser Kontroverse aber auf allen Seiten wegen der gemeinsamen Prämisse, § 80 Abs. 1 S. 1 VwGO ordne einen pauschalen Rechtsfolgenaufschub an, unstimmig argumentiert bzw. es ergeben sich wegen dieser Prämisse Unvereinbarkeiten mit höherrangigem Recht. Daraus kann nur abgeleitet werden, daß ein solcher pauschaler Rechtsfolgenaufschub – und damit wegen des Zusammenhangs auch das Regel-Ausnahme-Verhältnis von aufschiebender Wirkung und sofortiger Vollziehbarkeit – insgesamt nicht konsistent konzipierbar ist. Damit wird

---

[5] Hier wird durchgängig der Ausdruck „sofortige Vollziehbarkeit" statt der in diesem Kontext ebenfalls gebräuchlichen Termini „Sofortvollzug" und „sofortige Vollziehung" (wie sich das Gesetz in § 80 Abs. 2 Nr. 4 VwGO ausdrückt) verwendet. Der Terminus „sofortige Vollziehbarkeit" bringt deutlich zum Ausdruck, worum es der Sache nach geht: Um die Befugnis, rechtliche Folgerungen aus einem Verwaltungsakt zu ziehen, der angefochten ist und über dessen Rechtmäßigkeit abschließend noch nicht entschieden ist. „Sofortvollzug" und „sofortige Vollziehung" sind demgegenüber lediglich das tatsächliche Gebrauchmachen von dieser Befugnis. So auch *Grigoleit,* Die Anordnung der sofortigen Vollziehbarkeit gemäß § 80 Abs. 2 Nr. 4 VwGO als Verwaltungshandlung, S. 18. – Ähnlich auch *Renck,* BayVBl. 1991, S. 161.

[6] JZ 1966, S. 473 (S. 475 f.).

[7] Siehe hierzu die Nachweise im 1. Kapitel, Fn. 117 und Fn. 125.

der Befund greifbar, daß § 80 Abs. 1 S. 1 VwGO mit seiner Konzeption, daß die aufschiebende Wirkung aus dem angefochtenen Verwaltungsakt ableitbare Rechtsfolgen pauschal erfassen und ein Regel-Ausnahme-Verhältnis von aufschiebender Wirkung und sofortiger Vollziehbarkeit bestehen soll, grundlegend fehlerhaft ist.

Sodann muß rechtstheoretisch geklärt werden, welche Folgen diese Fehlerhaftigkeit hat. Die These der Arbeit hierzu lautet, daß § 80 VwGO unbeachtet zu lassen ist, soweit die Vorschrift auf dem fehlerhaften Regelungskonzept aufbaut. Das fehlerhafte Regelungskonzept des § 80 VwGO kann wegen seiner Mängel real nicht normativ wirksam werden. Der normative Geltungsanspruch, der mit der formalen Gesetzeseigenschaft verbunden ist, kann sich nicht realisieren: Ex falso quodlibet sequitur. Das Verbot der Auslegung contra legem hat nur den Sinn, eine vorhandene normative Wirkung eines Gesetzes zu schützen. Der Schritt weg von § 80 VwGO führt zu einem nicht-pauschalen Begriff von aufschiebender Wirkung und sofortiger Vollziehbarkeit sowie dazu, daß beide Institute gleichrangig nebeneinander stehen. § 80 Abs. 1 und Abs. 2 VwGO kommt lediglich noch der normative Gehalt zu, mit den einzelrechtsfolgenbezogenen Instituten der aufschiebenden Wirkung und der sofortigen Vollziehbarkeit die konstruktiven Mittel der Lösung des Konfliktes von öffentlichen Interessen an der sofortigen Vollziehbarkeit und privaten Aufschubinteressen bereitzustellen. Über die inhaltlichen Maßstäbe für die Lösung des Konfliktes sagen die Vorschriften nichts aus.

Im zweiten Kapitel der Arbeit wird allgemein dargestellt, wie die inhaltlichen Maßstäbe für die Lösung des Konfliktes von privatem Aufschubinteresse und öffentlichem Interesse an der sofortigen Vollziehbarkeit zu gewinnen sind. Den Ergebnissen des ersten Kapitels der Arbeit entsprechend wird bei der Entwicklung der neuen Konzeption, die im dritten Kapitel eingehend dargestellt und beispielhaft behandelt wird, nicht pauschal angesetzt, sondern mit der Möglichkeit der Differenzierung nach den einzelnen Rechtsfolgen, die aus einem Verwaltungsakt abgeleitet werden können.

Zunächst werden die Evidenzfälle behandelt. Dies sind die Fälle, in denen das Ergebnis des Rechtsschutzverfahrens von vorneherein absehbar ist. Führen das materielle Recht, das Verwaltungsverfahrensrecht oder das Verwaltungsprozeßrecht dazu, daß der Ausgang eines Rechtsbehelfsverfahrens offensichtlich ist, so ist es vor dem Hintergrund der jeweiligen Interessenabwägungen dieser Rechtsmaterien nicht zu rechtfertigen, eine von diesem bereits erkennbaren Ergebnis abweichende Regelung für den Zeitraum bis zum Ende des Rechtsbehelfsverfahrens zu treffen. Dies gilt für alle Rechtsfolgen, die aus dem Verwaltungsakt abgeleitet werden können. Der in der Bewahrung des status quo ante liegende Vorteil, der mit der aufschiebenden Wirkung verbunden ist, ist in den Fällen der offensichtlichen

Erkennbarkeit des Ergebnisses des Rechtsbehelfsverfahrens entweder insgesamt offensichtlich gerechtfertigt oder insgesamt offensichtlich nicht gerechtfertigt.

Die Rechtssätze des materiellen Verwaltungsrechts lösen außerdem eine Reihe von Fällen, in denen das Ergebnis des Rechtsschutzverfahrens nicht absehbar ist. Dies sind die Fälle der gesetzlich eng determinierten klassischen Eingriffsverwaltung. Das Grundmuster dieser materiell-rechtlich geleiteten Maßstabsableitung besteht darin, daß das Gewicht des Erlaßinteresses, das jeweils mit einer bestimmten Rechtsfolge des angefochtenen Verwaltungsaktes in nicht offensichtlich rechtswidriger Weise gefördert wird, Auskunft darüber gibt, ob die betreffende Rechtsfolge aufgeschoben wird oder sofort vollziehbar ist.

Zwei weitere wichtige Fallgruppen, in denen die Erfolgsaussicht des eingelegten Rechtsbehelfs offen ist, kann das materielle Recht allerdings nicht lösen. Dabei handelt es sich um den begünstigenden Verwaltungsakt mit belastender Drittwirkung und um die Planungs- und Gesamtabwägungsverwaltungsakte. In diesen Fällen treffen die Rechtssätze des materiellen Verwaltungsrechts keine Aussagen zu der Frage, ob aus einem angefochtenen Verwaltungsakt ableitbare Rechtsfolgen bis zur Entscheidung über den eingelegten Rechtsbehelf aufgeschoben werden oder nicht. In den Fällen des Verwaltungsaktes mit Drittwirkung ergibt sich dies daraus, daß, soweit solche Verwaltungsakte öffentliche Interessen fördern, die Verwirklichung dieser Interessen nicht entsprechend ihrem jeweiligen Gewicht normativ gesichert ist, sondern unabhängig von ihrem Gewicht erfolgt, indem sie Privaten und deren Disposition überlassen wird, und auch keines der involvierten privaten Interessen den Ausschlag in die eine oder die andere Richtung geben kann. Bei den Planungs- und Gesamtabwägungsverwaltungsakten zu komplexen Sachverhalten, für die eine typische Entscheidungsform der Planfeststellungsbeschluß ist, sind zwar regelmäßig auch öffentliche Interessen involviert. Doch können auch diese nicht begründen, daß einzelne Rechtsfolgen sofort vollziehbar sind. Das materielle Recht trifft nämlich in diesen Fällen keine ausreichend deutliche Güterbewertung und -zuordnung. Die einzelnen involvierten Interessen sind für eine abstrakte Zuordnung zu divers und somit nicht ausreichend typisierbar, weil die betroffenen Sachverhalte zu komplex sind. Das materielle Recht beschränkt sich deshalb darauf, einen Auftrag an den Normanwender zu formulieren, diese Güterbewertung und -zuordnung für den konkreten Einzelfall selbst herzustellen.

In diesen beiden Fallgruppen soll anstelle der materiell-rechtlichen Maßstabsableitung untersucht werden, ob Vorschriften existieren, die eine überwiegende Wahrscheinlichkeit dafür bewirken, daß die Entscheidung einer gerichtlichen Überprüfung standhält. Ist dies nämlich der Fall, so ist der Vorteil der aufschiebenden Wirkung – die Sicherung des status quo ante –

nicht gerechtfertigt. Solche Vorschriften können zunächst Regelungen des Verwaltungsprozeßrechts sein, die die Befugnis des Verwaltungsgerichts beschränken, einen Verwaltungsakt, der rechtswidrig ist und den Kläger in Rechten verletzt, aufzuheben. Weitaus wichtiger im Sinne dieser Bestandsgewähr aber ist, ob das Verwaltungsverfahrensrecht eine erhöhte Wahrscheinlichkeit bewirkt, daß das Ergebnis des Verwaltungsverfahrens – der Verwaltungsakt – der gerichtlichen Überprüfung standhält. Zu untersuchen ist das Verwaltungsverfahrensrecht demnach auf Regelungen, die die Sachverhaltserforschung und -verarbeitung in Richtung auf dieses Ergebnis besonders programmieren. Außerdem hängt diese Bestandsgewähr, die dem Verwaltungsverfahrensrecht entnommen werden soll, davon ab, daß die Bereitschaft der Verwaltung zur tatsächlichen Umsetzung des Verfahrensrechts nicht durch Regelungen, die Verstöße gegen das Verfahrensrecht unsanktioniert lassen, zu weitgehend relativiert ist.

Was von § 80 VwGO vor dem Hintergrund dieses neuen Entwurfs vor allem bleibt, sind die Verfahrensregeln des § 80 Abs. 4 und Abs. 5 VwGO. Für eine Übergangsphase wird allerdings die tatsächliche Bedeutung der Verfahren, die auf die Feststellung der aufschiebenden Wirkung eines Rechtsbehelfs zielen, zunehmen.

Verfassungsrechtliche Bedenken gegen diese Sichtweise von aufschiebender Wirkung und sofortiger Vollziehbarkeit bestehen nicht. Entgegen einer Tendenz in der Rechtsprechung des Bundesverfassungsgerichts gebieten weder Art. 19 Abs. 4 GG noch eine andere grundgesetzliche Bestimmung einen prinzipiellen pauschalen Rechtsfolgenaufschub. Auch im Hinblick auf die Gesetzgebungskompetenzen bestehen keine Probleme. Haben § 80 Abs. 1 und Abs. 2 VwGO nur den dargestellten Regelungsgehalt, so kann problemlos ein Landesgesetz die inhaltlichen Maßstäbe für den Rechtsfolgenaufschub enthalten, da der Bund dann von seiner Kompetenz nach Art. 74 Abs. 1 Nr. 1 GG insoweit nicht abschließend Gebrauch gemacht hat.

1. Kapitel

Die Fehler im Regelungskonzept des § 80 VwGO

A. Regel-Ausnahme-Verhältnis von aufschiebender Wirkung und sofortiger Vollziehbarkeit

I. Das Regel-Ausnahme-Verhältnis als Regelungsmodell des § 80 VwGO

Betrachtet man den Wortlaut der beiden ersten Absätze des § 80 VwGO, die Systematik ihrer Regelungen, die objektive Zweckrichtung und den Willen des historischen Gesetzgebers, so ergibt sich zweifelsfrei, daß § 80 VwGO das Regelungsmodell eines Regel-Ausnahme-Verhältnisses zwischen aufschiebender Wirkung und sofortiger Vollziehbarkeit zugrunde liegt.

Die aufschiebende Wirkung ist an der Spitze des Regelungsgefüges des § 80 VwGO in dessen Abs. 1 plaziert. Sie ist ohne weitere Voraussetzung – also automatisch – Rechtsfolge, wenn Widerspruch und Anfechtungsklage eingelegt werden. Demgegenüber sind die Fälle der sofortigen Vollziehbarkeit im Anschluß an § 80 Abs. 1 VwGO in Abs. 2 der Vorschrift plaziert. Ihr Eintritt ist durchgehend von Voraussetzungen abhängig gemacht. Die Fälle der sofortigen Vollziehbarkeit sind außerdem enumeriert, wobei dieser Enumeration durch das vorangestellte „nur" abschließender Charakter beigemessen wird.[1] Auch die Gesetzesbegründung spricht vom „Grundsatz der aufschiebenden Wirkung von Widerspruch und Anfechtungsklage".[2] Außerdem ist auf den systematischen Zusammenhang mit den weiteren Absätzen des § 80 VwGO hinzuweisen. Die grundlegende Systematik, daß die aufschiebende Wirkung als Regel in Abs. 1 und ihr ausnahmsweises Entfallen in Abs. 2 statuiert werden, wird nämlich mit der behördlichen Aussetzung der Vollziehung in Abs. 4 und der gerichtlichen Anordnung bzw. Wiederherstellung der aufschiebenden Wirkung in Abs. 5 weitergeführt. Insoweit bildet § 80 VwGO eine „Kette" von Regelungen, die systematisch aufeinander aufbauen.[3]

---

[1] So auch *Limberger*, Probleme des vorläufigen Rechtsschutzes bei Großprojekten, S. 65 f., *Schoch*, Vorläufiger Rechtsschutz und Risikoverteilung im Verwaltungsrecht, S. 1131.

[2] BTDrs. 3/55, S. 39.

Bisweilen wurde aber auch versucht zu begründen, § 80 VwGO enthalte nicht das Regelungsmodell eines Regel-Ausnahme-Verhältnisses von aufschiebender Wirkung und sofortiger Vollziehbarkeit. Daß keines der hierfür vorgebrachten Argumente überzeugt, verwundert angesichts dieser eigentlich klaren Lage wenig.

Das älteste dieser Argumente bezieht sich auf die überaus große Zahl von Fällen, die nach § 80 Abs. 2 VwGO vom Grundsatz der aufschiebenden Wirkung ausgeschlossen sind.[4] Typisch ist die folgende Argumentation, die den gedanklichen Bruch einer solchen Herleitung offenkundig werden läßt: Zunächst werden die in § 80 Abs. 2 Nrn. 1–4 VwGO normierten Fälle der sofortigen Vollziehbarkeit in einer Weise vorgestellt, die die große Zahl dieser Fälle betont. Danach findet sich der Schluß, demnach könne von einem prinzipiellen Vorrang der aufschiebenden Wirkung nicht gesprochen werden.[5] – Es ist aber schlicht nicht möglich, von einem zahlenmäßigen Verhältnis der Fälle zweier Vorschriften auf die Qualität des Verhältnisses dieser Vorschriften zueinander zu schließen.[6] Abgesehen davon ist natürlich die zahlenmäßige Grundlage des Vergleichs nicht empirisch belegt und wohl auch nicht belegbar.

Auch in jüngerer Zeit wurde versucht zu begründen, daß zwischen aufschiebender Wirkung und sofortiger Vollziehbarkeit kein Regel-Ausnahme-Verhältnis konzipiert sei.[7] Die dabei entwickelte Argumentation nimmt nicht nur die gerade dargestellte unzutreffende Überlegung auf,[8] sondern enthält auch eine Reihe neuer Gesichtspunkte. Diese sind indes genauso

---

3 *Schoch,* Vorläufiger Rechtsschutz und Risikoverteilung im Verwaltungsrecht, S. 1131 f.

4 *Bettermann,* DVBl. 1976, S. 64 (S. 65, S. 67); besonders deutlich *Martens,* Suspensiveffekt, Sofortvollzug und vorläufiger gerichtlicher Rechtsschutz bei atomrechtlichen Genehmigungen, S. 16 ff.

5 *Martens,* Suspensiveffekt, Sofortvollzug und vorläufiger gerichtlicher Rechtsschutz bei atomrechtlichen Genehmigungen, S. 16 ff. Unklar *Sommermann,* FS Blümel, S. 523 (S. 540), der meint, angesichts der zahllosen Durchbrechungen des Grundsatzes der aufschiebenden Wirkung könne dieser zur Zeit nur als „potentieller Grundsatz" bezeichnet werden.

6 So auch *Limberger,* Probleme des vorläufigen Rechtsschutzes bei Großprojekten, S. 65 f., sowie *Schoch,* Vorläufiger Rechtsschutz und Risikoverteilung im Verwaltungsrecht, S. 1132. *Schoch* äußerte später aber auch, daß die stetig wachsende Zahl der Normierungen im Sinne des § 80 Abs. 2 Nr. 3 VwGO das Regel-Ausnahme-Verhältnis von aufschiebender Wirkung und sofortiger Vollziehbarkeit „auf den Kopf stelle" (in: Schoch/Schmidt-Aßmann/Pietzner, Verwaltungsgerichtsordnung, Rz. 75 Vorb. § 80 VwGO).

7 *Timmler,* Maßstab und Rechtsnatur der Aussetzungsentscheidung nach § 80 Abs. 5 Satz 1 VwGO, S. 45 ff.

8 *Timmler,* Maßstab und Rechtsnatur der Aussetzungsentscheidung nach § 80 Abs. 5 Satz 1 VwGO, S. 50.

wenig überzeugend. So wird vorgebracht, man könne schon deshalb nicht von einem gesetzlichen Grundsatz der aufschiebenden Wirkung sprechen, weil in den Fällen der Nrn. 1–3 des § 80 Abs. 2 VwGO eine aufschiebende Wirkung von Gesetzes wegen nicht eintritt.[9] Dieser Schluß ist unzutreffend. Daß in den genannten Fällen die aufschiebende Wirkung von Gesetzes wegen nicht eintritt, ändert nichts an ihrer Ausnahmequalität. Die Ausnahmequalität der sofortigen Vollziehbarkeit hängt nicht zwingend von der Form der Einzelfallanordnung ab. Es handelt sich in den Fällen des § 80 Abs. 2 Nrn. 1–3 VwGO um Ausnahmen, die den Grundsatz des § 80 Abs. 1 S. 1 VwGO auf Gesetzesebene durchbrechen. Dieser Deutung der Fälle der Nrn. 1 bis 3 des § 80 Abs. 2 VwGO wird mit einem Hinweis auf den Begriff des „Entfallens" in § 80 Abs. 2 VwGO begegnet. Von einem „Entfallen" könne nur dann die Rede sein, wenn die aufschiebende Wirkung durch eine auf den Einzelfall bezogene Anordnung nach § 80 Abs. 2 Nr. 4 VwGO beseitigt werde.[10] Eine solche Bedeutung kann dem Begriff des „Entfallens" allerdings nicht zukommen. Der Begriff ist handlungsformneutral. Mit einer anderen Bedeutung wird der Begriff in sprachlich nicht haltbarer Weise überfrachtet. Auch nicht überzeugender ist das folgende Argument: Die Regelungen in § 80 Abs. 2 VwGO seien „inhaltlich inhomogen". Gemeint ist damit der Befund, daß die unterschiedlichen, als Rechtfertigung hinter den Regelungen der einzelnen Nummern stehenden Gesichtspunkte unterschiedlicher Natur sind. Aus dieser inhaltlichen Inhomogenität sei zu schließen, daß es sich zumindest nicht bei allen Nummern der Vorschrift um Ausnahmetatbestände handeln könne.[11] Allerdings können auch inhaltlich inhomogene Regelungen ohne weiteres gemeinsame Eigenschaften haben. Jedenfalls aber ist es ohne weiteres denkbar, daß eine Regel aus verschiedenen, miteinander inhaltlich nicht verwandten Gründen durchbrochen werden kann. Ein weiteres Argument besagt, die sofortige Vollziehbarkeit könne auch deswegen nicht als regelwidrige Ausnahme verstanden werden, weil jeder Verwaltungsakt nach § 43 VwVfG und den entsprechenden Regelungen der Verwaltungsverfahrensgesetze der Länder mit der Bekanntgabe an den Betroffenen innere und äußere Wirksamkeit erlange. Damit sei er – gewissermaßen von Hause aus – auch sofort vollziehbar.[12] § 43 VwVfG und die entsprechenden Regelungen der Verwaltungsverfahrensgesetze der Länder verhalten sich aber als verwaltungsverfahrensrechtliche

---

[9] *Timmler,* Maßstab und Rechtsnatur der Aussetzungsentscheidung nach § 80 Abs. 5 Satz 1 VwGO, S. 48 f.

[10] *Timmler,* Maßstab und Rechtsnatur der Aussetzungsentscheidung nach § 80 Abs. 5 Satz 1 VwGO, S. 48.

[11] So *Grigoleit,* Die Anordnung der sofortigen Vollziehbarkeit gemäß § 80 Abs. 2 Nr. 4 VwGO als Verwaltungshandlung, S. 20 ff.

[12] *Timmler,* Maßstab und Rechtsnatur der Aussetzungsentscheidung nach § 80 Abs. 5 Satz 1 VwGO, S. 49.

Regelungen nicht zu dem verwaltungsprozeßrechtlichen Problem der rechtlichen Folgen der Anfechtung eines Verwaltungsaktes, in dessen Zusammenhang die Frage nach der sofortigen Vollziehbarkeit als Gegenteil der aufschiebenden Wirkung aber allein auftritt.[13] Aus dieser Vorschrift können deswegen keine Schlüsse auf das Verhältnis von aufschiebender Wirkung und sofortiger Vollziehbarkeit gezogen werden. Wie aufschiebende Wirkung und sofortige Vollziehbarkeit der Regelungskonzeption des § 80 VwGO nach gleichrangige Rechtsgedanken sein sollen,[14] wenn die aufschiebende Wirkung nach dieser Konzeption ohne weitere Voraussetzungen mit der Rechtsbehelfseinlegung eintritt und die sofortige Vollziehbarkeit an Voraussetzungen gebunden ist, bleibt denn auch unbeantwortet. Geradezu künstlich wirkt es vor dem Hintergrund der Voraussetzungslosigkeit des Eintritts der aufschiebenden Wirkung und der Voraussetzungsgebundenheit der sofortigen Vollziehbarkeit, dem am Anfang des § 80 Abs. 2 S. 1 VwGO positionierten „nur" lediglich die Bedeutung zuzumessen, die Fälle der sofortigen Vollziehbarkeit als eines der aufschiebenden Wirkung gleichrangigen Rechtsgedankens abschließend regeln zu wollen.[15]

Insgesamt bleibt deshalb nur das eingangs[16] mitgeteilte Diktum zu wiederholen. Bei methodisch korrekter Vorgehensweise kann kein Zweifel daran bestehen, daß § 80 VwGO in seinen Absätzen 1 und 2 auf dem Regelungsmodell eines Regel-Ausnahme-Verhältnisses von aufschiebender Wirkung und sofortiger Vollziehbarkeit aufbaut.

II. Folgerungen aus dem Regel-Ausnahme-Verhältnis

1. Anforderungen an Anordnungen nach § 80 Abs. 2 Nr. 4 VwGO

Daraus, daß § 80 VwGO in seinen Absätzen 1 und 2 das Regelungskonzept des Regel-Ausnahme-Verhältnisses von aufschiebender Wirkung und sofortiger Vollziehbarkeit enthält, folgt zwingend, daß eine Anordnung der sofortigen Vollziehbarkeit nach § 80 Abs. 2 Nr. 4 VwGO qualitativ als Ausnahme gerechtfertigt werden muß. Denn es muß die regelhafte Rechts-

[13] Siehe zu § 43 VwVfG und der These, die Vorschrift enthalte Aussagen über die Rechtfertigung von Anordungen der sofortigen Vollziehbarkeit nach § 80 Abs. 2 Nr. 4 VwGO, unten 1. Kapitel, A. II.

[14] Wie *Timmler,* Maßstab und Rechtsnatur der Aussetzungsentscheidung nach § 80 Abs. 5 Satz 1 VwGO, S. 50, dies meint.

[15] *Timmler,* Maßstab und Rechtsnatur der Aussetzungsentscheidung nach § 80 Abs. 5 Satz 1 VwGO, S. 48. Insgesamt ablehnend gegenüber *Timmlers* Versuchen auch *Schoch* in seiner Besprechung der Arbeit *Timmlers,* NVwZ 1995, S. 570.

[16] 1. Kapitel, A. I. (am Anfang).

folge der aufschiebenden Wirkung überwunden werden.[17] Dabei kann es keinen Unterschied machen, ob der Rechtsbehelf schon eingelegt ist oder nicht. Auch wenn die sofortige Vollziehbarkeit „auf Vorrat“ angeordnet wird[18], d.h., obwohl ein zulässigerweise noch einlegbarer Rechtsbehelf noch nicht eingelegt ist, kann nichts anderes gelten. Der Betroffene kann von einem Rechtsbehelf ohne weiteres noch Gebrauch machen und damit die Rechtsfolge der aufschiebenden Wirkung herbeiführen.[19]

Was die Anforderung, die Anordnung der sofortigen Vollziehbarkeit als Ausnahme zu rechtfertigen, genau bedeutet, ist leicht erkennbar. Mit der gesetzlichen Konzeption der regelhaft eintretenden aufschiebenden Wirkung zeigt der Gesetzgeber, daß der Adressat des belastenden Verwaltungsaktes in der Lage sein soll, die mit dem angefochtenen Verwaltungsakt verfügte Regelung allein dadurch aufzuschieben, daß er Widerspruch einlegt bzw. Anfechtungsklage erhebt. Es soll also in der Macht des Adressaten stehen, die Durchsetzung des hinter diesem Verwaltungsakt stehenden Erlaßinteresses vollumfänglich aufzuhalten. Daraus folgt, daß die sofortige Vollziehbarkeit nur gerechtfertigt werden kann, wenn sie sich auf ein öffentliches Interesse stützen kann, das noch nicht in dem Erlaßinteresse erfaßt ist, das den Verwaltungsakt trägt.[20] Was dies im konkreten Fall bedeutet, soll kurz an einem Beispiel verdeutlicht werden: Im Falle eines nach § 80 Abs. 2 Nr. 4 VwGO für sofort vollziehbar erklärten Planfeststellungsbeschlusses für eine Ortsumgehungsstraße hatte die Planfeststellungsbehörde die Anordnung der sofortigen Vollziehbarkeit mit der Verkehrsentlastung begründet, die sich für die innenstädtischen Straßen ergeben sollte.[21] Die Tauglichkeit dieses öffentlichen Interesses, die Anordnung der sofortigen Vollziehbarkeit zu rechtfertigen, wurde vom Verwaltungsgericht mit dem (zutreffenden) Argu-

---

[17] Statt Vieler: OVG Koblenz, DÖV 1951, S. 649; OVG Münster, NJW 1961, S. 1550; *Kopp/Schenke,* Verwaltungsgerichtsordnung, Rz. 90 und 92 zu § 80 VwGO; *Redeker/v. Oertzen,* Verwaltungsgerichtsordnung, Rz. 20 zu § 80 VwGO.

[18] Dies ist zulässig. Siehe dazu *Kopp/Schenke,* Verwaltungsgerichtsordnung, Rz. 80 zu § 80 VwGO.

[19] Wenn im Folgenden verkürzend von „Rechtsbehelfseinlegung“ oder „Hauptsacheverfahren“ die Rede ist, ist deswegen immer die tatsächliche oder die noch mögliche Rechtsbehelfseinlegung bzw. das anhängige oder noch anhängig zu machende Hauptsacheverfahren gemeint.

[20] Wäre das Verhältnis von aufschiebender Wirkung und sofortiger Vollziehbarkeit umgekehrt, so müßte der Adressat des belastenden Verwaltungsaktes gegenüber der Behörde und gegebenenfalls außerdem im gerichtlichen Verfahren nach § 80 Abs. 5 VwGO ein privates Aufschubinteresse geltend machen, um einen ausnahmsweisen Rechtsfolgenaufschub zu erreichen. Dieses private Aufschubinteresse müßte dann so beschaffen sein, daß es durch das sofort umsetzbare öffentliche Erlaßinteresse nicht überwogen wird, das hinter dem Verwaltungsakt steht.

[21] OVG Schleswig, NVwZ 1992, S. 688 ff. (zu dieser Entscheidung auch unten 1. Kapitel, A. III. 3.).

ment abgelehnt, daß diese Entlastung bereits Planziel sei und als solches den Erlaß des Planfeststellungsbeschlusses selbst trage.[22]

Wegen dieser unauflösbaren Verknüpfung kann man die These wagen, daß es geradezu die Funktion des Regel-Ausnahme-Verhältnisses von aufschiebender Wirkung und sofortiger Vollziehbarkeit ist, die Rechtfertigungsanforderungen für die Anordnung der sofortigen Vollziehbarkeit in der umrissenen Form festzulegen. Den Zusammenhang zwischen dem Regelungsmuster des Regel-Ausnahme-Verhältnisses und der Notwendigkeit, eine Anordnung der sofortigen Vollziehbarkeit mit einem im Erlaßinteresse nicht erfaßten öffentlichen Interesse zu rechtfertigen, sieht im übrigen auch das Bundesverfassungsgericht so. Das Gericht führt zunächst aus, daß die aufschiebende Wirkung für den Regelfall vorgesehen sei.[23] Unmittelbar darauf heißt es zur sofortigen Vollziehbarkeit:

„Überwiegende öffentliche Belange können es rechtfertigen, den Rechtsschutz des Grundrechtsträgers einstweilen zurückzustellen, um unaufschiebbare Maßnahmen im Interesse des allgemeinen Wohls rechtzeitig in die Wege zu leiten. Dies muß jedoch die Ausnahme bleiben. Für die sofortige Vollziehung eines Verwaltungsaktes ist daher nach der st. Rspr. des BVerfG (vgl. BVerfGE 35, 382, 402; 38, 52, 58; 69, 220, 228) ein besonderes öffentliches Interesse erforderlich, das über jenes Interesse hinausgeht, das den Verwaltungsakt selbst rechtfertigt.“[24]

Allerdings wird auch die These vertreten, § 80 VwGO enthalte zwar das Regelungsmodell des Regel-Ausnahme-Verhältnisses von aufschiebender Wirkung und sofortiger Vollziehbarkeit. Daraus folge aber wenig bis nichts für die Anforderungen an die Rechtfertigung der sofortigen Vollziehbarkeit. Der normative Gehalt des Regel-Ausnahme-Verhältnisses sei insgesamt „bescheiden“.[25] Letztlich könne es nicht vielmehr als ein Hilfskriterium darstellen, das im Zweifel im Verfahren nach § 80 Abs. 5 VwGO, d.h. dann, „wenn alle anderen rechtlichen Maßstäbe nicht zu einem eindeutigen Er-

---

22 OVG Schleswig, NVwZ 1992, S. 688 (S. 690).

23 DVBl. 1995, S. 1297.

24 BVerfG, DVBl. 1995, S. 1297. Inhaltlich übernommen von *Kopp/Schenke*, Verwaltungsgerichtsordnung, Rz. 92 zu § 80 VwGO; *Redeker/v. Oertzen*, Verwaltungsgerichtsordnung, Rz. 20 zu § 80 VwGO; *Schoch*, in: Schoch/Schmidt-Aßmann/Pietzner, Verwaltungsgerichtsordnung, Rz. 144 zu § 80 VwGO. – Soweit das Bundesverfassungsgericht in der zitierten Entscheidung im Hinblick auf die aufschiebende Wirkung außerdem von einem „fundamentalen Grundsatz des öffentlichrechtlichen Prozesses“ und einer „adäquaten Ausprägung der Rechtsschutzgarantie“ spricht, beruht dies auf der unzutreffenden verfassungsrechtlichen Überhöhung der aufschiebenden Wirkung, die unten (2. Kapitel, D. I.) widerlegt wird. Vorerst sei an dieser Stelle insoweit auf *Schoch*, in: Schoch/Schmidt-Aßmann/Pietzner, Verwaltungsgerichtsordnung, Rz. 12 Vorb. § 80 VwGO, und *Schmidt-Aßmann*, in: Maunz/Dürig, Grundgesetz Kommentar, Rz. 275 zu Art. 19 Abs. 4 GG, verwiesen.

25 *Schoch*, in: Schoch/Schmidt-Aßmann/Pietzner, Verwaltungsgerichtsordnung, Rz. 163 zu § 80 VwGO.

gebnis führen", bewirkt, daß es beim Grundsatz der aufschiebenden Wirkung zu bleiben hat.[26] Derartiges läßt sich allerdings nicht begründen, und zwar weder für die Behörde, die eine Anordnung der sofortigen Vollziehbarkeit erlassen will, noch für das Gericht, das im Verfahren nach § 80 Abs. 5 VwGO über die Wiederherstellung der aufschiebenden Wirkung zu entscheiden hat. Denn rechtliche Aussagen, die die Ableitung von Vorgaben erlauben, die von denen des Regel-Ausnahme-Verhältnisses abweichen, lassen sich dem Normtext des § 80 VwGO schlicht nicht entnehmen. Deshalb kann es weder für die Behörde, die die sofortige Vollziehbarkeit nach § 80 Abs. 2 Nr. 4 VwGO anordnet, noch für das Gericht im Verfahren nach § 80 Abs. 5 VwGO darauf ankommen, ob die „Vollziehung vollendete Tatsachen schaffen" würde. Auch auf eine „Abwägung der gegenläufigen Interessen auf der Basis der Doppelhypothese des Bundesverfassungsgerichts zu § 32 BVerfGG" oder eine vorrangige „materiell-akzessorische Prüfung", ob ernsthafte Zweifel an der Rechtmäßigkeit des angefochtenen Verwaltungsaktes bestehen, kann es dann nicht vorrangig ankommen.[27] Die einzige Aussage des Normtextes bleibt, daß zwischen aufschiebender Wirkung und sofortiger Vollziehbarkeit eine Regel-Ausnahme-Verhältnis besteht, woraus nur gefolgert werden kann, daß für die Rechtfertigung der sofortigen Vollziehbarkeit ein anderes als das hinter dem Verwaltungsakt stehende Erlaßinteresse notwendig ist. Dies ist die zwingende Folge, wenn die aufschiebende Wirkung als nicht weiter begründungsbedürftiger Regelfall definiert wird. Denn der Automatismus der aufschiebenden Wirkung versetzt den Rechtsbehelfsführer in die Lage, durch die bloße Einlegung des Rechtsbehelfs die Verwirklichung des gesamten Erlaßinteresses aufzuhalten. Eine andere Rechtfertigungsanforderung für Anordnungen der sofortigen Vollziehbarkeit kann demgemäß nur gelten, wenn zwischen aufschiebender Wirkung und sofortiger Vollziehbarkeit kein Regel-Ausnahme-Verhältnis besteht. Es liegt deshalb nahe, daß die These vom bescheidenen normativen Gehalt des Regel-Ausnahme-Verhältnisses eher ein Ausdruck der – wie sich zeigen wird: zutreffenden[28] – Einsicht ist, daß diese gesetzliche Konzeption zu erheblichen Schwierigkeiten bei der Rechtfertigung von Anordnungen der sofortigen Vollziehbarkeit führt, als ein tauglicher Ansatz, um die Folgerungen des Regel-Ausnahme-Verhältnisses zu beschreiben: Folgt nämlich aus dem Regel-Ausnahme-Verhältnis, daß die Anordnung der sofortigen

---

[26] *Schoch,* in: Schoch/Schmidt-Aßmann/Pietzner, Verwaltungsgerichtsordnung, Rz. 163 zu § 80 VwGO (a.E.).

[27] Diese denkbaren Argumentationstopoi listet *Schoch,* in: Schoch/Schmidt-Aßmann/Pietzner, Verwaltungsgerichtsordnung, Rz. 263 zu § 80 VwGO, für das verwaltungsgerichtliche Verfahren nach § 80 Abs. 5 VwGO auf. Der letzte Topos entspricht *Schochs* eigenem Ansatz, siehe *Schoch,* in: Schoch/Schmidt-Aßmann/Pietzner, Verwaltungsgerichtsordnung, Rz. 264 zu § 80 VwGO.

[28] Siehe dazu unten 1. Kapitel, A. III.

Vollziehbarkeit durch ein öffentliches Interesse gerechtfertigt werden muß, das noch nicht in dem hinter dem Verwaltungsakt stehende Erlaßinteresse erfaßt ist, so führt dies bei konsequentem Vorgehen dazu, daß es gerade dann unmöglich ist, eine solche Anordnung mit einem solchen Interesse zu rechtfertigen, wenn die Verwirklichung des Zwecks der jeweiligen Maßnahme ohne eine Anordnung der sofortigen Vollziehbarkeit gefährdet ist.

Allerdings wird auch in der Rechtsprechung bisweilen argumentiert, daß das Regel-Ausnahme-Verhältnis von aufschiebender Wirkung und sofortiger Vollziehbarkeit nicht derart rigide Folgerungen für die Rechtfertigung von Anordnungen der sofortigen Vollziehbarkeit nach § 80 Abs. 2 Nr. 4 VwGO nach sich zieht. Hervorgetan hat sich insoweit insbesondere die ältere Rechtsprechung zu dem Problem, Anordnungen der sofortigen Vollziehbarkeit von Planfeststellungsbeschlüssen zu rechtfertigen. Typisch und deshalb hier als Beispiel gewählt ist eine Entscheidung des OVG Schleswig.[29] Zunächst stellt das OVG unter Verweis auf das Regel-Ausnahme-Verhältnis von aufschiebender Wirkung und sofortiger Vollziehbarkeit und auf die Rechtsprechung des Bundesverfassungsgerichts, die diese Aussage stützt,[30] folgenden Obersatz auf: Die Behörde habe in Rechnung zu stellen, daß für die Anordnung der sofortigen Vollziehbarkeit ein besonderes öffentliches Interesse erforderlich ist, das über jenes Interesse hinausgehen muß, das den Verwaltungsakt selbst rechtfertigt. Danach findet sich – durch das Wort „deshalb“ als Folgerung aus dem vorher Ausgeführten ausgewiesen – Folgendes:

> „Zur Begründung des besonderen Vollzugsinteresses müssen deshalb regelmäßig andere Gründe angeführt werden, als sie zur Begründung des zu vollziehenden Verwaltungsaktes herangezogen wurden. Ausnahmsweise kann auf die Begründung des zu vollziehenden Verwaltungsaktes Bezug genommen oder es dürfen diese Erwägungen wiederholt werden, wenn sich aus der dortigen Begründung die besondere Dringlichkeit der sofortigen Vollziehung und die von der Behörde insoweit vorgenommene Interessenabwägung erkennen lassen.“[31]

Diese Folgerung mag zunächst vielleicht als einsichtige Konsequenz aus der in bezug genommenen Aussage zum Regel-Ausnahme-Verhältnis erscheinen. Die Wortwahl („deshalb“) suggeriert dies jedenfalls. Tatsächlich kaschiert das „deshalb“ einen logischen Fehler. Prämisse des OVG Schleswig ist das Regel-Ausnahme-Verhältnis von aufschiebender Wirkung und sofortiger Vollziehbarkeit und damit, daß ein öffentliches Interesse an der sofortigen Vollziehbarkeit bestehen muß, das im Erlaßinteresse nicht erfaßt ist. Diese Prämisse bietet aber keine Basis dafür anzunehmen, daß die Anordnung der sofortigen Vollziehbarkeit nur *regelmäßig* auf Gründe zu stüt-

---

[29] NVwZ 1992, S. 688.
[30] BVerfGE 35, S. 382 (S. 482).
[31] OVG Schleswig, NVwZ S. 1992, S. 688 (S. 689).

zen ist, die durch das Erlaßinteresse noch nicht erfaßt sind. In dieser Einschränkung von „immer" auf „regelmäßig" liegt die Konstruktion einer Ausnahme von der Ausnahme. Bezogen auf das Verhältnis von aufschiebender Wirkung und sofortiger Vollziehbarkeit bedeutet dies, daß es in bestimmten Fällen (unklar bleibt, welchen) eine der Regel entsprechende sofortige Vollziehbarkeit geben müßte. Damit liegt der Widerspruch zur Aussage vom Regel-Ausnahme-Verhältnis von aufschiebender Wirkung und sofortiger Vollziehbarkeit auf der Hand. Die fehlerhafte Konstruktion wird auch nicht dadurch gerettet, daß das OVG Schleswig mit seinen Darlegungen nicht allein steht.[32]

Neben den bisher vorgestellten beiden Ansätzen gibt es noch eine weitere Überlegung, die auf den ersten Blick geeignet zu sein scheint zu begründen, warum es trotz eines Regel-Ausnahme-Verhältnisses von aufschiebender Wirkung und sofortiger Vollziehbarkeit nicht notwendig sein könnte, Anordnungen der sofortigen Vollziehbarkeit durch ein besonderes öffentliches Interesse zu rechtfertigen.

Zur Begründung dient die Aussage, daß § 80 VwGO aus gesetzgebungskompetenzrechtlichen Gründen (Art. 74 Abs. 1 Nr. 1 GG, Kompetenz für das gerichtliche Verfahren) lediglich über die aufschiebende Wirkung als Rechtsfolge einer Rechtsbehelfseinlegung eine Regelung treffen könne. Die sofortige Vollziehbarkeit hingegen sei eine Eigenschaft eines Verwaltungsaktes, die durch die aufschiebende Wirkung lediglich specialiter für den Fall der Anfechtung des Verwaltungsaktes derogiert sei. Sonst aber komme sie einem Verwaltungsakt stets über das Verwaltungsverfahrensrecht – genauer: über die Wirksamkeit (§ 43 VwVfG) – zu.[33] Könnte man dieser Argumentation folgen, so läge der Schluß nahe, daß die sofortige Vollziehbarkeit ihre Rechtfertigung bereits in dem bloßen Erlaßinteresse findet, das hinter dem Verwaltungsakt steht. Die Regelung der aufschiebenden Wirkung in § 80 Abs. 1 VwGO muß aber auch bei einer derartigen Betrachtungsweise auf dem Modell basieren, daß die aufschiebende Wirkung die *regelhafte* Rechtsfolge der Einlegung von Widerspruch und Anfechtungsklage ist; dem steht auch Art. 74 Abs. 1 Nr. 1 GG nicht entgegen.[34] Dann aber kommt der sofortigen Vollziehbarkeit qua Verwaltungsprozeßrecht immer noch die Ausnahmerolle zu: Die sofortige Vollziehbarkeit kann nämlich nicht ohne Bezug zu der Rechtsbehelfseinlegung eintreten, sie muß *trotz* Rechtsbehelfseinlegung eintreten. Deshalb muß sie wegen der insofern ausnahmsweise derogierten verwaltungsprozessualen Rechtsfolge der

---

[32] Wie das OVG Schleswig u.a. auch *Kopp/Schenke*, Verwaltungsgerichtsordnung, Rz. 92 zu § 80 VwGO; OVG Münster, NWVBl. 1991, S. 278; VGH Mannheim, NVwZ 1993, S. 67.

[33] *Renck*, DVBl. 1994, S. 161 (S. 163).

[34] Was auch *Renck*, DVBl. 1994, S. 161 (S. 164), einsieht.

Rechtsbehelfseinlegung – der aufschiebenden Wirkung – etwas wesensmäßig anderes darstellen als die jedem unangefochtenen Verwaltungsakt verwaltungsverfahrensrechtlich über § 43 VwVfG zukommende Wirksam- und Umsetzbarkeit.

Ein letztes Argument wird noch angeführt, um den Zusammenhang zwischen dem Regel-Ausnahme-Verhältnis und den Rechtfertigungsanforderungen für Anordnungen der sofortigen Vollziehbarkeit zu bestreiten. Es lautet, daß sich diese Anforderungen ausschließlich aus § 80 Abs. 3 VwGO ergäben.[35] Wie sich aus dem bereits Dargestellten ergibt, kann die These nicht zutreffen, daß § 80 Abs. 3 VwGO in dieser Weise konstitutiv wirkt. Vielmehr kann die Vorschrift vor dem Hintergund des bisher Ausgeführten nur so verstanden werden, daß sie etwas, das bereits aus anderen Regelungszusammenhängen folgt – nämlich dem Regel-Ausnahme-Verhältnis von aufschiebender Wirkung und sofortiger Vollziehbarkeit –, lediglich wiederholt. Daß § 80 Abs. 3 VwGO nicht selbst sedes materiae der Anforderungen an die materielle Rechtfertigung von Anordnungen der sofortigen Vollziehbarkeit ist, sondern nur formelle Begründungsanforderungen regelt, zeigt sich im übrigen daran, daß die Vorschrift die Regelung des § 80 Abs. 2 Nr. 4 VwGO – die rechtliche Grundlage der Anordnung der sofortigen Vollziehbarkeit – in Bezug nimmt. Schließlich macht § 80 Abs. 3 VwGO im Gefüge der Regelungsideen des § 80 VwGO über die bloße Wiedergabe bereits anderweitig angeordneter Rechtfertigungsanforderungen hinaus auch dann Sinn, wenn man ihm für die Anforderungen, die an die Rechtfertigung einer Anordnung der sofortigen Vollziehbarkeit zu stellen sind, keine konstitutive Bedeutung zumißt: § 80 Abs. 3 VwGO führt dann der Behörde, die beabsichtigt, die sofortige Vollziehbarkeit anzuordnen, noch einmal ausdrücklich vor Augen, daß in der hierfür zu liefernden Begründung ein öffentliches Interesse nachvollziehbar darzulegen ist, das über das hinter dem Verwaltungsakt stehende Erlaßinteresse hinausgeht. Die Vorschrift hat dann in diesem Sinne eine Verdeutlichungs- und Warnfunktion.[36]

Festzuhalten ist also: Auf keinem der dargestellten Wege ist es möglich, die Konsequenzen zu umgehen, die sich für die Rechtfertigung einer Anordnung der sofortigen Vollziehbarkeit aus dem Regel-Ausnahme-Verhältnis von aufschiebender Wirkung und sofortiger Vollziehbarkeit ergeben.

---

35 *Schoch,* Vorläufiger Rechtsschutz und Risikoverteilung im Verwaltungsrecht, S. 1143.

36 Insoweit zutreffend *Schoch,* in: Schoch/Schmidt-Aßmann/Pietzner, Verwaltungsgerichtsordnung, Rz. 176 zu § 80 VwGO.

2. *Verteilung der Handlungslast und der Beweislast*

Neben der materiellen Folgerung für die Rechtfertigung einer Anordnung der sofortigen Vollziehbarkeit hat das Regel-Ausnahme-Verhältnis von aufschiebender Wirkung und sofortiger Vollziehbarkeit noch weitere Auswirkungen. Diese sind nicht unerheblich. Auch sie verdeutlichen damit die Tragweite der Entscheidung für das Regelungskonzept, das der Gesetzgeber mit § 80 Abs. 1 und 2 VwGO verfolgt.

Die erste Auswirkung ist die Verteilung der Handlungslast. Ist die aufschiebende Wirkung die regelhaft-automatisch eintretende Rechtsfolge der Anfechtung des Verwaltungsaktes, so wird dadurch die Behörde, die die sofortige Vollziehbarkeit herbeiführen will, in die Offensive gedrängt, die gesetzliche Rechtsfolge zu derogieren. Sie wird gezwungen, dies durch eine eigene Handlung – die Anordnung der sofortigen Vollziehbarkeit – zu tun. Der Adressat des angefochtenen Verwaltungsaktes kommt hingegen durch die bloße Rechtsbehelfseinlegung in den Genuß der Rechtsfolge der aufschiebenden Wirkung, die von Gesetzes wegen eintritt. Zu unterschätzen ist die praktische Relevanz dieser Konzeption der Verteilung der Handlungslast keinesfalls. Es ist ein erheblicher Unterschied, ob man sich einer Rechtsfolge gewiß ist, weil sich diese unmittelbar aus einer gesetzlichen Regelung ergibt, oder ob man gezwungen ist, eine solche gesetzliche Rechtsfolge erst noch durch einen besonderen Akt außer Kraft zu setzen, der einzelfallbezogen zu begründen ist. Daran ändert es auch nichts, daß in manchen Rechtsgebieten die Anordnung der sofortigen Vollziehbarkeit zahlenmäßig häufiger vorkommt als der Normalfall der aufschiebenden Wirkung. So war es etwa bei Großvorhaben gängige Praxis, die sofortige Vollziehbarkeit anzuordnen,[37] bevor der Gesetzgeber die aufschiebende Wirkung durch das Planungsvereinfachungsgesetz[38] von Gesetzes wegen weitestgehend ausschloß.

Eine weitere Folgerung hängt eng mit der Verteilung der Handlungslast zusammen. Sie betrifft die Verteilung der Beweislast, wenn sich an die Anordnung der sofortigen Vollziehbarkeit ein gerichtliches Verfahren nach § 80 Abs. 5 VwGO anschließt. Das Risiko, daß die tatsächlichen Umstände nicht ermittelt werden können, die das Erfordernis des besonderen öffentlichen Interesses ausfüllen und so die Anordnung der sofortigen Vollziehbarkeit rechtfertigen sollen, trägt wegen des Regel-Ausnahme-Verhältnisses die Verwaltung. Können diese Umstände nicht verifiziert werden, wird allein deswegen die behördliche Anordnung keinen Bestand haben und die Wiederherstellung der aufschiebenden Wirkung durch das Gericht angeordnet

---

[37] Dazu *Limberger,* Probleme des vorläufigen Rechtsschutzes bei Großprojekten, S. 20.

[38] Vom 17. 12. 1993, BGBl. I S. 2123.

werden. Man könnte zwar meinen, daß sich dies bereits aus der allgemeinen Beweislastregel ergibt, die für Rechtsbehelfsverfahren gilt, die gegen belastende Regelungen gerichtet sind. Nach dieser allgemeinen Regel trägt die Behörde die Beweislast für die Umstände, die „ihr“ Recht zum Eingriff in die Rechte des Betroffenen rechtfertigen.[39] Doch ist dies eine unzutreffende Vereinfachung. Die Abhängigkeit der Darlegungs- und Beweislastverteilung von dem Regel-Ausnahme-Verhältnis wird sichtbar, wenn man den entgegengesetzten Fall bildet. Ist die sofortige Vollziehbarkeit etwa im Sinne des Systems der §§ 361 AO; 69 FGO von Gesetzes wegen regelmäßig angeordnet, ein Aufschub deshalb nur im Einzelfall anzuordnen, so trägt der von dem Verwaltungsakt Betroffene die Beweislast für die Umstände, die die Anordnung der aufschiebenden Wirkung rechtfertigen sollen. Der Grund hierfür liegt darin, daß er eine Rechtsfolge erstrebt, die von einer gesetzlich regelhaft angeordneten Rechtsfolge ausnahmsweise abweicht.[40] Genauso trägt die Behörde, die aufgrund von § 80 Abs. 2 Nr. 4 VwGO eine Anordnung der sofortigen Vollziehbarkeit erlassen hat, im Verfahren nach § 80 Abs. 5 VwGO die Beweislast, weil auch sie eine vom gesetzlichen Regelfall abweichende Rechtsfolge herbeiführen will.

III. Nichteinhaltbarkeit der Rechtfertigungsanforderungen für Anordnungen nach § 80 Abs. 2 Nr. 4 VwGO

§ 80 VwGO liegt also das Regelungskonzept zugrunde, daß zwischen aufschiebender Wirkung und sofortiger Vollziehbarkeit ein Regel-Ausnahme-Verhältnis bestehen soll. Damit steht fest, daß eine Anordnung der sofortigen Vollziehbarkeit nach § 80 Abs. 2 Nr. 4 VwGO nur dann gerechtfertigt ist, wenn sie durch ein anderes öffentliches Interesse getragen wird als dasjenige Interesse, das bereits den Verwaltungsakt selbst rechtfertigt. Dieses besondere, in dem Erlaßinteresse nicht enthaltene Interesse muß begründen, daß mit der Umsetzung des angefochtenen Verwaltungsaktes nicht noch bis zum Abschluß des Hauptsacheverfahrens zugewartet werden kann.

Es sind nun leicht Fälle denkbar, in denen eine Anordnung der sofortigen Vollziehbarkeit notwendig ist, um den Zweck zu verwirklichen, den das

---

[39] Dazu *Dawin,* in: Schoch/Schmidt-Aßmann/Pietzner, Verwaltungsgerichtsordnung, Rz. 106 zu § 108 VwGO; *Redeker/v. Oertzen,* Verwaltungsgerichtsordnung, Rz. 12 zu § 108 VwGO.

[40] Und insofern das Recht der Behörde zur sofortigen Vollziehung „hemmt“; siehe hierzu allgemein *Dawin,* in: Schoch/Schmidt-Aßmann/Pietzner, Verwaltungsgerichtsordnung, Rz. 97 zu § 108 VwGO; *Redeker/v. Oertzen,* Verwaltungsgerichtsordnung, Rz. 12 zu § 80 VwGO. Den Zusammenhang zwischen Regel-Ausnahme-Verhältnissen und der Beweislast betonen ausdrücklich auch *Kopp/Schenke,* Verwaltungsgerichtsordnung, Rz. 13a zu § 108 VwGO. Allgemein siehe auch *Berg,* JuS 1977, S. 23 (S. 27).

materielle Recht mit dem jeweiligen Verwaltungsakt verfolgt. Dies ist dann der Fall, wenn eine Maßnahme nach dem materiellen Recht für in besonderem Maße eilbedürftig zu halten ist. Wie sich im Folgenden zeigen wird, ist es aber gerade dann, wenn eine Maßnahme nach dem zugrunde liegenden materiellen Recht eilbedürftig ist, so, daß die Anordnung der sofortigen Vollziehbarkeit nach § 80 Abs. 2 Nr. 4 VwGO nicht mit einem besonderen öffentlichen Interesse im beschriebenen Sinne gerechtfertigt werden kann. Wie diese Fälle zeigen, führt das Modell des Regel-Ausnahme-Verhältnisses von aufschiebender Wirkung und sofortiger Vollziehbarkeit dazu, daß bei seiner konsequenten Anwendung die Erreichung von Regelungszwecken des materiellen Rechts vereitelt wird.

1. Recht der Gefahrenabwehr

Die praktisch bedeutsamste Konstellation, in der der Zweck von Verwaltungsakten nur erreicht werden kann, wenn sie sofort vollzogen werden dürfen, es aber nicht möglich ist, die sofortige Vollziehbarkeit mit dem erforderlichen zusätzlichen öffentlichen Interesse zu rechtfertigen, findet sich im Bereich von Verwaltungsakten, die auf einer im weiteren Sinne gefahrenabwehrrechtlichen Rechtsgrundlage beruhen.[41]

Eine typische Entscheidungsstruktur des Gefahrenabwehrrechts ist die Prognoseentscheidung.[42] Die jeweiligen Ermächtigungsgrundlagen des materiellen Gefahrenabwehrrechts verlangen von der mit der Gesetzesanwendung betrauten Behörde die Beurteilung der Wahrscheinlichkeit, mit der in Zukunft ein Schaden eintreten wird.[43] Basis der Wahrscheinlichkeitsbeurteilung ist der konkrete bisherige Sachverhaltsverlauf.[44] Verlangt wird also mit anderen Worten die Beurteilung, ob und mit welcher Wahrscheinlichkeit eine schadensgeneigte Vergangenheit Chancen hat, in der Zukunft in einen Schaden „umzukippen“[45]. Vermittelt wird diese Anforderung der Prognose über im materiellen Recht enthaltene sogenannte Prognosebegriffe wie etwa den allgemeinsten dieser Begriffe, den der „Gefahr“. Eine Gefahr ist dem-

---

[41] Mit „im weiteren Sinne gefahrenabwehrrechtlichen Rechtsgrundlagen“ sind hier Vorschriften aus über den engeren Bereich des eigentlichen Polizeirechts hinausgehenden Bereichen des Ordnungsrechts angesprochen, also solche etwa des Gaststättenrechts, des Straßenverkehrsrechts, des Ausländerrechts und des Bauordnungsrechts.

[42] *Gusy,* Polizeirecht, S. 60; *Walter Schmidt,* Staats- und Verwaltungsrecht, Rz. 126 und 127, S. 100.

[43] *Gusy,* Polizeirecht, S. 61; *Denninger,* in: Lisken/Denninger, Handbuch des Polizeirechts, Kap. E. Rz. 29; *Walter Schmidt,* Staats- und Verwaltungsrecht, Rz. 199, S. 169; *Drews/Wacke/Vogel/Martens,* Gefahrenabwehr, § 13, S. 223 f.

[44] Siehe die Nachweise im 1. Kapitel, Fn. 50.

[45] *Denninger,* in: Lisken/Denninger, Handbuch des Polizeirechts, Kap. E. Rz. 30.

entsprechend als ein Zustand definiert, in dem sich ein Schaden mit einer gewissen Wahrscheinlichkeit in der Zukunft verwirklichen wird.[46] Ergibt die konkrete auf dem bisherigen Sachverhaltsverlauf basierende Prognose, daß mit hinreichender Wahrscheinlichkeit ein Schaden eintreten wird, so ist ein Gefahrenabwehreingriff zulässig, der die Vermeidung dieses Schadens bezweckt.[47]

Enthält eine gefahrenabwehrrechtliche Ermächtigungsgrundlage demnach einen solchen Prognosebegriff, so ist der Zweck des Gefahrenabwehreingriffs, daß der wahrscheinliche Schadenseintritt verhindert wird. Damit ist die Verhinderung dieses künftig wahrscheinlich eintretenden Schadens das Erlaßinteresse, das hinter dem Eingriff steht. Das Erlaßinteresse ist also allgemein gesprochen dasjenige Interesse, welches das materielle Recht als den Zweck definiert, der durch die Maßnahmen, die das materielle Recht zur Verfügung stellt, zu fördern ist.

Wenn nun die konkrete Prognose ergibt, daß sich der Schaden mit hinreichender Wahrscheinlichkeit in dem Zeitraum bis zum Ende des verwaltungsgerichtlichen Hauptsacheverfahrens, das gegen den Gefahrenabwehreingriff gerichtet ist oder gerichtet werden kann, verwirklichen wird, so konstituiert diese wahrscheinlich vor der Hauptsacheentscheidung zum Schadenseintritt führende Lage das Erlaßinteresse. Der Zeitraum des Hauptsacheverfahrens ist aber zugleich auch die Zeitdistanz, die durch die Anordnung der sofortigen Vollziehbarkeit überwunden werden muß. Wenn man nun für die Anordnung der sofortigen Vollziehbarkeit ein öffentliches Interesse benötigt, das durch das Erlaßinteresse nicht erfaßt ist, so kann dies nicht aus der schadensgeneigten Lage abgeleitet werden, denn diese liefert ja bereits das Erlaßinteresse. Dies führt zu dem Problem, daß im Gefahrenabwehrrecht gerade dann, wenn sich ein Schaden im Zeitraum eines Hauptsacheverfahrens und damit zeitlich nah zu verwirklichen droht, die sofortige Vollziehbarkeit deshalb für die Erreichung des Zwecks des Verwaltungsaktes – die Wirksamkeit der Gefahrenabwehr – notwendig ist, die Anordnung der sofortigen Vollziehbarkeit in Ermangelung anderer öffentlicher Interessen als der Abwehr der konkret bestehenden Gefahr nicht mit einem in dem Erlaßinteresse nicht enthaltenen öffentlichen Interesse gerechtfertigt werden kann.

---

[46] *Gusy,* Polizeirecht, S. 60, *Denninger,* in: Lisken/Denninger, Handbuch des Polizeirechts, Kap. E. Rz. 30.

[47] Zusätzliche, aber hier nicht interessierende weitere Rechtmäßigkeitsvoraussetzung ist, daß der schadensgeneigte Zustand dem Adressaten der Maßnahme über die allgemeinen Regeln als Verhaltens- oder Zustandsstörer zuzurechnen sein muß oder die Maßnahme als Notstandsmaßnahme an ihn als Nichtstörer adressiert werden darf. Dazu statt vieler *Gusy,* Polizeirecht, S. 166 f.; *Knemeyer,* Polizei- und Ordnungrecht, S. 133, 135.

Gegen diese Problembeschreibung, deren beispielhafte Verdeutlichung sogleich[48] erfolgt, sind zwei Einwände denkbar. Der erste betrifft den Begriff der Prognose, so wie er in der Problembeschreibung vorausgesetzt ist. Man könnte einwenden, daß eine Prognose nicht notwendigerweise den Zeitpunkt des wahrscheinlichen Schadenseintritts bestimmen muß, so daß sich die Relation zwischen diesem Zeitpunkt und dem des voraussichtlichen Endes des verwaltungsgerichtlichen Hauptsacheverfahrens nicht zwingend ergäbe. Es ist einer Prognose indes wesensimmanent, daß sie – im Rahmen der unvermeidlichen Schätzungsungenauigkeiten – ein auf einen bestimmten zukünftigen Zeitpunkt bezogenes zeitliches Element enthält. So muß etwa die Gefahrenprognose, ob ein an bestimmten baulichen Mängeln leidendes Haus einstürzen wird, auch die Frage beantworten, wann dies der Fall sein wird, ob in naher Zukunft oder in weit entfernter. Dies ergibt sich im übrigen bereits aus der Perspektive des von einer Gefahrenabwehrmaßnahme Betroffenen. Denn der Betroffene darf aus Gründen der Verhältnismäßigkeit des Eingriffs nur einem erforderlichen, also dem mildestmöglichen, Eingriff unterzogen werden. Damit verbietet es sich, eine auf sofortige Gefahrenabwehr gerichtete Verfügung zu einem Zeitpunkt zu erlassen, zu dem die Realisierung des Schadens noch weit entfernt ist. So wäre etwa im Falle eines einsturzgefährdeten Hauses eine Verfügung rechtswidrig, die den Abriß sofort aufgibt, wenn die Einsturzgefahr sich unter Würdigung aller ansonsten involvierten Sachverhaltsbestandteile erst wahrscheinlich in einem Jahr verwirklichen wird. Um rechtmäßig zu handeln, müßte hier eine Frist gesetzt werden. Deren verhältnis- und damit rechtmäßige Bemessung kann sich aber an nichts anderem orientieren als an dem Zeitpunkt, zu dem der Schaden sich wahrscheinlich verwirklichen wird. Allgemein kann man sagen, daß sich die Frage, wann eine Verfügung „zu früh" und damit nach Maßgabe des Verhältnismäßigkeitsprinzips rechtswidrig erlassen wird, sich ohne Bestimmung des Zeitpunktes des prognostizierten Schadenseintritts nicht beantworten läßt. Die Notwendigkeit der prognostischen Bestimmung des Zeitpunktes entfällt auch dann nicht, wenn ein besonders hochwertiges Rechtsgut bedroht ist und bereits aus diesem Grunde angesichts der Prognoseunsicherheiten ein weiteres Zuwarten der Gefahrenabwehrbehörde nicht hinnehmbar erscheint. Denn ob ein weiteres Zuwarten, dessen aus Gründen der Verhältnismäßigkeit prinzipielles Gebotensein mittels des besonderen Wertes des bedrohten Rechtsgutes zu überwinden ist, überhaupt in Rede steht, kann ebenfalls nur festgestellt werden, wenn der wahrscheinliche Schadenseintritt zu einem in weiterer Zukunft gelegenen Zeitpunkt droht.

Schließlich ist festzustellen, daß die Gefahrenabwehrbehörde auch nur dann, wenn sie den Zeitpunkt des wahrscheinlichen Schadenseintritts pro-

---

[48] 1. Kapitel, A. III. 1. a)–c).

gnostisch bestimmt, entscheiden kann, in welcher Reihenfolge sie die in ihren Zuständigkeitsbereich fallenden Gefahren abwehrt, bei welchen sofortiges Handeln geboten ist und bei welchen ein weiteres Zuwarten möglich ist.

Die Notwendigkeit, den Zeitpunkt des wahrscheinlichen Eintritts eines Schadens prognostisch zu bestimmen, zeigt sich ferner auch daran, daß die Ermächtigungsgrundlagen des Gefahrenabwehrrechts durchaus unterschiedlich nahe Zeitpunkte des wahrscheinlich eintretenden Schadens kennen und damit ebenfalls entsprechend konkrete Prognosen abverlangen.[49] Insgesamt läßt sich festhalten, daß der Zeitpunkt des wahrscheinlichen Schadenseintritts auch im Gefahrenabwehrrecht notwendiger Bestandteil einer jeden Prognose ist.[50] Da aber gleichzeitig Erkenntnisse über die durchschnittliche Dauer verwaltungsgerichtlicher Hauptsacheverfahren bestehen, jedenfalls aber über deren Mindestdauer, ergibt sich die für die beschriebene Problemlage vorausgesetzte Relation der Zeitpunkte „voraussichtlicher Schadenseintritt" und „voraussichtliches Ende des Hauptsacheverfahrens" notwendigerweise.

Der zweite denkbare Einwand gegen die oben[51] beschriebene Problemstellung betrifft den dabei vorausgesetzten Begriff des Erlaßinteresses. Die Problematik der Konsumtion der Eilbedürftigkeit im Erlaßinteresse wäre nämlich entschärfbar, wenn man das Gefahrenabwehrrecht so verstehen könnte, daß das Erlaßinteresse einschlägiger Verwaltungsakte nicht als auf die Abwehr konkret bestehender Gefahren gerichtet zu definieren wäre. Es müßte möglich sein, das Erlaßinteresse so zu verstehen, daß es lediglich die Abwehr der Gefahr im Sinne der in der jeweils einschlägigen Ermächtigungsgrundlage beschriebenen Mindestvoraussetzungen der Maßnahme umfaßt. Dann wäre es möglich, die damit nicht erfaßten Sachverhaltsbestandteile – besondere Merkmale des konkret prognostizierten Schadens, vor allem aber seine besondere zeitliche Nähe – für die Rechtfertigung der sofortigen Vollziehbarkeit heranzuziehen. Dem Regel-Ausnahme-Verhältnis von aufschiebender Wirkung und sofortiger Vollziehbarkeit wäre damit Rechnung getragen. Denn das zur Rechtfertigung der sofortigen Vollzieh-

---

49 So verlangt in Hessen etwa § 40 Nr. 1 HessSOG eine „gegenwärtige" Gefahr, bei der der Schaden sich wahrscheinlich zu einem früheren Zeitpunkt verwirklicht als bei der „normalen" Gefahr.

50 Nicht von ungefähr wird denn auch anderenorts die „zeitliche Nähe oder Ferne" des wahrscheinlichen Schadenseintritts als notwendiger Bestandteil der von Gefahrenabwehrbehörden zu leistenden Prognose beschrieben (*Denninger*, in: Meyer/Stolleis, Staats- und Verwaltunsgrecht für Hessen, S. 277), oder die (konkrete) Gefahr definiert als ein Zustand, der nach verständiger, auf allgemeiner Lebenserfahrung beruhender Beurteilung in *näherer Zeit* den Eintritt eines Schadens erwarten läßt (*Knemeyer*, Polizei- und Ordnungsrecht, Rz. 61).

51 1. Kapitel, A. III. 1.

barkeit herangezogene Interesse wäre nicht auch Bestandteil des Erlaßinteresses. Geht es konkret etwa um eine Maßnahme auf der Grundlage der polizeilichen Generalklausel[52], die lediglich unspezifisch eine Gefahr zur Eingriffsvoraussetzung macht, liegt aber tatsächlich eine Gefahr vor, bei der der wahrscheinliche Schadenseintritt zeitlich sehr nahe bevorsteht, so könnte diese besondere Eigenschaft der Gefahr, die bei einer derartigen Betrachtungsweise noch nicht im Erlaßinteresse erfaßt ist, zur Rechtfertigung der sofortigen Vollziehbarkeit herangezogen werden. Ist etwa beispielsweise Öl ins Erdreich ausgelaufen und droht deshalb in sehr naher Zukunft eine Grundwasserverschmutzung, so könnte eine Gefahrenabwehrverfügung, die dem Verantwortlichen aufgibt, das verschmutzte Erdreich abzutragen, auf die polizeiliche Generalklausel gestützt werden. Wenn es nun möglich wäre, das Erlaßinteresse dieser Maßnahme unspezifisch als „Abwehr einer Gefahr" zu definieren, so könnte man die besondere zeitliche Nähe des abzuwehrenden wahrscheinlichen Schadenseintritts als öffentliches Interesse betrachten, das in dem so definierten Erlaßinteresse nicht enthalten ist und das deshalb geeignet wäre, die sofortige Vollziehbarkeit zu rechtfertigen. Allerdings bedeutet diese Sichtweise, daß die sofortige Vollziehbarkeit sehr leicht zu rechtfertigen sein kann. Denn oft werden nicht nur die Mindestvoraussetzungen einer Ermächtigungsgrundlage vorliegen, sondern demgegenüber ein Mehr. Damit ergibt sich für solche Fälle eine sehr weitgehende Annäherung der Voraussetzungen der sofortigen Vollziehbarkeit von Verwaltungsakten und der sofortigen Umsetzbarkeit von Realakten. Diese Annäherung ist mit § 80 Abs. 1 S. 1 VwGO nicht vereinbar, wenn man auf der Grundlage des Regelungsmodells des § 80 VwGO davon ausgeht, daß die aufschiebende Wirkung die regelhaft eintretende Rechtsfolge der Einlegung eines Rechtsbehelfs gegen einen belastenden *Verwaltungsakt* ist. Die sofortige Vollziehbarkeit von Verwaltungsakten muß dann an höhere Rechtfertigungsanforderungen gebunden sein als die sofortige Umsetzbarkeit von Realakten. Deren sofortige Umsetzbarkeit muß nämlich eine zunächst eintretende aufschiebende Wirkung und damit eine einseitige Macht des Betroffenen, die Verwirklichung der belastenden Maßnahme aufzuhalten, gerade nicht überwinden. Auf der Basis der Annahme, aufschiebende Wirkung und sofortige Vollziehbarkeit stünden in einem Regel-Ausnahme-Verhältnis, verbietet sich also eine solche Auslegung des materiellen Gefahrenabwehrrechts.[53]

---

[52] In Hessen: § 11 HessSOG.

[53] Im übrigen wird man auch nicht davon ausgehen können, daß eine solche Betrachtungsweise dem Sinn der Gefahrenabwehr gerecht wird. Gefahrenabwehrmaßnahmen dienen nicht dazu, wie beschrieben unspezifisch Gefahren abzuwehren, sondern ihr Sinn ist es, konkret bestehende Gefahren in ihrer tatsächlichen Gestalt abzuwehren. Siehe zur Funktionsweise gefahrenabwehrrechtlicher Ermächtigungs-

Ein solches Verständnis des Erlaßinteresses könnte im übrigen auch nur dann den gewünschten Erfolg herbeiführen, wenn im konkreten Fall tatsächliche Umstände vorliegen, die in dem durch die Mindestvoraussetzungen beschriebenen Erlaßinteresse nicht erfaßt sind. Nur dann ist es denkbar, diese Sachverhaltsbestandteile für die Rechtfertigung der sofortigen Vollziehbarkeit heranzuziehen. Liegt hingegen tatsächlich nicht mehr vor als etwa das in der einschlägigen Ermächtigungsgrundlage verlangte Maß an zeitlicher Nähe des voraussichtlichen Schadenseintritts, so scheidet ein solches Vorgehen aus. Problematisch ist dies, weil die sofortige Vollziehbarkeit in solchen Fällen ausgeschlossen bleibt, ohne daß sichergestellt ist, daß dies nur dann der Fall ist, wenn es vor dem Hintergrund des Sinnes der jeweiligen Maßnahmen unbedenklich ist. Es ist etwa z.B. denkbar, daß bereits die Ermächtigungsgrundlage einen zeitlich sehr nahen wahrscheinlichen Schadenseintritt verlangt, die sofortige Vollziehbarkeit zur Wirksamkeit der Gefahrenabwehr also erforderlich ist, aber in casu auch nur exakt das in der Ermächtigungsgrundlage geforderte Maß an zeitlicher Nähe des wahrscheinlichen Schadenseintritts vorliegt.

Es ist also insgesamt nicht möglich, das materielle Recht so auszulegen, daß es im Interesse der Erhaltung seiner eigenen Wirksamkeit auf die Notwendigkeiten bei der Anordnung der sofortigen Vollziehung „Rücksicht nimmt", indem es die für deren Rechtfertigung notwendigen Gesichtspunkte nicht bereits selbst verbraucht.

Eine allgemeine Entschärfung der beschriebenen Problematik kann schließlich auch nicht von § 80 Abs. 2 Nr. 2 VwGO erhofft werden. Auch diese Vorschrift erlaubt es nicht, die sofortige Vollziehbarkeit flächendeckend für die betroffenen gefahrenabwehrrechtlichen Verwaltungsakte abzuleiten. Die tatbestandlichen Voraussetzungen der Vorschrift sind ausgesprochen eng. Zu nennen ist insbesondere, daß rein formal an die Anordnungen von Polizeivollzugsbeamten angeknüpft wird. Damit ist § 80 Abs. 2 Nr. 2 VwGO erkennbar nur in der Lage, einen geringen Teil der denkbaren Fälle zu lösen.[54]

Das Gefahrenabwehrrecht kennt abseits der gerade behandelten noch eine weitere Konstellation, in der es unmöglich ist, Anordnungen der sofortigen Vollziehbarkeit zutreffend zu rechtfertigen, obwohl die jeweiligen Maßnahmen nach dem materiellen Recht sofort umsetzbar sein müssen.

---

grundlagen und ihrer konkreten Sachverhaltsbezogenheit auch unten 3. Kapitel, B. III. 1.

[54] Zu möglichen Analogien, etwa bei Verkehrsszeichen, die aber wegen ihrer notwendigen gegenständlichen Beschränktheit auch nicht hinreichen, das allgemeine Problem zu lösen, siehe etwa *Kopp/Schenke,* Verwaltungsgerichtsordnung, Rz. 64 zu § 80 VwGO; *Schoch,* in: Schoch/Schmidt-Aßmann/Pietzner, Verwaltungsgerichtsordnung, Rz. 123 zu § 80 VwGO.

In einigen Bereichen des Gefahrenabwehrrechts sind Eingriffsmittel zugelassen, die nicht auf den konkreten Einzelsachverhalt und seine Schadensgeneigtheit bezogen, sondern abstrakt motiviert sind. Zu denken ist hier vor allem an Eingriffsmittel, die ohne Rücksicht auf konkrete Gefahrenlagen sicherstellen sollen, daß Genehmigungsverfahren eingehalten werden, die ihrerseits eine präventive Kontrolle bestimmter Vorhaben bezwecken. Zu diesen Eingriffsmitteln zählen etwa die Nutzungsuntersagung nach den Landesbauordnungen oder die einstweilige Anlagenstillegung nach § 20 Abs. 2 BImSchG. Solche präventiv-polizeilichen Genehmigungserfordernisse gelten entsprechend ihrer Motivation, ohne daß die Träger von Vorhaben, die einer derartigen Genehmigungspflicht unterworfen sind, die Möglichkeit hätten, die im Genehmigungsverfahren durchzuführende Prüfung zeitlich aufzuschieben.[55] Soll nun die Einhaltung solcher Genehmigungsverfahren gesichert werden, so bedarf es deshalb der sofortigen Vollziehbarkeit der Verwaltungsakte, die diesem Zweck dienen. Gegen ein genehmigungslos durchgeführtes Vorhaben muß also mit dem jeweiligen Eingriffsmittel, das die Einhaltung des Genehmigungsverfahrens sichert, sofort vollziehbar eingegriffen werden können. Erlaßinteresse solcher Sicherungsmittel ist es nach dem Gesagten, die Einhaltung von Genehmigungsverfahren zu sichern. Dieses Interesse kann damit nicht mehr dazu taugen, die sofortige Vollziehbarkeit zu rechtfertigen. Da es das einzige Interesse bleiben wird, das im Einzelfall auszumachen ist, führt auch hier die Anforderung des Regel-Ausnahme-Verhältnisses von aufschiebender Wirkung und sofortiger Vollziehbarkeit dazu, daß die Erreichung des materiell-rechtlichen Maßnahmezwecks vereitelt wird.

Ein öffentliches Interesse, das über dieses Erlaßinteresse hinausgeht und damit zur Rechtfertigung von Anordnungen der sofortigen Vollziehbarkeit taugt, könnte allerdings möglicherweise dann benannt werden, wenn das Vorhaben nicht nur ungenehmigt ist, sondern auch materiell rechtswidrig.

---

[55] Daß die Anwendung der Mittel zur Sicherung der Einhaltung von Genehmigungsverfahren meist nicht gesetzlich strikt gebunden ist, sondern im Ermessen steht – siehe etwa die Ermächtigungen zu Baueinstellungen oder Nutzungsuntersagungen nach Bauordnungsrecht – ändert an der dargestellten Charakterisierung der Genehmigungserfordernisse als solcher nichts. Das Ermessen dient in diesen Tatbeständen lediglich dazu, bei der Durchsetzung der Einhaltung der Genehmigungsverfahren für atypische Fälle die erforderliche Verwaltungsflexibilität zu gewährleisten. So legt etwa *Simon*, Bayerische Bauordnung, Rz. 8 zu Art. 88 BayBO, die genannte Vorschrift so aus, daß „in aller Regel" die Fortführung formell unzulässiger Bauvorhaben zu unterbinden sei. Der VGH Kassel (BauR 1991, S. 447) folgt dem für das hessische Bauordnungsrecht und zieht daraus den allerdings fragwürdigen Schluß, daß für diesen Regelfall die Begründungspflicht nach § 39 HessVwVfG modifiziert sei. § 20 Abs. 2 S. 2 BImSchG, der für das Immissionsschutzrecht zur Stillegung ungenehmigter Anlagen ermächtigt, ist denn auch ausdrücklich als „Soll"-Regelung formuliert.

Will man das Interesse an der Abwehr der durch einen materiell-rechtswidrigen Zustand drohenden Gefahr als ein im Erlaßinteresse des Sicherungsmittels noch nicht erfaßtes Interesse begreifen, so setzt dies allerdings voraus, daß die Behörde wegen der materiellen Rechtswidrigkeit nicht gezwungen ist, eine auf den materiell rechtswidrigen Zustand bezogene Gefahrenabwehrverfügung zu erlassen, statt das Sicherungsmittel anzuwenden. Nur wenn ein solcher Zwang nicht besteht, könnte man dieses konkrete Gefahrenabwehrinteresse heranziehen, um die Anordnung der sofortigen Vollziehbarkeit des Sicherungsmittels zu rechtfertigen. Ein solches Vorgehen kann indes nicht zulässig sein. Steht die materielle Rechtswidrigkeit fest, ist die Sicherung der Einhaltung eines Genehmigungsverfahrens sinnlos. Im Bauordnungsrecht etwa darf deswegen keine Nutzungsuntersagung ergehen. Stattdessen muß – wenn eingeschritten wird – eine Gefahrenabwehrverfügung ausgesprochen werden, die darauf gerichtet ist, den materiell rechtswidrigen Zustand zu beenden.[56]

Nunmehr sollen die aufgestellten Thesen beispielhaft verdeutlicht werden. Dazu sollen konkrete Fälle aus der gerichtlichen Praxis herangezogen werden. Da Gerichte aber oft dazu neigen, ergebnisorientiert zu argumentieren, taucht ein Darstellungsproblem auf: Diese Neigung führt dazu, daß Gerichte die sofortige Vollziehbarkeit eines nicht offensichtlich fehlerhaften Verwaltungsakts, dessen Umsetzung nach dem materiellen Recht eilbedürftig ist, weil er sonst seinen Zweck nicht erreichen kann, lieber um den Preis einer nicht konsistenten Begründung rechtfertigen, als der inhaltlichen Prämisse vom Regel-Ausnahme-Verhältnis entsprechend die Rechtfertigung der sofortigen Vollziehbarkeit abzulehnen, weil kein im Erlaßinteresse noch nicht erfaßtes öffentliches Interesse ersichtlich ist. Deshalb wird bei der beispielhaften Verdeutlichung so vorgegangen, daß jeweils die Unstimmigkeit der Begründung aufgezeigt wird, die von den einzelnen Gerichten zur Rechtfertigung der jeweiligen Anordnung der sofortigen Vollziehbarkeit angeführt wird. Dazu wird jeweils geprüft, ob die zur Rechtfertigung der nach dem Maßnahmezweck notwendigen Anordnung der sofortigen Vollziehbarkeit herangezogenen (oder nicht benannten, aber heranziehbar erscheinenden) Gesichtspunkte bereits in dem hinter dem Verwaltungsakt stehenden Erlaßinteresse enthalten sind. Ist dies der Fall, sind also alle in Frage kommenden öffentlichen Interessen im Erlaßinteresse erfaßt, dürfte eine Anordnung der sofortigen Vollziehbarkeit nicht ergehen – obwohl die Umsetzung des Verwaltungsaktes im Sinne seiner Zweckerreichung nach dem materiellen Recht eilbedürftig ist. Daraus folgt, daß die Prämisse vom Regel-Ausnahme-Verhältnis von aufschiebender Wirkung und sofortiger Vollziehbarkeit bei konsequenter Anwendung dazu führt, daß die Erreichung des

---

[56] Zur Systematik von Nutzungsverbot und Beseitigungsverfügung siehe etwa *Peine*, Öffentliches Baurecht, Rz. 420.

Zwecks von eilbedürftigen Maßnahmen, die von der sofortigen Vollziehbarkeit abhängt, vereitelt wird.

Die Auswahl der Entscheidungen orientiert sich, um die praktische Tragweite des Problems deutlich werden zu lassen, an der „Alltäglichkeit" und damit der praktischen Relevanz der behandelten Fallkonstellationen.

Auf einen Gesichtspunkt ist vorab noch der Klarheit halber hinzuweisen. Wenn hier konkrete Sachverhalte unterstellt bzw. referiert werden, so kann in Ermangelung von Hinweisen auf die Herkunft bzw. die Art der Ermittlung der mitgeteilten Informationen jeweils nicht davon ausgegangen werden, daß es sich dabei um einen objektiven und endgültigen Erkenntnisstand handelt, sondern es muß von einem nicht abschließend gesicherten Erkenntnisstand ausgegangen werden.[57] Daher scheidet es selbst dann aus, in diesen Beispielsfällen mit dem Topos des offensichtlich erkennbaren Ausgangs des Rechtsbehelfsverfahrens zu operieren und daraus Lösungen abzuleiten, wenn die referierten Sachverhaltsbestandteile die Tatbestandsmerkmale der einschlägigen Ermächtigungsgrundlagen des materiellen Rechts zweifelsfrei erfüllen.

a) Widerruf einer Gaststättenerlaubnis

Als erstes Fallbeispiel soll eine typische Konstellation aus dem Gaststättenrecht dienen.

Der VGH Mannheim[58] hatte einen Fall zu entscheiden, in dem es im Verfahren nach § 80 Abs. 5 VwGO um die Wiederherstellung der aufschiebenden Wirkung eines Widerspruches ging. Gegenstand des Widerspruchs waren ein Widerruf einer Gaststättenerlaubnis auf der Grundlage von § 15 Abs. 2 GastG und eine Schließungsverfügung auf Basis von § 31 GastG i.V.m. § 15 Abs. 2 GewO. Beide waren für sofort vollziehbar erklärt worden. In den letzten vier Jahren vor dem Widerruf hatte der betroffene Gastwirt zehnmal zum Teil massiv gegen eine bestandskräftige behördliche Sperrzeitregelung verstoßen. Darüber hinaus hatten sich in den letzten sechs Jahren vor dem Widerruf neun Schlägereien zugetragen, die alle dem Antragsteller zuzurechnen waren. Schließlich hatte ein Türsteher des Antragstellers einem Dritten eine Körperverletzung zugefügt.

Ergibt die Sachverhaltsfeststellung der Behörde wie hier gehäufte und schwerwiegende Verstöße bis in die unmittelbar zurückliegende Vergangenheit, so liegt es im Sinne des materiellen Rechts, die weitere Fortsetzung

---

[57] Zu der Frage, unter welchen – engen – Voraussetzungen vor dem nicht mehr angreifbaren verwaltungsgerichtlichen Endurteil in der Hauptsache von Offensichtlichkeit in tatsächlicher Hinsicht ausgegangen werden kann, unten 3. Kapitel, A. II.

[58] NVwZ-RR 1990, S. 186 f.

dieses Verhaltens über den Widerruf der Gaststättenerlaubnis (und die daran anknüpfende Schließungsverfügung) zu unterbinden. Denn der Widerruf einer Gaststättenerlaubnis erfolgt nach § 15 Abs. 2 GastG nicht als Sanktion vergangener Verfehlungen. Er erfolgt, um künftige gaststättenrechtlich relevante Verfehlungen zu verhindern. Die Unzuverlässigkeit des Adressaten, die den Widerruf der Erlaubnis rechtfertigt, ist wie der gerade[59] beschriebene der „Gefahr" ein gefahrenabwehrrechtlicher Prognosebegriff.[60] Er kommt im gesamten Gewerberecht vor[61] und fordert von der handelnden Behörde auf der Basis der Beobachtung vergangenen Verhaltens ein Wahrscheinlichkeitsurteil darüber, ob sich dieses Verhalten in der Zukunft fortsetzen wird. Das materielle Recht führt wegen der bei der referierten Sachverhaltsgestaltung bestehenden Wahrscheinlichkeit, daß sich das Verhalten des Betroffenen auch in sehr naher Zukunft fortsetzt, außerdem dazu, daß die sofortige Vollziehbarkeit für die Wirksamkeit der Maßnahme erforderlich ist. Denn ohne eine sofortige Umsetzbarkeit des Widerrufs und der Schließungsverfügung besteht die Gefahr, daß sich das Verhalten des Betroffenen schon sehr bald – jedenfalls vor Ende des Hauptsacheverfahrens[62] – fortsetzen wird, und daher ein weiteres Zuwarten mit hoher Wahrscheinlichkeit dazu führt, daß sich die nach Maßgabe des materiellen Rechts zu verhindernde Fortsetzung des Verhaltens des Betroffenen realisiert.

Die Verhinderung der wahrscheinlich baldigen Fortsetzung des Verhaltens des Adressaten ist aber auch in dem Erlaßinteresse erfaßt, das den Erlaß von Widerruf und Schließungsverfügung trägt. Ist nämlich der Begriff der Unzuverlässigkeit ein Prognosebegriff, so wird die Verhinderung des prognostizierten Verhaltens des Adressaten nach dem Zeitpunkt, zu dem über den Erlaß des Widerrufs entschieden wird, zu dem Gesichtspunkt, der den Widerruf (und die darauf aufbauende Schließungsverfügung) rechtfertigt. Wenn nun die konkrete fallbezogene Prognose der Unzuverlässigkeit wie in dem referierten Fall ergibt, daß der Betroffene auch in dem Zeitraum bis zum voraussichtlichen Ende des Hauptsacheverfahrens sein Verhalten wahrscheinlich fortsetzen wird, so ist darin sein Verhalten während der Zeit, die durch die Anordnung sofortiger Vollziehbarkeit überwunden werden soll, zwingend mit enthalten. Aus diesem (prognostizierten) Verhalten kann damit nicht auch noch ein über das Erlaßinteresse hinausgehendes besonderes Interesse an der sofortigen Vollziehbarkeit abgeleitet werden.

---

59 1. Kapitel, A. III. 1.

60 *Metzner*, Gaststättengesetz, Rz. 12 zu § 4 GastG.

61 Siehe z.B. den Untersagungstatbestand in § 35 GewO sowie die Gründe der Genehmigungsversagung in § 33d Abs. 3 oder § 34c Abs. 2 GewO.

62 Dabei handelt es sich zum Zeitpunkt des Erlasses des Verwaltungsaktes selbstverständlich um ein hypothetisches Hauptsacheverfahren. Siehe zum Begriff des Hauptsacheverfahrens in der hier verwendeten Bedeutung 1. Kapitel, bei und in Fn. 25.

Der VGH Mannheim hielt die Erlaßvoraussetzungen der sofortigen Vollziehbarkeit nach § 80 Abs. 2 Nr. 4 VwGO aber für gegeben.[63]

Zunächst formuliert der VGH den Obersatz, daß ein besonderes öffentliches Interesse für die Rechtfertigung der sofortigen Vollziehbarkeit erforderlich ist:

> „Er (gemeint also wohl der Sofortvollzug; richtig hätte es heißen müssen: die sofortige Vollziehbarkeit, siehe oben Einleitung, Fn. 5) setzt – was sich aus § 80 Abs. 3 S. 1 VwGO ergibt[64] – ein besonderes öffentliches Interesse voraus, welches über dasjenige hinausgeht, das die Entziehung als solche rechtfertigt."[65]

Dann verweist der VGH wegen dieser Rechtfertigung darauf, daß der Antragsteller auch nach dem Erlaß von Widerruf und Schließungsverfügung und während des anhängigen Hauptsacheverfahrens sein früheres Verhalten fortgesetzt habe.[66]

Diese tatsächliche Fortsetzung des Verhaltens nach dem Erlaß von Widerruf und Schließungsverfügung und während des anhängigen Hauptsachverfahrens führt aber nicht dazu, daß die Anordnung der sofortigen Vollziehbarkeit unter diesem Aspekt zutreffend gerechtfertigt werden kann, weil man insofern möglicherweise etwa von einer besonderen Qualität des Erlaßinteresses sprechen könnte. Insbesondere erfährt die Dringlichkeit der Umsetzung des Verwaltungsaktes durch diese tatsächliche Fortsetzung keine qualitative Steigerung. Denn diese Handlungsweise des Betroffenen bedeutet nichts anderes, als daß sich die Prognose der Behörde, daß es in sehr naher Zukunft zu erneuten relevanten Verstößen kommen werde, bestätigt hat. Der Betroffene hat sich exakt so verhalten, wie es die Prognose vorhergesagt hat. Da aber diese Prognose – und damit das in ihr prognostizierte Verhalten des Betroffenen – bereits das Erlaßinteresse konstituiert, handelt es sich hierbei um ein Sachverhaltsmerkmal, das ebenfalls bereits im Erlaßinteresse erfaßt ist.

Hätte der VGH Mannheim also seine Prämisse korrekt angewendet, so hätte er die Anordnung der sofortigen Vollziehbarkeit nicht für rechtfertigungsfähig halten dürfen. Damit wäre die Erreichung des Zwecks der Maßnahme aber vereitelt worden.

---

63 NVwZ-RR 1990, S. 187.

64 Zur Fehlerhaftigkeit dieser Ableitung aus § 80 Abs. 3 S. 1 VwGO siehe oben 1. Kapitel, A. II. 1.

65 NVwZ-RR 1990, S. 187.

66 NVwZ-RR 1990, S. 187.

b) Entziehung eines Führerscheins

Das bezeichnete Problem, daß die Erreichung materiell gefahrenabwehrrechtlicher Maßnahmezwecke vereitelt werden kann, wenn für die sofortige Vollziehbarkeit ein über das Erlaßinteresse hinausgehendes spezifisches Interesse an der sofortigen Vollziehbarkeit zu benennen ist, läßt sich auch anhand des Straßenverkehrsrechts darstellen. Die Gefahrenabwehrmaßnahme, die als Beispiel behandelt werden soll, ist die Entziehung der Fahrerlaubnis nach §§ 4 StVG, 15 StVZO.

Der VGH Kassel[67] hatte im Verfahren nach § 80 Abs. 5 VwGO folgenden Fall zu entscheiden: Die zuständige Behörde hatte dem Antragsteller die Fahrerlaubnis entzogen, weil er innerhalb der letzten fünf Jahre vor der behördlichen Maßnahme insgesamt 23 Punkte im Verkehrszentralregister angesammelt hatte. Die meisten davon gingen auf Verfehlungen zurück, die innerhalb des letzten Jahres vor der Maßnahme lagen. Eine dieser Verfehlungen war eine Nötigung, die mittels eines Kraftfahrzeugs im Straßenverkehr begangen worden war. Bei einem solchen Sachverhalt ist die Prognose hinreichend sicher, daß das Verhalten auch in sehr naher Zukunft fortgesetzt wird. Damit hängt die Wirksamkeit der Gefahrenabwehr, die durch den Führerscheinentzug bewerkstelligt werden soll, von dessen sofortiger Vollziehbarkeit ab. Der VGH sah sich demgemäß veranlaßt, die Anordnung der sofortigen Vollziehbarkeit mit folgender Überlegung zu rechtfertigen:

> „Nach allem muß der Antragsteller als ungeeignet zum Führen von Kraftfahrzeugen angesehen werden (...). Deshalb ist auch die Anordnung der sofortigen Vollziehbarkeit nicht zu beanstanden. Wegen des hohen Ranges des Rechtsgutes der Verkehrssicherheit besteht ein dringendes (...) Interesse daran, daß der Antragsteller wegen der von ihm ausgehenden latenten Gefährdung mit sofortiger Wirkung von einer weiteren Teilnahme am öffentlichen Straßenverkehr ausgeschlossen wird.“[68]

In dieser erstaunlichen Aussage sind das Interesse an der sofortigen Vollziehbarkeit und das Erlaßinteresse gleichgesetzt.

Bei konsequenter Argumentation auf der Basis eines Regel-Ausnahme-Verhältnisses von aufschiebender Wirkung und sofortiger Vollziehbarkeit hätte der VGH hingegen zu dem Ergebnis kommen müssen, daß die aufschiebende Wirkung ohne weiteres wiederherzustellen gewesen wäre. Die Anordnung der sofortigen Vollziehbarkeit wäre entsprechend ausgeschlossen gewesen, die Erreichung des Maßnahmezwecks vereitelt: Maßgeblich hierfür ist letztlich der selbe Grunde wie in dem eben behandelten gaststättenrechtlichen Beispiel. Auch der hier materiell-rechtlich entscheidende Begriff

---

[67] NJW 1994, S. 1611 f.; ähnliche Fälle: OVG Bremen, DAR 1971, S. 55; VGH Mannheim, NJW 1993, S. 549 ff.

[68] NJW 1994, S. 1611.

der (mangelnden) „Eignung" ist ein Prognosebegriff[69]. Dies führt dazu, daß das zu erwartende Verhalten des Betroffenen während des verwaltungsgerichtlichen Hauptsacheverfahrens, das als einziger Gesichtspunkt die sofortige Vollziehbarkeit rechtfertigen kann, bereits durch das Erlaßinteresse erfaßt ist. Damit kann es aber kein besonderes öffentliches Interesse mehr darstellen, das geeignet ist, die sofortige Vollziehbarkeit zu begründen.

c) Ausweisung eines Ausländers

Noch ein weiteres Fallbeispiel aus dem Gefahrenabwehrrecht, das auf konkrete Gefahrenlagen bezogen ist, soll die These belegen, daß die Notwendigkeit, Anordnungen der sofortigen Vollziehbarkeit durch ein besonderes öffentliches Interesse zu rechtfertigen, die Erreichung materiell-rechtlicher Maßnahmezwecke vereiteln kann.

Der Fall stammt aus dem Ausländerrecht und ist durchaus alltäglich. Gegen einen Ausländer, der im Inland in der jüngeren Vergangenheit mehrfach nicht unerheblich straffällig geworden war, waren eine Ausweisung nach §§ 45 Abs. 1, 46 Nr. 2 AuslG und eine Abschiebungsandrohung ergangen. Das VG Saarbrücken hatte zu beurteilen, ob deren sofortige Vollziehbarkeit gerechtfertigt war.[70] Die Ausländerbehörde hatte die Anordnung der sofortigen Vollziehbarkeit auf die konkret bestehende Gefahr neuerlicher Strafrechtsverstöße gestützt.

Das VG beginnt zunächst damit, daß es seine Prämisse klarstellt: Aufschiebende Wirkung und sofortige Vollziehbarkeit stünden im Regel-Ausnahme-Verhältnis.[71] Danach findet sich folgende Aussage zur Wiederholungsgefahr als Rechtfertigung der Anordnung der sofortigen Vollziehbarkeit:

> „Will die Ausländerbehörde (...) die sofortige Vollziehung einer Ausweisungsverfügung anordnen, so muß sie sich mit dieser (sc.: die Wiederholungsgefahr begründenden, der Verf.) Prognose auseinandersetzen."[72]

Demnach ist also aus der Sicht des Gerichtes die Wiederholungsgefahr an sich geeignet, eine Anordnung der sofortigen Vollziehbarkeit zu begründen. Allerdings drängt sich die Frage auf, ob eine eventuelle Wiederholungsgefahr nicht schon den Erlaß der Ausweisungsverfügung selbst trägt: Ist dies der Fall, so kann nach dem Ausgangspunkt des Gerichts die Wie-

---

69 *Jagusch/Hentschel,* Straßenverkehrsrecht, Rz. 8 ff. zu § 2 StVG.

70 InfAuslR 1995, S. 413 – im Saarland ist für Rechtsbehelfe gegen Maßnahmen in der Verwaltungsvollstreckung, zu der die Abschiebung gehört, die aufschiebende Wirkung nicht von Gesetzes wegen ausgeschlossen.

71 InfAuslR 1995, S. 413.

72 InfAuslR 1995, S. 413.

derholungsgefahr die sofortige Vollziehbarkeit nicht rechtfertigen, da es sich ja dann nicht um ein im Erlaßinteresse noch nicht erfaßtes öffentliches Interesse handelt. Ein Blick in die ausländerrechtliche Kommentarliteratur bestätigt: Eine Wiederholungsgefahr ist nach der insoweit zum „ausländerrechtlichen Hausgut" gewordenen Rechtsprechung des Bundesverwaltungsgerichts[73] als ermessensleitender Gesichtspunkt bereits beim Erlaß der Ausweisungsverfügung selbst zu berücksichtigen.[74] Die Wiederholungsgefahr gehört, wie die (mangelnde) „Zuverlässigkeit" im Gaststättenrecht und die (mangelnde) „Eignung" im Straßenverkehrsrecht, ebenfalls zu den Prognosebegriffen.[75] Genau wie in den beiden zuvor besprochenen Fällen ist also auch hier bereits der Verwaltungsakt selbst materiell-rechtlich im Sinne der Vermeidung künftigen Schadens „in die Zukunft orientiert". Deswegen ist es in einem ausländerrechtlichen Fall wie dem hier besprochenen, in dem für die nahe Zukunft und damit auch für den Zeitraum eines Hauptsacheverfahrens weitere Strafrechtsverstöße zu prognostizieren sind, ausgeschlossen, die Wiederholungsgefahr für die Anordnung der sofortigen Vollziehbarkeit heranzuziehen. Die sofortige Vollziehbarkeit wäre ausgeschlossen – und das, obwohl gerade in einem Fall wahrscheinlich baldiger weiterer Verstöße nach dem Sinn der Maßnahme die Anordnung der sofortigen Vollziehbarkeit notwendig ist.

Wäre das VG folgerichtig vorgegangen, hätte es die Belange, welche die Ausländerbehörde zur Rechtfertigung der sofortigen Vollziehbarkeit angeführt hatte, sämtlich als zu diesem Zweck ungeeignet verwerfen müssen. Nur unter der Inkaufnahme einer unstimmigen Argumentation konnte das Gericht die Anordnung der sofortigen Vollziehbarkeit für rechtfertigungsfähig halten.

d) Nutzungsuntersagung nach Bauordnungsrecht

Nach diesen Beispielen zu Gefahrenabwehrmaßnahmen mit konkret fallbezogener Prognose soll nunmehr ein Beispiel aus dem Bereich der Eingriffsmittel behandelt werden, die der Sicherung der Einhaltung von Genehmigungsverfahren dienen.[76]

Der VGH Kassel[77] hatte im Verfahren nach § 80 Abs. 5 VwGO über die Wiederherstellung der aufschiebenden Wirkung einer Anfechtungsklage

---

[73] BVerwG EZAR 121 Nr. 2.

[74] *Vormeier,* in: Gemeinschaftskommentar Ausländerrecht, Rz. 389 ff. zu § 45 AuslG; *Kanein/Renner,* Ausländerrecht, Rz. 16 f. zu § 46 AuslG.

[75] Das zeigt sich z. B. daran, daß die Ausweisung verfügt werden darf, um der Gefahr weiterer Rechtsverstöße des Ausländers zu begegnen: *Kanein/Renner,* Ausländerrecht, Rz. 17 zu § 46 AuslG.

[76] Dazu allgemein oben 1. Kapitel, A. III. 1.

gegen eine bauordnungsrechtliche Nutzungsuntersagung zu befinden, die für sofort vollziehbar erklärt worden war. Der Antragsteller sollte seinen als Discothek genutzten Betrieb fortan nicht mehr als solche nutzen dürfen. Der Antragsteller hatte das baurechtlich nur als Gaststätte genehmigte Gebäude schon eine Weile ohne Baugenehmigung als Discothek genutzt. Erst nach einer Aufforderung durch die Antragsgegnerin hatte er eine Baugenehmigung für die Nutzungsänderung beantragt. Nachdem der Antrag nicht wegen materieller Baurechtswidrigkeit abgelehnt, sondern ihm bereits wegen fehlender Prüffähigkeit der Unterlagen die inhaltliche Prüfung versagt worden war, der Antragsteller aber mit der ungenehmigten Nutzung fortfuhr, wurde die Nutzungsuntersagung ausgesprochen und für sofort vollziehbar erklärt.

Der VGH macht zunächst ausdrücklich das Regel-Ausnahme-Verhältnis von aufschiebender Wirkung und sofortiger Vollziehbarkeit zu seiner Prämisse.[78] Demgemäß hätte also ein öffentliches Interesse für die Anordnung der sofortigen Vollziehbarkeit benannt werden müssen, das über dasjenige Interesse hinausgeht, welches das Nutzungsverbot selbst trägt. Das einzige öffentliche Interesse, das in diesem Fall nicht geklärter materieller Baurechtswidrigkeit in Rede steht, ist aber die Sicherung der präventiven Kontrolle des Vorhabens im Genehmigungsverfahren. Dieses aber steht auch als Erlaßinteresse hinter dem Nutzungsverbot selbst. Das Nutzungsverbot stellt sicher, daß Vorhaben generell in dem präventiv motivierten Baugenehmigungsverfahren kontrolliert werden.[79] Damit deckt auch hier das Gefahrenabwehrinteresse, das den Verwaltungsakt als solchen trägt, das einzige in Frage kommende Interesse an der sofortigen Vollziehbarkeit bereits ab. Eine sofortige Vollziehbarkeit des Nutzungsverbotes läßt sich also auf der Basis der Annahme, hierfür bedürfe es eines im Erlaßinteresse noch nicht erfaßten öffentlichen Interesses, nicht begründen. Damit aber wird die Erreichung des Zwecks des Nutzungsverbotes vereitelt: Über die Genehmigungspflicht sind Vorhaben der präventiven Kontrolle im Baugenehmigungsverfahren unterworfen, ohne daß die Möglichkeit bestünde, diese Kontrolle zeitlich aufzuschieben.[80]

Der VGH hielt die Voraussetzungen des Erlasses der Anordnung der sofortigen Vollziehbarkeit für gegeben und führte aus:

> „Die Vollziehung eines Nutzungsverbots ist regelmäßig eilbedürftig, weil nur durch diese Anordnung die Wirksamkeit des mit der Baugenehmigungspflicht verbundenen Nutzungsverbots gesichert werden kann.“[81]

---

[77] NVwZ 1990, S. 583 f.

[78] NVwZ 1990, S. 583.

[79] Zur abstrakt-gefahrenabwehrrechtlichen Motivation des Baugenehmigungsverfahrens *Drews/Wacke/Vogel/Martens,* Gefahrenabwehr, § 11, S. 170.

[80] Siehe oben 1. Kapitel, A. III. 1.

Bei prämissentreuer Argumentation ist die Anordnung der sofortigen Vollziehbarkeit mit dieser Begründung erkennbar ausgeschlossen. Hier wird das Regel-Ausnahme-Verhältnis geradezu umgekehrt.

Selbst wenn man im Übrigen im Einzelfall prognostizieren könnte, daß der Adressat das Nutzungsverbot mit erhöhter Wahrscheinlichkeit nicht beachten wird, stünde damit immer noch kein anderes öffentliches Interesse hinter der Anordnung der sofortigen Vollziehbarkeit als das Erlaßinteresse. Denn auch einem Schwarzbauer, für den eine solche Prognose möglich ist, kommt mit der aufschiebenden Wirkung die Rechtsmacht zugute, für den nämlichen Zeitraum die Nichtbefolgung des Nutzungsverbotes zu legalisieren. Damit ist nicht erkennbar, inwiefern die erhöhte Wahrscheinlichkeit der Nichtbefolgung geeignet sein sollte, ein besonderes öffentliches Interesse an der sofortigen Vollziehbarkeit zu begründen.

Allerdings hat der VGH Kassel für den Bereich der Nutzungsuntersagungen Voraussetzungen zu formulieren versucht, bei deren alternativem Vorliegen es zulässig sein soll, die sofortige Vollziehbarkeit nach § 80 Abs. 2 Nr. 4 VwGO anzuordnen.[82] Weil es dem VGH dabei um Nutzungsuntersagungen ging, ist auf diese Kriterien an dieser Stelle kurz einzugehen, auch wenn die jeweils benannten Gesichtspunkte nicht wegen der bisher beobachteten „materiell-rechtlichen Konsumtion" untauglich sind, Anordnungen der sofortigen Vollziehbarkeit zu rechtfertigen, sondern die Herleitungen bereits aus anderen Gründen fehlerhaft sind.

Zu diesen Voraussetzungen gehört nach Ansicht des VGH, daß eine formell illegale Nutzungsänderung gleichzeitig den Tatbestand einer Ordnungswidrigkeit erfüllt. Inwieweit es allerdings im Zusammenhang mit der Erfüllung eines Ordnungswidrigkeitstatbestandes überhaupt noch ein öffentliches Interesse geben soll, das nicht durch die Sanktion abgedeckt ist, bleibt notwendigerweise unerklärt. Im übrigen bedeutet eine Sanktionsanküpfung immer eine Bestrafung eines vergangenen Verhaltens und hat insofern von ihrem Wesen her nichts mit der sofortigen Vollziehbarkeit zu tun, bei der es um die Überwindung des zum Zeitpunkt der entsprechenden Anordnung zukünftigen Zeitraums bis zur Entscheidung der Hauptsache geht.

Außerdem zieht der VGH den Gesichtspunkt heran, daß der Schwarzbauer einen zeitlichen Vorteil vor rechtstreuen Bauantragstellern erhalte und so unangemessene Wettbewerbsvorteile des Schwarzbauers entstehen könnten.[83] Die Interessen „rechtstreuer" Bauantragsteller sind als solche aber

---

[81] NVwZ 1990, S. 584.

[82] Siehe etwa VGH Kassel, NVwZ-RR 1996, S. 487.

[83] VGH Kassel, NVwZ-RR 1996, S. 487. Der dort ebenfalls ausgeführte Gedanke, es verstoße gegen die gesetzliche Kompetenzverteilung zwischen Gerichten und Genehmigungsbehörden, wenn die Gerichte gezwungen wären, im Eilverfahren

keine öffentlichen Interessen, die nach § 80 Abs. 2 Nr. 4 VwGO zu berücksichtigen sind. Sie sind aber auch keine berücksichtigungsfähigen Drittinteressen, da die „rechtstreuen" Bauantragsteller in den jeweiligen Untersagungsverfahren keine Beteiligten im Sinne von § 80 Abs. 2 Nr. 4 VwGO sind. Auch diese Überlegungen hätten demnach in dem referierten Fall des VGH nicht zur Rechtfertigung der sofortigen Vollziehbarkeit auf der Basis eines Regel-Ausnahme-Verhältnisses von aufschiebender Wirkung und sofortiger Vollziehbarkeit gereichen können.

Auch für Beseitigungsverfügungen, die bei materieller Baurechtswidrigkeit ergehen[84], hat der VGH Kassel Voraussetzungen entwickelt, unter denen solche Verfügungen sofort vollziehbar sein sollen. Indes beschreiben aber auch diese Voraussetzungen keineswegs Fälle, in denen ein besonderes, im Erlaßinteresse noch nicht erfaßtes öffentliches Interesse an der sofortigen Vollziehbarkeit gegeben wäre.

In diesem Sinne soll die sofortige Vollziehbarkeit gerechtfertigt sein, wenn die Beseitigung einem Nutzungsverbot vergleichbar ist, weil sie ohne hohe Kosten zu bewerkstelligen ist.[85] Hierin liegt allerdings lediglich eine Beschränkung der Möglichkeiten zur Anordnung der sofortigen Vollziehbarkeit im Sinne des Verhältnismäßigkeitsprinzips. Daraus läßt sich das besondere öffentliches Interesse, das *an* der sofortigen Vollziehbarkeit bestehen muß, nicht begründen. Im Ergebnis untauglich ist auch die Überlegung, die sofortige Vollziehbarkeit sei gerechtfertigt, weil es ohne sie eine „negative Vorbildwirkung" illegal ausgeführter Vorhaben gebe, die eine Nachahmung noch vor dem rechtskräftigen Abschluß des Hauptsacheverfahrens befürchten lasse.[86] Dieses Verhalten Dritter, dessen Abwehr zwar ein öffentliches Interesse darstellt (Verhinderung weiteren illegalen Bauens), kann aber eine Anordnung der sofortigen Vollziehbarkeit gegenüber dem (zuerst) illegal Bauenden nicht rechtfertigen, schon weil es ihm nicht zurechenbar ist. Mangels unmittelbarer Verantwortlichkeit könnte ein solches Verhalten einzig über die Rechtsfigur des Zweckveranlassers[87] zugerechnet werden. Die Voraussetzungen einer solchen Zurechnung sind aber durch

---

nach § 80 Abs. 5 VwGO die materielle Baurechtsmäßigkeit des betroffenen Vorhabens zu prüfen, trägt unabhängig von der Frage nach seiner sachlichen Richtigkeit nur die Aussage, für ein Nutzungsverbot bedürfe es nur der formellen Baurechtswidrigkeit des betroffenen Vorhabens. Mit der Rechtfertigung der sofortigen Vollziehbarkeit hat dieser Gedanke ersichtlich nichts zu tun.

[84] *Hermes*, in: Meyer/Stolleis, Staats- und Verwaltungsrecht für Hessen, S. 425 (m.w.N.).

[85] HessVGRechtsprechung 1992, S. 92.

[86] HessVGRechtsprechung 1992, S. 92.

[87] Zum Zweckveranlasser *Gusy*, Polizeirecht, S. 169; *Knemeyer*, Polizei- und Ordnungsrecht, S. 137; *Denninger*, in: Lisken/Denninger, Handbuch des Polizeirechts, Kap. E. Rz. 60 f.

eine bloße „Vorbildwirkung" ersichtlich nicht erfüllt. Nicht zu dem gewünschten Ergebnis führt schließlich auch die Überlegung, daß ein „beharrlicher und notorischer" Schwarzbauer anders als durch sofortige Vollziehung der Beseitigungsanordnung nicht an der Fortsetzung seines gesetzeswidrigen Tuns gehindert werden kann.[88] Auch in dieser Konstellation muß nicht stets ein über das Erlaßinteresse hinausgehendes Interesse an der sofortigen Vollziehbarkeit bestehen. Es ist lediglich ein Anhaltspunkt dafür gegeben, daß der Adressat sich nicht an die Verfügung halten wird.

e) Zusammenfassung

Zu den Beispielen kann festgehalten werden: In jedem Fall wurden Belange für geeignet gehalten, die sofortige Vollziehbarkeit zu rechtfertigen, die bereits in dem Erlaßinteresse erfaßt waren, welches hinter dem jeweiligen Verwaltungsakt stand. Auf der Basis des Ausgangspunktes, zwischen aufschiebender Wirkung und sofortiger Vollziehbarkeit bestehe ein Regel-Ausnahme-Verhältnis, hätten die jeweiligen Gerichte in allen Fällen die Anordnungen der sofortigen Vollziehbarkeit für rechtswidrig halten müssen. Gleichzeitig war aber der Zweck der Maßnahmen nur zu erreichen, wenn sie sofort vollzogen werden konnten.

f) Materielles Recht als lex specialis gegenüber § 80 Abs. 2 Nr. 4 VwGO?

Damit ist aber noch nicht abschließend gezeigt, daß die Anforderungen des Regel-Ausnahme-Verhältnisses an die Rechtfertigung von Anordnungen der sofortigen Vollziehbarkeit wirklich dazu führen, daß die Erreichung materiell-rechtlicher Maßnahmezwecke vereitelt wird. Denn man könnte einwenden, daß diese Rechtfertigungsanforderungen unter bestimmten Umständen gar nicht gelten. Aus § 80 VwGO selbst kann dies indes genausowenig abgeleitet werden wie aus einer allgemein-verwaltungsverfahrensrechtlichen Eigenschaft von Verwaltungsakten, sofort vollziehbar zu sein.[89] Deswegen wäre hierfür als Grund einzig denkbar, daß die Anforderungen des Regel-Ausnahme-Verhältnisses specialiter durch das materielle Recht derogiert sind, wenn ohne eine Anordnung der sofortigen Vollziehbarkeit die Gefahr besteht, daß der Maßnahmezweck nicht erreicht werden kann.

Der VGH Kassel hat eine solche These vertreten. In einem Fall, in dem es um eine ordnungsbehördliche Verfügung (Schließung eines Bordells im Sperrgebiet) ging, führt das Gericht aus:

---

[88] HessVGRspr. 1992, S. 92.

[89] Siehe zu Letzterem oben 1. Kapitel, A. II. 1.

„Was schließlich das öffentliche Interesse an der sofortigen Vollziehung der Verbotsverfügung angeht, ist die im angegriffenen Bescheid angegebene Begründung gem. § 80 Abs. 2 Nr. 4 i.V.m. Abs. 3 VwGO ausreichend. Bereits das VG hat darauf hingewiesen, daß bei ordnungsrechtlichen Verfügungen nicht immer zu vermeiden ist, daß die Überlegungen zur Begründung des öffentlichen Interesses am Sofortvollzug mit der Begründung des Verwaltungsaktes selbst identisch sind. Unter Berücksichtigung dieser Tatsache ist die in dem angegriffenen Bescheid gegebene Begründung für den Sofortvollzug der Untersagungsverfügung ausreichend.“[90]

Wenn materiell-rechtliche Besonderheiten wie etwa die spezifische Zukunftsgerichtetheit gefahrenabwehrrechtlicher Verwaltungsakte es in diesem Sinne erlauben, die Folgerungen aus dem Regel-Ausnahme-Verhältnis von aufschiebender Wirkung und sofortiger Vollziehbarkeit für die Rechtfertigung von Anordnungen der sofortigen Vollziehbarkeit nach § 80 Abs. 2 Nr. 4 VwGO unbeachtet zu lassen, so wäre dieser Gesichtspunkt in der Lage, die besprochenen Fälle zu „retten“. Indes ist es nicht ausreichend, daß dieser Gedanke wertungsmäßig zutreffend erscheint. Um die Folgerungen aus dem Regel-Ausnahme-Verhältnis in § 80 VwGO zu derogieren, müssen die Normen des Gefahrenabwehrrechts im Verhältnis zu diesen Folgerungen auch konstruktiv als lex specialis begriffen werden können. Dazu sagt der VGH Kassel allerdings nichts.

Voraussetzung eines Spezialitätsverhältnisses ist, daß der spezielle Rechtssatz dieselbe Frage vom allgemeinen Rechtssatz abweichend regelt.[91]

Prüft man zunächst, ob das materielle Gefahrenabwehrrecht, soweit es sich (wie etwa im Falle des Gaststättengesetzes, des Straßenverkehrsgesetzes oder des Ausländergesetzes) um Bundesrecht handelt, in diesem Sinne als lex specialis zu betrachten ist, so zeigt indes die bisherige Gesetzgebungstechnik, daß solche speziellen Regelungen seit jeher als Regelungen im Sinne von § 80 Abs. 2 Nr. 3 VwGO gefaßt wurden. Durch diese Form gesetzlicher Vertypung bestimmter öffentlicher Interessen als aus der Sicht des Gesetzgebers allgemein tauglicher Interessen an der sofortigen Vollziehbarkeit wird die Notwendigkeit beseitigt, die sofortige Vollziehbarkeit über Anordnungen nach § 80 Abs. 2 Nr. 4 VwGO und damit nach Maßgabe der dargestellten materiellen Rechtfertigungsanforderungen im Einzelfall herbeizuführen. Der Gesetzgeber hat das mit § 80 Abs. 2 Nr. 3 VwGO intendierte Regelungssystem, nach dem gesetzliche Anordnungen der sofortigen Vollziehbarkeit einer ausdrücklichen Regelung bedürfen, wenn sie außerhalb des § 80 VwGO liegen, auch der Idee nach nie in Frage gestellt. Er hat es vielmehr stets weitergeführt und ausgebaut. Daß die Menge von Regelungen im Sinne von § 80 Abs. 2 Nr. 3 VwGO in den letzten Jahren

90 NVwZ 1992, S. 193.

91 *Bydlinski,* Juristische Methodenlehre und Rechtsbegriff, S. 465.

stetig zugenommen hat,[92] legt Zeugnis dafür ab, daß man sich auf dem einmal vorgezeichneten Weg hielt, wo immer eine Modifikation des Rechtfertigungsmodus der sofortigen Vollziehbarkeit notwendig erschien. Als Regelung im Sinne von § 80 Abs. 2 Nr. 3 VwGO kann man das materielle Gefahrenabwehrrecht des Bundes aber nicht ansehen, da solche Regelungen nach der ausnahmslos durchgehaltenen Gesetzgebungstechnik stets die ausdrückliche Anordnung enthalten, daß ein Rechtsbehelf gegen einen Verwaltungsakt keine aufschiebende Wirkung hat bzw. ein Verwaltungsakt sofort vollziehbar ist.[93]

Damit ist im übrigen auch entschieden, daß materielles Gefahrenabwehrrecht der Länder nicht im beschriebenen Sinne gegenüber § 80 VwGO speziell sein kann. Denn nach Abschaffung des früheren § 187 Abs. 3 VwGO und Einführung des neuen § 80 Abs. 2 S. 2 VwGO[94] steht die Befugnis, Regelungen im Sinne von § 80 Abs. 2 Nr. 3 VwGO zu schaffen, nunmehr ausdrücklich auch den Ländern ohne Einschränkungen offen.

Es würde allerdings auch zu keinem anderen Ergebnis es führen, wenn den Ländern diese Möglichkeit nicht offenstünde. Um nämlich im beschriebenen Sinne zu begründen, daß materielles Landesrecht gegenüber dem Bundesrecht der Verwaltungsgerichtsordnung speziell ist, müßte die Verwaltungsgerichtsordnung ihr Zurücktreten hinter dem abweichenden Landesrecht bestimmen. Denn wenn man in § 80 VwGO ein Regel-Ausnahme-Verhältnis von aufschiebender Wirkung und sofortiger Vollziehbarkeit statuiert sieht, enthält die Verwaltungsgerichtsordnung insoweit jedenfalls keine lückenhafte Regelung. Damit schiede es aus, die Gesetzgebungskompetenz der Länder bereits mit dem Hinweis auf den nicht abschließenden Charakter der in der Verwaltungsgerichtsordnung getroffenen Regelung zu begründen, wie es auf dem Gebiet der konkurrierenden Gesetzgebung oft möglich ist. Deshalb müßten die Voraussetzungen bestimmt werden, unter denen anzunehmen ist, daß Bundesrecht sein eigenes Zurücktreten hinter abweichendem Landesrecht anordnet. Zu Recht angenommen wurde etwas Derartiges bisher bei den Regelungen, die in den § 46 VwVfG entsprechenden Regelungen der Verwaltungsverfahrensgesetze der Länder getroffen sind. Dort ist jeweils ausgeschlossen, daß die Aufhebung eines rechtswidrigen Verwaltungsaktes, der an bestimmten Fehlern leidet, durch das Verwaltungsgericht begehrt werden kann. Da die Verwaltungsgerichtsordnung die Gesetzgebungskompetenz nach Art. 74 Nr. 1 GG für das verwaltungsgerichtliche

---

92 Übersicht bei *Schoch* in: Schoch/Schmidt-Aßmann/Pietzner, Verwaltungsgerichtsordnung, Rz. 128 ff. zu § 80 VwGO; wichtige Beispiele sind u.a. § 75 AsylVfG und § 212a Abs. 1 BauGB.

93 Siehe etwa die Beispiele im 1. Kapitel, Fn. 99.

94 Durch das 6. VwGOÄndG vom 1. 11. 1996, BGBl. I, S. 1626.

Verfahren abschließend umsetzt, hätte eine solche Regelung mangels Gesetzgebungskompetenz der Länder gegenüber § 113 Abs. 1 S. 1 VwGO keine Wirkung. § 113 Abs. 1 S. 1 VwGO kennt keinen solchen Anspruchsausschluß, sondern normiert einen Aufhebungsanspruch ohne Differenzierung nach den Fehlern, die zur Rechtswidrigkeit führen. Dennoch sind die Anordnungen, die in den § 46 VwVfG entsprechenden Regelungen der Verwaltungsverfahrensgesetze der Länder getroffen sind, in der Lage, wie § 46 VwVfG den Aufhebungsanspruch aus der bundesrechtlichen Vorschrift des § 113 Abs. 1 S. 1 VwGO zu derogieren. Die Verwaltungsverfahrensgesetze des Bundes und der Länder wurden nämlich im Wege konkordanter Gesetzgebung mit dem Ziel bundeseinheitlicher Regelung des Verwaltungsverfahrens und der im Verwaltungsverfahrensgesetz geregelten sonstigen Fragen geschaffen. Deswegen ist anzunehmen, daß der Bund nicht nur durch Schaffung „seines" § 46 VwVfG eine Spezialvorschrift gegenüber § 113 Abs. 1 S. 1 VwGO geschaffen hat, sondern implizit auch das Zurücktreten des Aufhebungsanspruches nach § 113 Abs. 1 S. 1 VwGO gegenüber den Anordnungen bestimmt hat, die in den § 46 VwVfG entsprechenden Regelungen der Verwaltungsverfahrensgesetze der Länder getroffen sind, die diesen Anspruch für ihren jeweiligen Anwendungsbereich ausschließen.[95] Orientiert man sich für die allgemeine Frage nach den Voraussetzungen der Spezialität von Landesrecht gegenüber Bundesrecht an diesen Vorgaben – einen niedrigeren Maßstab wird man nicht anlegen können –, so scheidet die Annahme einer Spezialität gefahrenabwehrrechtlicher Regelungen der Länder gegenüber § 80 VwGO aus. Denn irgendwelche besonderen Anhaltspunkte, die über die Feststellung der Unvereinbarkeit der Aussagen beider Rechtsmaterien hinausreichen, sind schlicht nicht ersichtlich.

Mit diesen Ausführungen ist allerdings nicht gesagt, daß das materielle Recht nicht von § 80 VwGO abweichende Aussagen über die Rechtfertigung der aufschiebenden Wirkung und der sofortigen Vollziehbarkeit enthält, die nicht über Regelungen im Sinne von § 80 Abs. 2 Nr. 3 VwGO erfaßt sind.[96] Gesagt ist damit vielmehr nur, daß § 80 VwGO nach der Regelungskonzeption des Gesetzgebers eine abschließende Regelung des Problems enthält, wie Anordnungen der sofortigen Vollziehbarkeit nach § 80 Abs. 2 Nr. 4 VwGO zu rechtfertigen sind, außerdem, daß diese Regelung nicht als durch mit ihr unvereinbare Aussagen des materiellen Rechts specialiter derogiert angesehen werden kann.

---

[95] Siehe hierzu *Meyer*, in: Meyer/Borgs, Rz. 6 zu § 46 VwVfG.

[96] Daß dies so ist, werden das zweite und dritte Kapitel dieser Arbeit zeigen.

2. *Naturschutzrecht – einstweilige Sicherstellungsanordnung*

Auch außerhalb des weiteren Bereichs des Gefahrenabwehrrechts gibt es Fälle, in denen die Erreichung materiell-rechtlicher Maßnahmezwecke die sofortige Vollziehbarkeit erfordert, aber die Rechtfertigung von Anordnungen der sofortigen Vollziehbarkeit mit besonderen öffentlichen Interessen, die über das Erlaßinteresse hinausgehen, unmöglich ist.

Ein Beispiel hierfür bieten etwa die einstweiligen Sicherstellungsanordnungen nach den Landesnaturschutzgesetzen (z.B. § 18 HessNatSchG, § 60 Abs. 2 S. 1 BadWürttNatSchG). Ihr Zweck ist es, den ökologischen status quo zu erhalten, wenn für die nahe Zukunft[97] eine endgültige naturschutzrechtliche Maßnahme beabsichtigt wird. Eine solche endgültige Maßnahme kann etwa eine Ausweisung eines Gebietes als Landschaftsschutzgebiet sein, deren Sinn dann durch eine einstweilige Sicherstellung des jeweiligen Gebietes zu sichern ist. Daß der Zweck der Sicherstellung erreicht wird, bedeutet also für den Sinn der endgültigen Maßnahme eine notwendige Voraussetzung. Dieser Zweck der Sicherstellung wird vereitelt, wenn sie durch Rechtsbehelfseinlegung prinzipiell und ohne weiteres aufgeschoben werden kann, aber während des verwaltungsgerichtlichen Hauptsacheverfahrens der Eintritt von Umständen zu erwarten steht, die eine Veränderung des status quo erwarten lassen. Daraus ist zu folgern, daß bei naturschutzrechtlichen einstweiligen Sicherstellungsanordnungen das materielle Recht unter solchen Umständen nach der sofortigen Vollziehbarkeit der Verwaltungsakte verlangt, die seiner Durchsetzung dienen.

Ein Fallbeispiel liefert eine Entscheidung des VGH Mannheim aus dem Jahre 1985:[98]

Die untere Naturschutzbehörde hatte es dem Adressaten auf der Grundlage von § 60 Abs. 2 S. 1 BadWürttNatschG untersagt, eine Wacholderheide auf der schwäbischen Alb weiterhin durch Rinder beweiden zu lassen. Beabsichtigt war nämlich, die Weide unter Schutz zu stellen. Dabei war davon auszugehen, daß die Fortsetzung dieser Rinderbeweidung in naher Zukunft zu einer Beschädigung der Wacholderheide geführt hätte.[99]

Damit war der Sachverhalt bereits erschöpft. Außer dem Erlaßinteresse der Sicherstellung, eine Veränderung der schutzwürdigen Qualitäten der

---

[97] In Hessen etwa muß die Maßnahme spätestens fünf Jahre nach der einstweiligen Sicherstellung durchgeführt werden; diese Frist kann jedoch um ein Jahr verlängert werden (§ 18 Abs. 1. S. 1 HessNatSchG).

[98] NVwZ 1985, S. 48 f.

[99] Derartige Wacholderheiden auf der Schwäbischen Alb sind offenbar wesensnotwendig durch Schafe zu beweiden. So jedenfalls die Ausführungen des VGH Mannheim, NVwZ 1985, S. 48.

Weide bis zu ihrer endgültigen Unterschutzstellung zu verhindern, war kein anderes öffentliches Interesse auszumachen, das man zur Rechtfertigung der sofortigen Vollziehbarkeit hätte heranziehen können. Damit hätte es auf der Basis der Annahme eines Regel-Ausnahme-Verhältnisses von aufschiebender Wirkung und sofortiger Vollziehbarkeit an der materiellen[100] Voraussetzung der Anordnung der sofortigen Vollziehbarkeit gefehlt. Eine solche Anordnung hätte deshalb nicht ergehen dürfen. Dies hätte aber wiederum die Erreichung des Zwecks der Maßnahme im konkreten Fall gefährdet.

Demnach ist auch hier die Forderung des Regel-Ausnahme-Verhältnisses von aufschiebender Wirkung und sofortiger Vollziehbarkeit nach einem besonderen, über das Erlaßinteresse hinausgehenden Interesse an der sofortigen Vollziehbarkeit geeignet, die Erreichung des Zwecks der Maßnahme zu vereiteln. Der VGH hat denn auch mit der Unsinnigkeit dieses Ergebnisses versucht zu begründen, wieso es ausnahmsweise eines besonderen öffentlichen Interesses nicht bedürfe. Er hat also – wie einige andere Gerichte vor ihm[101] – den untauglichen Versuch unternommen, eine Spezialität des materiellen Rechts gegenüber dem Prozeßrecht zu etablieren.

Im übrigen gibt es deutliche Anzeichen dafür, daß es sich bei der Unmöglichkeit, im vorliegenden Fall ein durch das Erlaßinteresse nicht abgedecktes besonderes öffentliches Interesse an der sofortigen Vollziehbarkeit zu benennen, nicht um ein Einzelfallproblem handelt, sondern um ein generelles Phänomen: Soweit die Schlußfolgerung des VGH Mannheim, daß es nicht stets eines besonderen öffentlichen Interesses an der sofortigen Vollziehbarkeit bedürfe, in der Kommentarliteratur zum Landesnaturschutzrecht nicht geteilt wird, erspart man sich die Nennung von Beispielen angeblich tauglicher besonderer Interessen an der sofortigen Vollziehbarkeit.[102]

Daß kein Interesse an der sofortigen Vollziehbarkeit benannt werden kann, das im Erlaßinteresse noch nicht erfaßt ist, kann im Falle der naturschutzrechtlichen Sicherstellungsanordnungen noch aus einem anderen Gesichtspunkt abgeleitet werden. Dieser Aspekt erscheint allerdings kaum verallgemeinerungsfähig und rechtfertigt daher die Eröffnung einer eigenen Kategorie nicht. Einstweilige Sicherstellungsanordnungen können nämlich wahlweise in Allgemeinverfügungs- (also Verwaltungsakts-) oder Rechtsverordnungsform ergehen. Bei ihnen sind also diese beiden Handlungsformen von Gesetzes wegen gleichwertig. In einigen Bundesländern ist dies

---

[100] Der VGH Mannheim (wie vorige Fn.) problematisiert die Notwendigkeit des Vorliegens eines besonderen öffentlichen Interesses unter § 80 Abs. 3 S. 1 VwGO ausschließlich als formelle Erlaßvoraussetzung der Anordnung der sofortigen Vollziehbarkeit. Dies ist unzutreffend (siehe oben 1. Kapitel, A. II. 1.).

[101] Siehe oben 1. Kapitel, A. III. 1. f).

[102] Siehe etwa die Kommentierung des hessischen Rechts durch *Franz*, Recht des Naturschutzes in Hessen, Anm. 6 zu § 18 HessNatSchG.

ausdrücklich geregelt,[103] in anderen ergeben die Gesetzesmaterialien hinreichend deutlich Auskunft darüber, daß die Handlungsformen gleichwertig zur Verfügung stehen.[104] Aus dieser Gleichwertigkeit folgt, daß dann, wenn die Handlungsform der Allgemeinverfügung gewählt wird, die Allgemeinverfügung sofort vollziehbar sein muß. Denn die Gültigkeit einer Rechtsverordnung kann durch eine Rechtsbehelfseinlegung auch nicht ohne weiteres aufgeschoben werden.[105]

---

103 §§ 60 Abs. 2 BadWürttNatSchG, 48 Abs. 2 BayNatSchG.

104 So etwa zur hessischen Rechtslage VGH Kassel ESVGH 36, S. 165 ff. Zwar enthält § 18 HessNatSchG keine ausdrückliche Ermächtigung zum Handeln im Wege der Rechtsverordnung, doch verweist die Bußgeldvorschrift des § 43 Abs. 2 Nr. 15 HessNatSchG auf eine aufgrund § 18 HessNatSchG erlassene Rechtsverordnung; außerdem ergibt sich aus der Gesetzesbegründung eindeutig, daß diese Handlungsform zulässig sein soll (LTDrs. 9/1565, S. 37).

105 Zum einstweiligen Rechtsschutz bei § 47 VwGO siehe etwa *Schoch,* in: Schoch/Schmidt-Aßmann/Pietzner, Verwaltungsgerichtsordnung, Rz. 126 ff. zu § 47 VwGO. – Würde man die Verallgemeinerung dieses singulären Phänomens versuchen (was aber den durch das Thema der vorliegenden Arbeit gezogenen Rahmen verlassen würde), so wäre ungefähr wie folgt vorzugehen: Auszugehen wäre davon, daß sich die Begriffe der (einzelfallbezogenen) Allgemeinverfügung im Sinne von § 35 S. 2 VwVfG bzw. der entsprechenden Regelungen in den Verwaltungsverfahrensgesetzen der Länder und des (generell regelnden) Rechtssatzes nicht klar voneinander abgrenzen lassen, sondern ein Grenzbereich existiert, in dem die Definitionen beider Begriffe sich nicht ausschließen. Daraus folgt, daß Sachverhalte, die in diesem Grenzbereich liegen, insoweit durch beide Handlungsformen geregelt werden dürfen, so daß beide Handlungsformen vom materiellen Recht her gleichwertige Regelungsinstrumente darstellen. Darüberhinaus hängt diese Gleichwertigkeit freilich von weiteren Voraussetzungen ab: Am wichtigsten ist, daß die Handlungsform der Rechtsverordnung einer parlamentsgesetzlichen Ermächtigung bedarf und die Handlungsform der Satzung nur Selbstverwaltungsträgern zusteht. Sodann darf, wenn sich die Gleichwertigkeit wie im Falle der naturschutzrechtlichen Sicherstellungsanordnungen nicht ausdrücklich aus dem Materiegesetz ergibt, dem Materiegesetz wenigstens nicht zu entnehmen sein, daß nur eine der beiden Handlungsformen zulässig sein soll. Außerdem müssen selbstverständlich beide Handlungsformen derselben Behörde der Zuständigkeit nach zu Gebote stehen. Ferner darf der allgemeine Rechtssatzvorbehalt nicht die Anwendung der Handlungsform „Rechtssatz" vorschreiben. Nimmt man dann schließlich hinzu, daß die Gleichwertigkeit der Handlungsformen dann nicht besteht, wenn die Anwendung einer der beiden Handlungsformen etwa im Hinblick auf eine Selbstbindung gegen das Willkürverbot verstößt, und daß auf der anderen Seite kein allgemeiner Satz existiert, stets die für die potentiellen Adressaten „rechtsschutzintensivsten" Handlungsform anzuwenden ist, so ist grob der Bereich umrissen, in dem diese Gleichwertigkeit der Regelungsinstrumente Allgemeinverfügung und Rechtsverordnung und damit auch das Wahlrecht der Verwaltung besteht.

3. Planungs- und Gesamtabwägungsentscheidungen: Planfeststellungsbeschluß

Schließlich gibt es noch einen weiteren Bereich, in dem es nicht möglich ist, die sofortige Vollziehbarkeit mit einem öffentlichen Interesse zu rechtfertigen, das über das Erlaßinteresse hinausgeht, obwohl der Verwaltungsakt die sofortige Vollziehbarkeit verlangt. Dieser Bereich ist der der oft als Planfeststellungsbeschlüsse ergehenden Planungs- und Gesamtabwägungsverwaltungsakte,[106] bei denen der materiell-rechtlichen Grundlage zufolge bereits alle involvierten Belange in die Entscheidung eingestellt werden müssen, um den Verwaltungsakt selbst erlassen zu dürfen. Müssen aber *alle* involvierten Belange bereits in die Entscheidung selbst eingestellt werden, so gehören dazu notwendigerweise auch diejenigen Interessen, die die sofortige Umsetzbarkeit der Entscheidung verlangen. Auch mit graduellen Abstufungen oder bestimmten zeitbezogenen Qualitäten einzelner Interessen läßt sich aufgrund dieser totalen Vorgabe nicht argumentieren, um zu einem öffentlichen Interesse zu kommen, das in dem Erlaßinteresse noch nicht erfaßt ist.

Allerdings spielen die hier bestehenden Probleme bei der Benennung besonderer Interessen an der sofortigen Vollziehbarkeit heute in vielen Fällen praktisch keine Rolle mehr: Seit dem Planungsvereinfachungsgesetz aus dem Jahre 1993[107] hat sich beim Gesetzgeber in sehr deutlicher Weise eine Tendenz Geltung verschafft, Rechtsbehelfen gegen derartige Verwaltungs-

---

[106] Letztlich hängt der Planungs- und Gesamtabwägungscharaker einer Entscheidung aber von dieser Form nicht zwingend ab. Zum „materiellen Planungscharakter" einer Entscheidung siehe *Wahl,* NVwZ 1990, S. 426 (S. 427 ff.); *Wahl/Johannes Dreier,* NVwZ 1999, S. 606 (S. 608 f.). Ein Fall eines solchen Planungsverwaltungsaktes, der nicht als Planfeststellungsbeschluß ergeht, ist richtiger Ansicht zu Folge (siehe etwa *Breuer,* Der Staat 20 (1981), S. 393 (S. 409)) die Genehmigung nach § 7 AtomG. Nach dieser Vorschrift besteht auf seiten des Antragstellers kein Anspruch auf die Genehmigung, sondern der Behörde ist ein Versagungsermessen eingeräumt. Bei dessen Ausübung sind sämtliche konkret durch die Genehmigung berührten Interessen zu berücksichtigen, so daß alle Belange materiell-rechtlich konsumiert sind und nicht mehr für die Rechtfertigung der sofortigen Vollziehbarkeit dienen können, wenn hierfür ein anderes als das Erlaßinteresse gefordert wird. Nach *Stüer,* Handbuch des Bau- und Fachplanungsrechts, Rz. 1987, rückt diese gesetzliche Gestaltung die Genehmigung nach § 7 AtomG lediglich „in die Nähe" einer Planungsentscheidung. Begründet wird dies mit der Unterscheidung in konditional und final programmierte Entscheidungen, wobei die Genehmigungserteilung nach § 7 AtomG der ersten Gruppe zugeordnet wird. Diese Unterscheidung ist allerdings normtheoretisch unzutreffend, siehe hierzu *Rubel,* Planungsermessen (passim), *Koch/Rubel,* Allgemeines Verwaltungsrecht, S. 116 ff. Das Bundesverfassungsgericht hat allerdings § 7 AtomG als präventives Verbot mit Erlaubnisvorbehalt bezeichnet (BVerfGE 49, S. 148 ff.).

[107] BGBl. I, S. 2123.

akte von Gesetzes wegen die sofortige Vollziehbarkeit über Regelungen im Sinne von § 80 Abs. 2 Nr. 3 VwGO zuzusprechen. Mit dem Planungsvereinfachungsgesetz wurde im (damaligen) § 36d Abs. 4 S. 1 BBahnG, in § 17 Abs. 6a S. 1 BFStrG und in § 29 Abs. 6 S. 2 PersBefG für die jeweils betroffenen Planfeststellungsbeschlüsse die aufschiebende Wirkung von Widerspruch und Anfechtungsklage ausgeschlossen.

Damit sind die aus dem Regel-Ausnahme-Verhältnis folgenden Konsequenzen für die Anforderungen an die Rechtfertigung von Anordnungen der sofortigen Vollziehbarkeit im Einzelfall praktisch ohne Auswirkung, soweit diese Regelungen reichen. Heute sind nur noch Rechtsbehelfe gegen Entscheidungen über atomare Zwischen- und Endlager nach § 9b AtomG, Bundeswasserstraßen nach § 19 Abs. 2 S. 1 BWassStrG und Bau und Änderung von Verkehrsflughäfen nach § 10 Abs. 6 S. 1 LuftVG nicht von Gesetzes wegen sofort vollziehbar. Die Problematik der Begründung einer Anordnung der sofortigen Vollziehbarkeit mit einem über das Erlaßinteresse hinausgehenden öffentlichen Interesse hat demnach nur noch im Falle von Entscheidungen nach diesen Gesetzen praktische Auswirkungen. Zu diesen Bereichen wurden bislang allerdings noch keine im vorliegenden Zusammenhang verwertbaren Entscheidungen veröffentlicht. Da außerdem möglichst eine Entscheidung als Beispiel gewählt werden soll, die das Regel-Ausnahme-Verhältnis und die daraus folgenden Anforderungen an die Rechtfertigung der sofortigen Vollziehbarkeit ausdrücklich zur Prämisse nimmt, wird mit einer fernstraßenrechlichen eine ältere Entscheidung aus einem Sachgebiet gewählt, in dem heutzutage die aufschiebende Wirkung von Gesetzes wegen ausgeschlossen ist. Dadurch ändert sich aber nichts an dem Wert des Beispiels für den Beleg der These.[108]

Das OVG Schleswig hatte in einem Verfahren nach § 80 Abs. 5 VwGO darüber zu entscheiden, ob die aufschiebende Wirkung einer Anfechtungsklage gegen einen straßenrechtlichen Planfeststellungsbeschluß wiederherzustellen sei, dessen sofortige Vollziehbarkeit angeordnet worden war.[109] Anlaß des Planfeststellungsbeschlusses war, daß eine durch ein Innenstadtgebiet verlaufende Bundesstraße völlig überlastet war, was sich auch auf die Verkehrsbelastung angrenzender städtischer Straßen negativ auswirkte.

Das Gericht faßt seinen Ausgangspunkt zusammen, wann Anordnungen der sofortigen Vollziehbarkeit gerechtfertigt sind:

---

[108] Außerdem ist durchaus denkbar, daß der durch das Planvereinfachungsgesetz geschaffene (allerdings nicht von Gesetzes wegen befristete) Rechtszustand wieder geändert wird, so daß ein solches älteres Beispiel auch insoweit heute noch Aussagewert hat.

[109] NVwZ 1992, S. 688 – S. 690.

> „Die für den Erlaß des Planfeststellungsbeschlusses sprechenden öffentlichen Belange können (...) nicht zur Begründung der Vollziehungsanordnung herangezogen werden, weil (...) das besondere öffentliche Interesse an der Beseitigung des Suspensiveffektes ein aliud ist gegenüber dem öffentlichen Interesse an dem Erlaß und der Durchsetzung des Verwaltungaktes.“[110]

Sodann werden – konsequent – die Interessen an der Entlastung des vorhandenen Straßennetzes als solche als zur Rechtfertigung der Anordnung der sofortigen Vollziehbarkeit ungeeignet qualifiziert:

> „Die Entlastung (...) ist Planziel und mag den Erlaß des Planfeststellungsbeschlusses tragen, nicht jedoch bereits (gemeint wohl eher: auch) die Vollziehungsanordnung.“[111]

Unmittelbar darauf heißt es aber:

> „Anders könnte es liegen, wenn schlüssig und substantiiert dargelegt worden wäre, daß ganz ungewöhnliche, unzumutbare Belastungen auf den bisherigen Verkehrswegen vorliegen, deren Beseitigung nicht nur die Planfeststellung zu rechtfertigen vermag, sondern darüber hinaus auch die Annahme eines besonderen öffentlichen Interesses an der sofortigen Vollziehung.“[112]

Mit den Anforderungen an die Rechtfertigung der Anordnung der sofortigen Vollziehbarkeit, ein über das Erlaßinteresse hinausgehendes öffentliches Interesse benennen zu müssen, ist diese Aussage nicht in Einklang zu bringen. Daß die Verkehrsverhältnisse auf den Straßen, die durch einen Neubau schnell entlastet werden müssen, unzumutbar sind, zeigt nur, daß die Maßnahme nach ihrer sofortigen Umsetzbarkeit verlangt. Da aber nach dem materiellen Recht *alle* Belange – also notwendig auch dieser – bereits die Entscheidung als solche tragen, ist auch dieser Gesichtspunkt bereits im Erlaßinteresse verarbeitet.

Der VGH Kassel hatte deshalb in den Zeiten, in denen Planfeststellungsbeschlüsse noch nicht so weitgehend von Gesetzes wegen sofort vollziehbar waren, wie dies heute der Fall ist, den Versuch unternommen, dieses Problem mit den Folgerungen des Regel-Ausnahme-Verhältnisses von aufschiebender Wirkung und sofortiger Vollziehbarkeit auszusöhnen. Das Gericht hatte dazu die These aufgestellt, daß es bei Verwaltungsakten, die auf einer umfassenden Abwägung aller involvierten Belange beruhen, zulässig sei, die Anordnung der sofortigen Vollziehbarkeit auf dieselben Umstände zu stützen, die auch den Erlaß des Verwaltungsaktes selbst rechtfertigten.[113] Damit hatte der VGH wie im Bereich des Gefahrenabwehrrechts[114] den Begründungsansatz der „materiell-rechtlichen Besonderheiten“ gewählt. Aller-

---

[110] NVwZ 1992, S. 688 (S. 689).
[111] NVwZ 1992, S. 688 (S. 690).
[112] NVwZ 1992, S. 688 (S. 690).
[113] Siehe etwa NVwZ 1991, S. 88.
[114] Oben 1. Kapitel, A. III. 1. f).

dings kann insoweit im Bereich der Verwaltungsakte, die auf einer umfassenden Abwägung beruhen, selbstverständlich nichts anderes gelten als beim Gefahrenabwehrrecht: Die erforderliche Spezialität des materiellen Rechts läßt sich nicht begründen.[115]

Zusammenfassend kann für diesen Bereich deshalb gesagt werden: Auch hier führt die Notwendigkeit, eine Anordnung der sofortigen Vollziehbarkeit mit einem im Erlaßinteresse noch nicht erfaßten besonderen öffentlichen Interesse zu rechtfertigen, dazu, daß die Erreichung materiell-rechtlicher Maßnahmezwecke vereitelt wird.

B. Pauschaler Begriff der aufschiebenden Wirkung in § 80 Abs. 1 S. 1 VwGO

Mit der unter A. vorgestellten Problematik des Konzepts des § 80 VwGO, die Rechtsfolgen der Einlegung von Widerspruch und Anfechtungsklage gegen einen belastenden Verwaltungsakt zu regeln, hat es jedoch nicht sein Bewenden. Zu Problemen führen nämlich nicht nur die Folgerungen des Regel-Ausnahme-Verhältnisses von aufschiebender Wirkung und sofortiger Vollziehbarkeit, sondern bereits dessen dogmatische Voraussetzungen.

Dazu muß man sich Folgendes vergegenwärtigen: Um das Verhältnis von aufschiebender Wirkung und sofortiger Vollziehbarkeit als Regel-Ausnahme-Verhältnis zu verstehen, ist eine Definition des Begriffes der aufschiebenden Wirkung Voraussetzung, die diesen Begriff als einen pauschalen Rechtsfolgenaufschub faßt. Denn ein Begriff der aufschiebenden Wirkung, der die Rechtsfolgen, die aus einem angefochtenen Verwaltungsakt ableitbar sind, nicht pauschal erfaßt, muß an den einzelnen Rechtsfolgen anknüpfen, die aus einem Verwaltungsakt abgeleitet werden können. Im Falle eines solchen nicht-pauschalen Rechtsfolgenaufschubes muß es dann einzelne Rechtsfolgen geben, die nicht von der aufschiebenden Wirkung erfaßt sind (anderenfalls wäre der Begriff der aufschiebenden Wirkung wiederum ein pauschaler). Für diese einzelnen Rechtsfolgen besteht dann sofortige Vollziehbarkeit, ohne daß insoweit eine vorrangig eingetretene aufschiebende Wirkung zu überwinden ist. Damit besteht aber eine ohne weiteres eintretende sofortige Vollziehbarkeit; aufschiebende Wirkung und sofortige Vollziehbarkeit stehen gleichrangig nebeneinander. Ein Regel-Ausnahme-Verhältnis von aufschiebender Wirkung und sofortiger Vollziehbarkeit setzt also einen pauschalen Begriff der aufschiebenden Wirkung notwendig voraus.

Der Gesetzgeber selbst und mit ihm alle bisherigen Versuche, die Bedeutung des Begriffs der aufschiebenden Wirkung zu bestimmen, verstehen

[115] Siehe oben 1. Kapitel, A. III. 1. f).

den Begriff der aufschiebenden Wirkung denn auch so, daß die Anfechtung einen pauschalen Aufschub der rechtlichen Folgerungen bewirkt, die aus dem Verwaltungsakt ableitbar sind. Dies läßt sich auch unabhängig von dem dargestellten Zusammenhang zwischen dem Regel-Ausnahme-Verhältnis von aufschiebender Wirkung und sofortiger Vollziehbarkeit auf der einen und der pauschalen Definition des Begriffs der aufschiebenden Wirkung auf der anderen Seite belegen. Für den Standpunkt des historischen Gesetzgebers ergibt es sich daraus, daß die Gesetzesbegründung als Angriffspunkt der aufschiebenden Wirkung ohne jede Differenzierung *den* Verwaltungsakt benennt.[116] Ein weiterer Gesichtspunkt ist, daß erst im gerichtlichen Verfahren nach § 80 Abs. 5 VwGO dem Gericht eine Befugnis zugesprochen wird, die aufschiebende Wirkung teilweise wiederherzustellen oder anzuordnen.

Im Folgenden wird sich zeigen, daß die aufschiebende Wirkung als pauschaler Rechtsfolgenaufschub nicht widerspruchsfrei konzipierbar ist. Die konzeptionellen Unstimmigkeiten bleiben auch nicht rein theoretisch. Sie wirken sich vielmehr praktisch aus.

Die Unstimmigkeit wird an den Ansätzen sichtbar, das Wesen der aufschiebenden Wirkung im Sinne eines pauschalen Rechtsfolgenaufschubes im Rahmen des § 80 VwGO zu erklären. Diese Ansätze sind die bekannten Theorien zum Wesen der aufschiebenden Wirkung.

Alle diese Ansätze sind untauglich als das, was sie ihrem Anspruch nach sein wollen und sein müßten: Nämlich Konzepte, die als Definitionen des Begriffs der aufschiebenden Wirkung dogmatisch konsistente und praktikable Lösungen anbieten und dabei ihren Prämissen treu bleiben.

I. Die Theorien zur aufschiebenden Wirkung

Nach der sogenannten Vollziehbarkeitshemmungstheorie[117] soll der angegriffene Verwaltungsakt trotz Anfechtung seit seiner Bekanntgabe wirksam

---

[116] BTDrs. III/55, S. 39.

[117] Sie wird vertreten von *Pietzner/Ronellenfitsch,* Das Assessorenexamen im Öffentlichen Recht, § 53 Abschnitt I, *Weber,* Vorläufiger Rechtsschutz, S. 7 f., *Finkelnburg,* in: Finkelnburg/Jank, Vorläufiger Rechtsschutz im Verwaltungsstreitverfahren, Rz. 640, *Redeker/v. Oertzen,* Verwaltungsgerichtsordnung, Rz. 4 zu § 80 VwGO, *Stern,* Verwaltungsprozessuale Probleme in der öffentlich-rechtlichen Arbeit, Rz. 196, *Wieseler,* Der vorläufige Rechtsschutz gegen Verwaltungsakte, S. 77 ff.; *Kalkbrenner,* BayVBl. 1976, S. 87; *Sachs,* in: Stelkens/Bonk/Sachs, Verwaltungsverfahrensgesetz, Rz. 154 ff. zu § 43 VwVfG. Aus der Rechtsprechung, in der diese Ansicht „h.M." ist: BVerfGE 35, S. 263 (S. 264); 13, S. 1 (S. 5 ff.), 24, S. 98; 66, S. 218 (S. 222), BVerwG NVwZ 1989, S. 48 (S. 49), BVerwG NVwZ-RR 1989, S. 497 (S. 498), BVerwGE 89, S. 357 (S. 361), VGH München, BayVBl. 1993, S. 565 f., OVG Bremen, NVwZ-RR 1993, S. 216 f., OVG Ham-

im Sinne innerer Wirksamkeit[118] bzw. Geltung[119] sein. Als lex specialis zu der prinzipiell unberührten inneren Wirksamkeit/Geltung des Verwaltungsakts soll aber bis zur Entscheidung über den Rechtsbehelf ein allgemeines Verbot bestehen, den Verwaltungsakt zu vollziehen. Dieses Verbot ist an alle gerichtet, die von dem Verwaltungsakt irgendwie betroffen sind. Selbstverständlich betrifft das Verbot die erlassende Behörde oder, falls ein Widerspruchsverfahren anhängig ist, die Widerspruchsbehörde. Ihnen ist es etwa verboten, Maßnahmen der Verwaltungsvollstreckung[120] zu veranlassen oder – allgemeiner – irgendwelche rechtliche Folgerungen aus dem wirksamen, aber angefochtenen Verwaltungsakt zu ziehen.[121] In den Fällen begünstigender Verwaltungsakte mit belastender Drittwirkung ist aber auch der durch den Verwaltungsakt Begünstigte von dem Verwirklichungsverbot betroffen. Er darf den Verwaltungsakt, der ihn begünstigt, aber einen anderen belastet, ebenfalls nicht umsetzen.[122] Der Pauschalcharakter der aufschiebenden Wirkung besteht nach der Vollziehbarkeitshemmungstheorie also darin, daß alle rechtlichen Folgerungen des Verwaltungsakts aufgeschoben sind, die seine Vollziehung darstellen.

Dabei ist es die offenbar einhellige (logisch allerdings nicht zwingende) Auffassung der Anhänger der Vollziehbarkeitshemmungstheorie, daß der Aufschub ein nur vorläufiger ist. Dies bedeutet, daß der durch die Rechtsbehelfseinlegung geschaffene Rechtszustand bei Mißerfolg des Rechtsbehelfs rückwirkend wieder entfällt.[123] Konsequenz daraus ist, daß etwa Maßnahmen zur Vollziehung des Verwaltungsakts dadurch rückwirkend rechtmäßig werden, die zwischenzeitlich entgegen der aufschiebenden Wirkung und damit rechtswidrig eingeleitet wurden.[124]

---

burg, VerwRspr. 15, S. 154 f., VGH Kassel, NVwZ 1992, S. 798 f., OVG Lüneburg, NVwZ 1990, S. 270 f., OVG Koblenz, NJW 1977, S. 595 f., OVG Schleswig, NVwZ-RR 1993, S. 437 f.

118 Allgemein zum Begriff BVerwGE 13, S. 1 (S. 6); 55, S. 212 (S. 215); 57, S. 69 (S. 70); 88, S. 278 (S. 281); *Meyer,* in: Meyer/Borgs, Verwaltungsverfahrensgesetz, Rz. 13 zu § 43 VwVfG; *Sachs,* in: Stelkens/Bonk/Sachs, Verwaltungsverfahrensgesetz, Rz. 157 zu § 43 VwVfG.

119 So etwa die Begriffsbildung bei *Meyer,* in: Meyer/Borgs Rz. 13 zu § 43 VwVfG.

120 *Finkelnburg,* in: Finkelnburg/Jank, Vorläufiger Rechtsschutz im Verwaltungsstreitverfahren, Rz. 641.

121 *Finkelnburg,* in: Finkelnburg/Jank, Vorläufiger Rechtsschutz im Verwaltungsstreitverfahren, Rz. 641.

122 VGH München DÖV 1983, S. 38; OVG Münster, NJW 1979, S. 381; *Finkelnburg,* in: Finkelnburg/Jank, Vorläufiger Rechtsschutz im Verwaltungsstreitverfahren, Rz. 641.

123 Siehe z. B. *Finkelnburg,* in: Finkelnburg/Jank, Vorläufiger Rechtsschutz im Verwaltungsstreitverfahren, Rz. 676.

Der zweite Ansatz, die aufschiebende Wirkung im Sinne eines pauschalen Rechtsfolgenaufschubes zu erklären, ist die sogenannte Wirksamkeitshemmungstheorie.[125] Nach ihr wird der Verwaltungsakt durch die Rechtsbehelfseinlegung seiner Wirksamkeit beraubt. Wirksam wird er erst wieder, wenn das Rechtsschutzbegehren erfolglos bleibt. Die aufschiebende Wirkung eliminiert also die innere Wirksamkeit oder Geltung des Verwaltungsakts.[126] Der Pauschalcharakter der aufschiebenden Wirkung liegt entsprechend dem Begriff der inneren Wirksamkeit eines Verwaltungsakts hiernach darin, daß alle Folgerungen bis zur Entscheidung über den Rechtsbehelf aufgeschoben werden, die aus der Regelung des Verwaltungsakts abgeleitet werden können.

Wie auch nach der Vollziehbarkeitshemmungstheorie soll nach einer Variante der Wirksamkeitshemmungstheorie der Rechtszustand, der durch die aufschiebende Wirkung entsteht, nur ein vorläufiger sein. Im Falle des Mißerfolgs des Rechtsschutzbegehrens soll also der Verwaltungsakt rückwirkend auf den Zeitpunkt der Rechtsbehelfseinlegung wirksam werden.[127] Nach der anderen Variante der Wirksamkeitshemmungstheorie soll der Rechtszustand, der durch die aufschiebende Wirkung geschaffen wurde, nicht in diesem Sinne vorläufig sein. Nach ihr soll der angefochtene Verwaltungsakt im Falle des Mißerfolges des Rechtsbehelfs erst ab dem Zeitpunkt des rechtskräftigen Abschlusses des Rechtsbehelfsverfahrens wirksam werden.[128]

---

[124] Diese Konsequenz findet sich zwar bei keinem Vertreter der Vollziehbarkeitshemmungstheorie ausdrücklich gezogen, sie ist aber zwingend, wenn man einen voll umfänglichen rückwirkenden Wegfall der aufschiebenden Wirkung annimmt, wie ihn etwa *Schoch,* in: Schoch/Schmidt-Aßmann/Pietzner, Verwaltungsgerichtsordnung, Rz. 88 zu § 80 VwGO (zwar für die Wirksamkeitshemmungstheorie, aber übertragbar) beschreibt: „Es gilt uneingeschränkt der materielle Regelungsgehalt des gerichtlich bestätigten Verwaltungsakts. Folglich wird z.B. der Entlassungszeitpunkt aus dem Beamtenverhältnis ... nicht hinausgeschoben."

[125] Vertreten von: *Schoch,* in: Schoch/Schmidt-Aßmann/Pietzner, Verwaltungsgerichtsordnung, Rz. 85 f. zu § 80 VwGO; *Erichsen/Klenke,* DÖV 1976, S. 833 ff., *Erichsen,* JURA 1983, S. 414 (S. 423), *Martens,* DVBl. 1985, S. 541; *Magnussen,* BWVBl. 1989, S. 121 (S. 123 f.), *Huba,* JuS 1990, S. 382 (S. 384), *Schoch,* Vorläufiger Rechtsschutz und Risikoverteilung im Verwaltungsrecht, S. 1171 ff., *Schoch,* NVwZ 1991, S. 1121 f., *Schenke,* Verwaltungsprozeßrecht, Rz. 951 ff., auch in der Rechtsprechung findet sich dieser Ansatz vereinzelt: Siehe etwa BVerwG DVBl. 1990, S. 247, VGH München, BayVBl. 1983, S. 276, VG Augsburg, NVwZ-RR 1995, S. 382.

[126] VG Augsburg NVwZ 1995, S. 382 (S. 383); *Schoch,* in: Schoch/Schmidt-Aßmann/Pietzner, Verwaltungsgerichtsordnung, Rz. 86 zu § 80 VwGO; *Schoch,* Vorläufiger Rechtsschutz und Risikoverteilung im Verwaltungsrecht, S. 1171 f.

[127] *Kopp/Schenke,* Verwaltungsgerichtsordnung, Rz. 22 zu § 80 VwGO; *Schoch,* in: Schoch/Schmidt-Aßmann/Pietzner, Verwaltungsgerichtsordnung, Rz. 88 zu § 80 VwGO.

Neben diesen beiden Theorien gibt noch eine weitere, die sogenannte „Als-Ob-Theorie“[129] Sie hält sich für „vermittelnd“.[130] Für die hier interessierende Frage der Definition der aufschiebenden Wirkung als eines pauschalen Rechtsfolgenaufschubes entspricht sie indes der Wirksamkeitshemmungstheorie in der Ausprägung als vorläufiger Wirksamkeitshemmung. Der Lösungsansatz der „Als-Ob-Theorie“ ist nämlich der einer verfahrensrechtlichen Fiktion der vorläufigen Nichtexistenz des Verwaltungsaktes, die alle aus dem Verwaltungsakt ableitbaren rechtlichen Folgerungen erfassen soll.[131]

Die Argumente, die von den einzelnen Deutungsansätzen vorgebracht werden, interessieren hier nicht en detail. Keines dieser Argumente stellt nämlich die gemeinsame Prämisse in Frage, die hier zur Überprüfung ansteht, daß die aufschiebende Wirkung einen pauschalen Rechtsfolgenaufschub bedeutet. Außerdem erlaubt keines dieser Argumente den Schluß, daß dem Gesetz die eine oder die andere Vorstellung vom Begriff der aufschiebenden Wirkung zugrunde liegt. Die Argumente sollen deshalb im Sinne eines Überblickes nur kurz gestreift werden.

Während die Vollziehbarkeitshemmungstheorie im Sinne eines Wortlautarguments von dem in § 80 Abs. 2 Nr. 4 VwGO verwendeten Begriff der sofortigen „Vollziehung“ auf die Bedeutung des Begriffs der aufschiebenden Wirkung zurückschließt,[132] setzt die Wirksamkeitshemmungstheorie aus systematischen und historischen Gründen anders an. Sie will zuerst den an der Spitze des § 80 VwGO stehenden Begriff der aufschiebenden Wirkung bestimmen. Von dem dabei gewonnenen Ergebnis soll sodann ausgegangen werden, um die weiteren Begriffe des § 80 VwGO zu erschließen.[133] Dem Wortlautargument der Vollziehbarkeitshemmungstheorie wird versucht, mit Hinweisen auf entstehungsgeschichtliche Zufälligkeiten der Terminologie des § 80 VwGO zu begegnen.[134] Im übrigen beruht ein erheblicher Anteil der ausgetauschten Argumente auf wechselseitigen Mißver-

---

[128] Von den gerade in Fn. 125 Genannten vertreten nur *Erichsen/Klenke*, DÖV 1976, S. 833 ff., diese Variante der Wirksamkeitshemmungstheorie.

[129] Von ihrem Schöpfer, *Kopp*, selbst so genannt: *Kopp*, BayVBl. 1972, S. 649 (S. 651).

[130] *Kopp*, BayVBl. 1972, S. 649 (S. 651).

[131] *Kopp*, BayVBl. 1972, S. 649, (S. 652).

[132] *Finkelnburg*, in: Finkelnburg/Jank, Vorläufiger Rechtsschutz im Verwaltungsstreitverfahren, Rz. 640.

[133] Der Vorwurf zirkulärer Argumentation kommt denn (zu Recht) auch von beiden Seiten. Siehe einerseits *Pietzner/Ronellenfitsch*, Das Assessorenexamen im Öffentlichen Recht, § 53 Rz. 10; andererseits *Schoch*, Vorläufiger Rechtsschutz und Risikoverteilung im Verwaltungsrecht, S. 1175.

[134] *Schoch*, Vorläufiger Rechtsschutz und Risikoverteilung im Verwaltungsrecht, S. 1174.

ständnissen. So führt etwa die Vollziehbarkeitshemmungstheorie gegen die Wirksamkeitshemmungstheorie das Argument an, daß eine Wirksamkeitshemmung in systemwidriger Weise eine Übersicherung des Rechtsbehelfsführers bewirke. Als Beispielsfall dient regelmäßig die Entlassung eines Beamten. Er dürfe nicht in die Lage versetzt werden, durch die Anfechtung den Entlassungszeitpunkt hinauszuschieben, obwohl sein Rechtsbehelf im Ergebnis erfolglos ist.[135] Ohne weiteres erkennbar trifft dieses Argument nicht die Wirksamkeitshemmungstheorie als solche, sondern nur ihre kaum[136] vertretene Variante, die in der aufschiebenden Wirkung einen Wirksamkeitsaufschub sieht, der im Mißerfolgsfalle nicht wieder rückwirkend wegfällt.[137]

Im Umkreis der Theorien wird auch vertreten, der Gesetzgeber habe mit der Schaffung des § 80 Abs. 1 S. 2 VwGO[138] zum Ausdruck gebracht, daß die eine oder andere Theorie den Begriff der aufschiebenden Wirkung zutreffend erkläre.[139] Selbst dann, wenn dies stimmte, würde dies nicht die Probleme des pauschalen Begriffs der aufschiebenden Wirkung beheben, die noch aufzuzeigen sind. Abgesehen davon ist § 80 Abs. 1 S. 2 VwGO aber auch nicht zu entnehmen, daß eine der Theorien „richtig", die andere hingegen „falsch" ist. Der Grund hierfür ist, daß aus der bloßen Anordnung, die aufschiebende Wirkung solle auch bei rechtsgestaltenden und feststellenden Verwaltungsakten die Rechtsfolge der Anfechtung sein, also aus einer bloßen Geltungsanordnung, auf die Bedeutung des Begriffs nicht geschlossen werden kann, der zur Geltung gebracht wird. Eine Geltungsanordnung setzt den Begriff, dem Geltung verschafft werden soll, voraus. Sie definiert ihn aber nicht selbst. So sehen denn auch interessanterweise Vertreter beider Haupttheorienlager ihren Standpunkt durch diese Vorschrift bestätigt.[140]

---

[135] *Kopp*, BayVBl. 1972, S. 649 (S. 652).

[136] Nämlich ausschließlich von *Erichsen/Klenke*, DÖV 1976, S. 833 ff.

[137] So zu Recht *Schoch*, in: Schoch/Schmidt-Aßmann/Pietzner, Verwaltungsgerichtsordnung, Rz. 88 zu § 80 VwGO.

[138] Eingefügt mit dem Vierten Gesetz zur Änderung der Verwaltungsgerichtsordnung vom 17. 12. 1990, BGBl. I, S. 2809.

[139] In dieser Richtung z.B. *Renck*, BayVBl. 1994, S. 161 (S. 162) für die Wirksamkeitshemmungstheorie und *Schmitt-Glaeser*, Verwaltungsprozeßrecht, Rz. 251 unter c) für die Vollziehbarkeitshemmungstheorie.

[140] Auf dem Boden der den Theorien gemeinsamen Prämisse, daß der Gesetzgeber mit der aufschiebenden Wirkung einen pauschalen Rechtsfolgenaufschub angeordnet hat, können in der Tat beide Theorien § 80 Abs. 1 S. 2 VwGO ein Argument abgewinnen, das prima vista für eine Bestätigung ihres jeweiligen Standpunktes durch den Gesetzgeber spricht: Mit der Vollziehbarkeitshemmungstheorie kann man durchaus sagen, daß der Gesetzgeber mit § 80 Abs. 1 S. 2 VwGO zum Ausdruck gebracht hat, daß auch die Umsetzung eines drittbelastenden begünstigenden Verwaltungsakt durch den Begünstigten als Vollziehung des Verwaltungsaktes zu

Es findet sich schließlich auch noch die These, es gebe gesetzliche Anordnungen, denen zu entnehmen sei, daß die aufschiebende Wirkung bereichsspezifisch einen bestimmten Gehalt haben solle. So heißt es etwa, § 72 Abs. 2 S. 1 AuslG ordne „einfachgesetzlich“[141] an, daß für das Ausländerrecht die aufschiebende Wirkung von Widerspruch und Anfechtungsklage nach § 80 Abs. 1 S. 1 VwGO vorläufige Vollziehbarkeitshemmung bedeute. Diese Sichtweise überzeugt indessen nicht: Die Regelung des § 72 Abs. 2 S. 1 AuslG betrifft die aufschiebende Wirkung von Rechtsbehelfen als solche schon dem Wortlaut nach überhaupt nicht. Die aufschiebende Wirkung tritt nämlich gerade „unbeschadet“ der Anordnungen des § 72 Abs. 2 S. 1 AuslG ein.[142]

II. Die Unstimmigkeiten der Theorien

Nach diesem Überblick über die Argumente der Theorien, die die aufschiebende Wirkung als pauschalen Rechtsfolgenaufschub erklären wollen, soll nunmehr gezeigt werden, daß keine dieser Theorien in der Lage ist, ihrem Anliegen in dogmatisch befriedigender Weise gerecht zu werden.

---

sehen ist, während man auf dem Boden der Wirksamkeitshemmungstheorie sagen kann, daß die genannte Vorschrift als Klarstellung Sinn macht, wenn die aufschiebende Wirkung eine Wirksamkeitshemmung bedeutet: Denn dann darf der Begünstigte deshalb den Verwaltungsakt nicht umsetzen.

[141] *Funke-Kaiser,* in: Gemeinschaftskommentar Ausländerrecht, Rz. 2 zu § 72 AuslG. Der verwendete Ausdruck „einfachgesetzlich“ soll wohl „spezialgesetzlich“ meinen. Daß § 80 Abs. 1 VwGO Verfassungsrechtsqualität zukommt, meint wohl auch *Funke-Kaiser* nicht.

[142] Gleiches ergibt die Entstehungsgeschichte. § 72 Abs. 2 S. 1 AuslG verdankt seine heutige Fassung der Änderungsempfehlung des Innenausschusses (BTDrs. 11/6955, S. 48), der mit der Regelung gerade klarstellen wollte, daß „die Regelungen des Abs. 2 die aufschiebende Wirkung von Rechtsbehelfen unberührt lassen“ (BTDrs. 11/6960, S. 26), also die aufschiebende Wirkung als solche in gar keiner Weise betreffen. Im übrigen bedarf es zur Duchsetzung des Regelungszieles des § 72 Abs. 2 S. 1 AuslG auch gar keiner für das gesamte Ausländerrecht bereichsspezifischen Festlegung auf einen Begriff der aufschiebenden Wirkung. Es ging nämlich nur darum sicherzustellen, daß – dies ergibt sich aus der notwendigen Zusammenschau mit § 72 Abs. 2 S. 2 AuslG – die Wirkung einer behördlichen Entscheidung, mit der die Rechtmäßigkeit des Aufenthaltes beendet wird, für bestimmte aufenthaltsrechtliche Belange wie die Berechung der Länge rechtmäßigen Aufenthaltes, an den im Ausländergesetz an verschiedenen Stellen angeknüpft wird, nicht durch eine erfolglose Anfechtung für den Zeitraum des Rechtsbehelfsverfahrens in ihrer Wirkung endgültig ausgesetzt wird.

1. Unstimmigkeit der Vollziehbarkeitshemmungstheorie bei Drittanfechtungen

Die Vollziehbarkeitshemmungstheorie scheitert an einem Fall aus dem praktisch bedeutsamen Bereich der begünstigenden Verwaltungsakte, die Dritte belasten. Die (wie sich zeigen wird) auch nach der Schaffung des § 80a VwGO sowie zahlreicher Regelungen, die in derartigen Situationen die aufschiebende Wirkung von Rechtsbehelfen belasteter Dritter ausschließen,[143] noch aktuelle Untauglichkeit ihres Konzepts, die aufschiebende Wirkung als pauschalen Rechtsfolgenaufschub zu definieren, zeigt sich an dem Problem der suspensionswidrigen Genehmigungsumsetzung. Da dieses Kürzel einen nicht ganz einfachen Fall umschreibt, soll der Veranschaulichung halber folgendes Beispiel gebildet werden:

Dem Betreiber einer Anlage, die nach § 4 BImSchG genehmigungspflichtig ist, wird eine Anlagengenehmigung erteilt. Die Genehmigung belastet gleichzeitig einen Nachbarn. Der Nachbar legt Widerspruch ein. Die Erfolgsaussicht des Widerspruchs ist offen. Als der Begünstigte trotz des Nachbarwiderspruches beginnt, die Genehmigung umzusetzen, ist der Nachbar nicht erreichbar. Einen Antrag auf Anordnung der sofortigen Vollziehbarkeit seiner Genehmigung durch die Immissionsschutzbehörde stellt der Begünstigte nicht. An der sofortigen Vollziehbarkeit der Anlagengenehmigung besteht auch nur das private Interesse des Begünstigten. Die Immissionsschutzbehörde erhält Kenntnis davon, daß der Begünstigte die Genehmigung trotz der erfolgten Anfechtung umsetzt, und fragt sich, was zu tun ist.[144]

Zuerst könnte die Behörde mangels eines entsprechenden Antrages des Begünstigten auf den Gedanken kommen, die sofortige Vollziehbarkeit der Genehmigung von Amts wegen anzuordnen. Für die Rechtfertigung eines solchen Vorgehens könnte eine Art „Perspektivenargument" vorgebracht

---

[143] So etwa im Bereich des Baurechts § 212a Abs. 1 BauGB. Im Immissionsschutzrecht für den Bereich der alten Bundesländer hingegen (die Neufassung des VwGRmBeschrG vom 22. 4. 1993 (BGBl. I, S. 466, 487) durch das 6. VwGOÄndG (BGBl. I, S. 1626) betrifft nur den Bereich der neuen Bundesländer) ist die aufschiebende Wirkung von Rechtsbehelfen belasteter Dritter auch heute noch nicht von Gesetzes wegen ausgeschlossen.

[144] Daß die aufschiebende Wirkung eines Rechtsbehelfs eines Nachbarn schlicht ignoriert wird, ist praktisch nicht selten. Dies zeigen die veröffentlichten Entscheidungen zu dem Problem der „schlicht – suspensionswidrigen" Genehmigungsumsetzung, z.B. aus dem Bereich des Baurechts VGH München, BayVBl. 1993, S. 565, OVG Saarlouis BauR 1993, S. 90 (wobei heute allerdings Rechtsbehelfe von Nachbarn nach § 212a BauGB keine aufschiebende Wirkung mehr haben), sowie aus dem Bereich des Bergrechts (Betriebsplanzulassung) VG Koblenz, NVwZ-RR 1995, S. 124.

werden: Bei ihrer Beurteilung der Erfolgsaussichten des eingelegten Rechtsbehelfs[145] werde die Behörde „als Richterin in eigener Sache" tätig. Deswegen müsse sie immer davon ausgehen, daß „ihr" Verwaltungsakt offensichtlich rechtmäßig ist und folglich auch auf alle Fälle vor Gericht Bestand haben wird.[146] Deswegen müsse sie die sofortige Vollziehbarkeit von Amts wegen anordnen. Indes ist eine solche Betrachtung unrealistisch. Gerade bei drittbelastenden Genehmigungen muß angesichts der Tatsache, daß die Frage des drittschützenden Charakters diverser Vorschriften oft noch nicht abschließend bzw. für jede denkbare Konstellation hinreichend geklärt ist, auch einer Behörde, die von der Rechtmäßigkeit „ihres" Verwaltungsaktes völlig überzeugt ist, klar sein, daß diese Überzeugung keinesfalls eine Versicherung dafür ist, daß der Verwaltungsakt nicht doch rechtswidrig ist und vom Gericht aufgehoben werden wird.

Scheidet demnach eine amtswegige Anordnung der sofortigen Vollziehbarkeit mangels öffentlichen Interesses aus, so ist das anzustrebende Ergebnis für die Vollziehbarkeitshemmungstheorie klar. Die Behörde muß die aufschiebende Wirkung des Rechtsbehelfs dessen, der durch die Genehmigung nachteilig betroffen wird, mangels seines Antrages von Amts wegen gegen den Begünstigten sichern. Bedeutet nämlich die aufschiebende Wirkung Vollziehbarkeitshemmung im Sinne eines umfassenden und auch an denjenigen gerichteten Verwirklichungsverbotes, der durch den Verwaltungsakt begünstigt ist, so ist es geboten, eine solche Eingreifenspflicht der Behörde anzunehmen.[147] Anderenfalls bliebe der Verstoß des Begünstigten gegen dieses Verbot unsanktioniert. Damit liefe es leer. Da aber die Behörde in der gebildeten Situation die einzige (untechnisch) Beteiligte des Geschehens ist, die das Verbot wirksam durchsetzen kann, muß sie entsprechend handeln. Sie muß also die Genehmigungsumsetzung wenigstens vorübergehend einstellen.

Gegen die Annahme der Notwendigkeit des Eingreifens der Behörde ließe sich allenfalls einwenden, daß in den mittlerweile etwa im Baurecht

---

[145] Wobei hier ungeprüft davon ausgegangen werden soll, daß offensichtlich mangelnde Erfolgsaussichten des eingelegten Rechtsbehelfs eine Anordnung der sofortigen Vollziehbarkeit rechtfertigen. Dies entspricht fast einhelliger Auffassung, siehe hierzu die Darstellung bei *Timmler,* Maßstab und Rechtsnatur der Aussetzungsentscheidung nach § 80 Abs. 5 Satz 1 VwGO, S. 120.

[146] Dieses Argument stammt aus der Diskussion über die Frage, ob und in welchem Umfang fehlende Erfolgsaussichten des eingelegten Rechtsbehelfs eine Anordnung der sofortigen Vollziehbarkeit rechtfertigen und wird in diesem Zusammenhang von *Limberger,* Probleme des vorläufigen Rechtsschutzes bei Großprojekten, S. 44 f., dafür eingesetzt, daß Erfolgsaussichten unberücksichtigt bleiben sollten.

[147] So ausdrücklich aus dem Gedanken der Vollziehbarkeitshemmung und dem damit verbundenen Schutz des Rechtsbehelfsführers abgeleitet *Schmaltz,* DVBl. 1992, S. 231; *Redeker,* BauR 1991, S. 526. Im Ergebnis ebenso auch *Bamberger,* NVwZ 2000, S. 983 (S. 988).

nicht mehr seltenen Fällen genehmigungsfreier Vorhaben ein entsprechender Schutz des Nachbarn ebenfalls nicht besteht, und daß deshalb in den Fällen genehmigungsgebundener Vorhaben nichts anderes gelten dürfe. Jedoch geht dieses Argument fehl, wobei aber letztlich offenbleiben kann, weshalb. Denn entweder kann man die in dem Argument vorausgesetzte Gleichbehandlung beider Fallgruppen auch so erreichen, daß man die Voraussetzungen, unter denen einstweiliger Rechtsschutz gewährt wird, in der Weise synchronisiert, daß auch in den Fällen eines genehmigungsfreien Vorhabens der Sache nach die selben Voraussetzungen gelten wie in den Fällen genehmigungspflichtiger Vorhaben. In den Fällen genehmigungsfreier Vorhaben gälten dann nicht mehr die üblichen Voraussetzungen einstweiliger Anordnungen nach § 123 VwGO, sondern der Sache nach die weniger strengen Erfordernisse eines Antrages nach § 80 Abs. 5 VwGO. Dies wird in der Rechtsprechung mittlerweile – allerdings bisher lediglich zu Gunsten des belasteten Nachbarn – so gehandhabt.[148] Oder aber man sieht gerade in dem Vorhandensein des zwischengeschalteten Verwaltungsakts „Genehmigung“ den entscheidenden Wertungsunterschied zwischen den beiden Fallgruppen. Dieser zwischengeschaltete Verwaltungsakt und der damit verbundene Schutz des Genehmigungsbegünstigten verböte es dann, Fälle wie den gebildeten mit Fällen gleichzubehandeln, in denen ein Verwaltungsakt – und daher auch ein der aufschiebenden Wirkung vergleichbares Instrument zum Schutz der Interessen des belasteten Dritten – völlig fehlt.

Ein für die Vollziehbarkeitshemmungstheorie demnach notwendiges Vorgehen der Behörde zum Schutze der aufschiebenden Wirkung des Rechtsbehelfs des Nachbarn unmittelbar auf der Grundlage von § 80a Abs. 1 Nr. 2 (2. Hs.) VwGO kommt aus mehreren Gründen nicht in Betracht. Zunächst besteht auch bei dieser Vorschrift ein Antragserfordernis. Zum anderen erfaßt die Vorschrift, wie sich aus dem Hinweis auf § 80 Abs. 4 VwGO ergibt, nur den Fall, daß die sofortige Vollziehbarkeit des angefochtenen Verwaltungsaktes angeordnet ist, der Rechtsbehelf also keine aufschiebende Wirkung (mehr) hat. Dann aber kann es nur noch darum gehen, dies wieder umzukehren und, nachdem dies geschehen ist, die aufschiebende Wirkung des Rechtsbehelfs des Dritten durch eingreifende Maßnahmen zu sichern.[149] Manche wollen allerdings in Fällen wie dem gebildeten § 80a Abs. 1 Nr. 2 (2. Hs.) VwGO analog anwenden.[150] Die Vorschrift gälte dann nicht nur für Fälle, in denen die aufschiebende Wirkung von Gesetzes wegen oder durch

---

148 Siehe etwa VGH Mannheim, NVwZ 1995, S. 490. In diesem Sinne auch *Bamberger*, NVwZ 2000, S. 983 ff.

149 So zutreffend OVG Koblenz, NVwZ-RR 1995, S. 124.

150 OVG Koblenz, NVwZ-RR 1995, S. 124; *Redeker/v. Oertzen*, Verwaltungsgerichtsordnung, Rz. 4 zu § 80a VwGO; *Kopp/Schenke*, Verwaltungsgerichtsordnung, Rz. 13 zu § 80a VwGO; *Schmaltz*, DVBl. 1992, S. 231.

Einzelfallanordnung ausgeschlossenen ist und erst dann wiederhergestellt wird. Sie würde dann auch in den Fällen gelten, in denen die aufschiebende Wirkung von Rechtsbehelfen von Anfang an greift. Dies allein mag noch überzeugen. Die Möglichkeiten der Analogie sind aber überschritten, wenn § 80a Abs. 1 Nr. 2 (2. Hs.) VwGO auch die Fälle amtswegigen Schutzes der aufschiebenden Wirkung erfassen soll. Auch die analoge Anwendung des § 80a Abs. 1 Nr. 2 (2. Hs.) VwGO kann jedenfalls nur dazu führen, daß Schutzmaßnahmen auf der Grundlage der Vorschrift nur auf Antrag des Rechtsbehelfsführers möglich sind. Anderenfalls wäre das Antragserfordernis vollends sinnlos, das die Vorschrift aber ausdrücklich enthält.[151] Folglich kann man davon ausgehen, daß in dem gebildeten Fall ein Schutz der aufschiebenden Wirkung des Rechtsbehelfs des belasteten Nachbarn über § 80a Abs. 1 Nr. 2 (2. Hs.) VwGO weder unmittelbar noch analog in Frage kommt.

Die Lösung des aufgeworfenen Problems amtswegigen Schutzes der aufschiebenden Wirkung des Rechtsbehelfs des belasteten Nachbarn muß demzufolge außerhalb von §§ 80 Abs. 1 S. 2, 80a VwGO gesucht werden.

Ein Rückgriff auf eine Ermächtigungsgrundlage für Maßnahmen gegen den Begünstigten, die außerhalb von § 80a VwGO liegt, setzt allerdings voraus, daß der Gesetzgeber nicht sämtliche Probleme des Schutzes der aufschiebenden Wirkung, die sich im Zusammenhang mit dem einstweiligen Rechtsschutz in Fällen der Drittbetroffenheit stellen können, über §§ 80 Abs. 1 S. 2, 80a VwGO abschließend regeln wollte.

Eine Intention abschließender Regelung in §§ 80 Abs. 1 S. 2, 80a VwGO ist nur für eine bestimmte Einzelfrage nachweisbar. Der Gesetzgeber wollte nur klarstellen, daß Widerspruch und Anfechtungsklage Drittbelasteter aufschiebende Wirkung im Sinne der Konzeption des § 80 Abs. 1 S. 1 VwGO überhaupt zukommt. Nur im Anschluß hieran wollte er denn auch Verfahrensrecht zu schaffen.[152] Hintergrund war, daß der Gesetzgeber

---

[151] Dieses Problem wird von den in der vorigen Fn. genannten Stimmen nicht behandelt. *Schoch,* in: Schoch/Schmidt-Aßmann/Pietzner, Verwaltungsgerichtsordnung, Rz. 31 zu § 80a VwGO, spricht demgegenüber zutreffend von dem strukturbildenden Charakter des Antragsprinzips in § 80a VwGO.

[152] Dies ergibt die für die Ermittlung der Regelungsintention maßgebliche Gesetzesbegründung. BTDrs. 11/7030, S. 24 (zu § 80 Abs. 1 S. 2 VwGO): „Die Neufassung des S. 2 dient der Klarstellung. (...) Rechtsbehelfe gegen Verwaltungsakte mit Doppelwirkung haben ebenfalls aufschiebende Wirkung, insoweit wird auf die Begründung zu § 80a verwiesen". Weiter S. 25 (zu § 80a VwGO): „Die Frage, in welcher Form einstweiliger Rechtsschutz bei „janusköpfigen" Verwaltungsakten zu gewähren ist, die die Rechtsstellung verschiedener Personen einerseits in begünstigender und andererseits in belastender Weise betreffen, hat zu vielfältigen Lösungsversuchen in Rechtsprechung und Literatur geführt. Es liegt im Interesse des rechtssuchenden Bürgers, wenn hier eine gesetzliche Klärung herbeigeführt wird." – Im

einer Rechtsprechung den Boden entziehen wollte, nach der sich der einstweilige Rechtsschutz in Fällen der Verwaltungsakte mit belastender Drittwirkung nach § 123 VwGO richten sollte, da in diesen Fällen der Rechtsbehelf des Drittbelasteten nach Ansicht dieser Rechtsprechung keine aufschiebende Wirkung entfalten sollte.[153] Eine Intention abschließender Regelung des vorläufigen Rechtsschutzes insgesamt über §§ 80 Abs. 1 S. 2, 80a VwGO ist folglich nicht nachweisbar.

Zum Schutz der aufschiebenden Wirkung ist ein Rückgriff auf die allgemeinen polizeirechtlichen Ermächtigungsgrundlagen der Landespolizeigesetze denkbar. Insoweit ließe sich zwar argumentieren, daß der Verstoß des Bauherrn gegen die aufschiebende Wirkung des Rechtsbehelfs des Dritten eine Störung der öffentlichen Sicherheit darstellt. Immerhin umfaßt dieses Schutzgut alle geschriebenen Rechtssätze und mithin auch die aufschiebende Wirkung des Rechtsbehelfs des Nachbarn. Allerdings würde eine Anwendung der allgemeinen Ermächtigungsgrundlagen die Systematik gefahrenabwehrrechtlicher Regelungen verkennen. Allgemeine Ermächtigungsgrundlagen zur Abwehr von Gefahren für die öffentliche Sicherheit sind gegenüber speziellen Ermächtigungsgrundlagen subsidiär. Sie können nur angewendet werden, wenn die beabsichtigte Maßnahme ihrem tatsächlichen Gehalt nach nicht in einer speziellen Ermächtigungsgrundlage erfaßt und dort an besondere Voraussetzungen gebunden ist.[154] Dies wäre hier aber der Fall, da der Sache nach eine Einstellung nach Maßgabe des vorrangigen § 20 Abs. 2 S. 1 und 2 BImSchG als Maßnahme gegenüber dem Begünstigten in Frage kommt.

Für die dogmatische Stimmigkeit der Vollziehbarkeitshemmungstheorie ist es fatal, daß darüber hinaus keine weiteren Lösungsmöglichkeiten existieren. Denn sie kann die Möglichkeit, nach § 20 Abs. 2 S. 1 und 2 BImSchG vorzugehen, nur nutzen, wenn sie den konstruktiven Aspekt ihrer Definition des Begriffs der aufschiebenden Wirkung aufgibt. Nach dieser Definition betrifft ja die aufschiebende Wirkung die innere Wirksamkeit bzw. die Geltung der erteilten Genehmigung nicht. Also macht der Anlagenbetreiber im gebildeten Fall von einer wirksamen Anlagengenehmigung Gebrauch. Er handelt demnach bis zu dem Zeitpunkt, zu dem über den Rechtsbehelf des Nachbarn entschieden wird, nicht ohne Genehmigung. Die Ermächtigungsgrundlage des § 20 Abs. 2 S. 1 und 2 BImSchG setzt aber genehmigungs-

---

Folgenden aber wird lediglich der Wortlaut der später Gesetz gewordenen Verfahrensregelungen des Entwurfes paraphrasiert, die zwar auf der Grundentscheidung aufbauen, aber an keiner Stelle erkennen lassen, daß mit ihnen ebenfalls eine abschließende Regelungskonzeption geschaffen werden sollte.

153 OVG Münster, OVGE 22, S. 247; NJW 1985, S. 2351; UPR 1988, S. 456.

154 Siehe hierzu etwa *Knemeyer*, Polizei- und Ordnungsrecht, Rz. 114, *Rachor*, in: Lisken/Denninger, Handbuch des Polizeirechts, Kap. F. Rz. 454.

loses Handeln voraus.[155] Das letzte verbleibende Mittel zur Sicherung der aufschiebenden Wirkung des Rechtsbehelfes des Nachbarn, der Rückgriff auf § 20 Abs. 2 S. 1 und 2 BImSchG, müßte also bei konstruktiv prämissentreuer Argumentation ausscheiden. Die Immissionsschutzbehörde müßte demnach untätig bleiben. Dies aber ist ein Ergebnis, das für die Vollziehbarkeitshemmungstheorie nicht akzeptabel wäre. Nach ihr soll ja die Umsetzung einer Genehmigung gehemmt sein, da sie die Vollziehung der Genehmigung darstellt, und die Behörde ist deshalb verpflichtet, die aufschiebende Wirkung zu schützen.[156]

Die Vollziehbarkeitshemmungstheorie muß also in dem gebildeten Fall die lex-specialis-Konzeption der aufschiebenden Wirkung aufgeben und den Begriff der aufschiebenden Wirkung anders konstruieren. Sie muß (auf dem Boden der den Theorien gemeinsamen Prämisse des pauschalen Rechtsfolgenaufschubes) die aufschiebende Wirkung über die Suspendierung der Geltung/Wirksamkeit des Verwaltungsaktes konstruieren, wenn dem inhaltlichen Ausgangspunkt entsprechend ausreichender einstweiliger Rechtsschutz möglich sein soll. Hierin liegt eine Problematik der Vollziehbarkeitshemmungstheorie, die sie nicht bewältigen kann.

2. *Haftungsrechtliche Unstimmigkeit bei Mißerfolg des Rechtsbehelfs*

In Fällen begünstigender Verwaltungsakte mit belastender Drittwirkung zeigen sich Unstimmigkeiten auch im sekundären Rechtsschutz, also auf der Haftungsebene.

a) Vorläufige Vollziehbarkeitshemmung

Für die Vollziehbarkeitshemmungstheorie ergibt sich hier eine Inkonsistenz aus der Verbindung zweier Annahmen. Die erste dieser Annahmen ist

---

155 So zutreffend BVerwGE 89, S. 257 (S. 261 f.) – Die dort auf S. 360 nachgewiesene Ansicht (*Vallendar,* in: Feldhaus, Bundesimmissionsschutzrecht, Bd. I, Anm. 16 Abs. 4 zu § 20 BImSchG, *Hansmann,* in: Landmann/Rohmer, Gewerbeordnung Bd. III, Umweltrecht, Rz. 44 zu § 20 BImSchG sowie *Sellner,* Immissionsschutzrecht und Industrieanlagen, Rz. 489), die auf der Basis der Vollziehbarkeitshemmungstheorie eine Anwendung des § 20 Abs. 2 S. 1 und 2 BImSchG auch dann befürwortet, wenn die fragliche Genehmigung angefochten wurde, ist mit dem Wortlaut des § 20 Abs. 2 S. 1 und 2 BImSchG („ohne" Genehmigung) nicht vereinbar. Die dort anzutreffende Argumentation mit der Schutzbedürftigkeit des Nachbarn hilft hierüber nicht hinweg, sie verdeutlicht allenfalls die Unstimmigkeit dieser Ansicht.

156 *Schmaltz,* DVBl. 1992, S. 231; *Redeker,* BauR 1991, S. 526.

das pauschale Verständnis der aufschiebenden Wirkung. Die zweite ist, daß der Aufschub nur vorläufig wirkt, daß also der durch die aufschiebende Wirkung geschaffene Rechtszustand im Falle eines für den Rechtsbehelfsführer erfolglosen Ausgangs des Rechtsbehelfsverfahrens rückwirkend entfällt.

Offenkundig wird das Problem bei der Lösung eines Falles, der gewissermaßen die „Fortsetzung" des gerade unter 1. diskutierten Falles darstellt:[157]

Im Hauptsacheverfahren unterliegt der Nachbar. Von dem Träger der Immissionsschutzbehörde, die die aufschiebende Wirkung seines Rechtsbehelfs nicht geschützt hat, verlangt er nun die Wohn- oder Mietwertminderung seines Grundstückes als Schaden ersetzt, und zwar insoweit, als diese durch die früher eingetretene Belastung seines Grundstückes ebenfalls früher eingetreten ist. Die Immissionsschutzbehörde bzw. einer ihrer Amtswalter habe es rechtswidrig bzw. rechtswidrig schuldhaft unterlassen, während seiner Nichterreichbarkeit gegen die „suspensionswidrige" Vollziehung der Genehmigung einzuschreiten. Die Behörde hätte dafür sorgen müssen, daß die negativen Auswirkungen auf das Grundstück des Nachbarn erst nach Abschluß des Rechtsschutzverfahrens eintreten.

Will man anhand dieses Falles bzw. der dahinter stehenden allgemeinen Problematik die Vollziehbarkeitshemmungstheorie einer Unstimmigkeit überführen, so muß man zunächst klären, ob es sich überhaupt um eine Frage handelt, die unter Rückgriff auf die Bedeutung der aufschiebenden Wirkung beantwortet werden muß.

Die Lösung des Falles erfolgt nach Abschluß des Rechtsbehelfsverfahrens. Daraus resultiert seine Problematik: Es stellt sich die Frage, ob für das Problem der Haftung für staatliches Unrecht auch die ex-post-Perspektive zugrunde zu legen ist. Wenn in diesem Sinne das Ergebnis des Rechtsbehelfsverfahrens maßgeblich wäre, so würde die Untätigkeit der Behörde rückwirkend rechtmäßig werden. Würde man hingegen die ex-ante-Perspektive zugrunde legen müssen, also das Ergebnis des Rechtsbehelfsverfahrens außer Betracht zu lassen haben, so wäre die Untätigkeit der Behörde rechtswidrig. Zu diesem Zeitpunkt hätte die Behörde ja zum Schutz der aufschiebenden Wirkung des Rechtsbehelfs dessen eingreifen müssen, der durch die Genehmigung belastet ist.[158]

---

[157] Dabei ist noch einmal in Erinnerung zu rufen, daß zu dem Zeitpunkt, als der Vorhabenträger seine Genehmigung „suspensionswidrig" umsetzt und die Behörde über ihr Vorgehen hiergegen zu entscheiden hat, die Erfolgsaussichten des Rechtsbehelfs des Nachbarn offen sind.

[158] Nach der materiellen Prämisse der Vollziehbarkeitshemmungstheorie; daß der Behörde nach der Vollziehbarkeitshemmungstheorie für dieses Eingreifen wegen des oben (1. Kapitel, B. II. 1.) behandelten Problems hierfür die Rechtsgrundlage fehlt, kann hier außen vor bleiben.

Das beschriebene Problem ist nun nicht allein deshalb ein solches der Begriffsbestimmung der aufschiebenden Wirkung, weil die Theorien durchgehend Aussagen zu der Frage treffen (und treffen müssen), ob die mit dem Begriff der aufschiebenden Wirkung umschriebenen Rechtsfolgen bei Mißerfolg des Rechtsbehelfs rückwirkend zum Zeitpunkt der Einlegung des Rechtsbehelfs wegfallen oder nicht. Es ist ein Problem der Bedeutung der Definition des Begriffes der aufschiebenden Wirkung deshalb, weil das Staatshaftungsrecht das Problem selbst nicht löst, welche Perspektive zugrunde zu legen ist. Das Staatshaftungsrecht knüpft vielmehr an die Wertungen und Konstruktionen (hier) des Verwaltungsprozeßrechts an.[159] Zwar bietet sich prima vista folgende Argumentation an: Die in Frage kommende Anspruchsgrundlage der Amtshaftung knüpft über ihr Verschuldenserfordernis an den natürlich-personalen deliktischen Handlungs- oder Unterlassungsbezug des Verhaltens der Amtswalter der Behörde an.[160] Daraus könnte man versucht sein zu schließen, daß nicht die ex-post-Perspektive zugrundezulegen ist, sondern die ex-ante-Perspektive, so daß schon wegen dieses Bezugs auch für die Lösung des haftungsrechtlichen Problems generell an die Gegebenheiten zur Zeit der haftungsbegründenden Handlung oder Unterlassung anzuknüpfen wäre. Allerdings griffe eine solche Argumentation in zweierlei Hinsicht zu kurz. Sie beträfe von vorneherein nur den Amtshaftungsanspruch, nicht aber auch die hier ebenfalls einschlägigen Ansprüche, die eine Haftung nur für Unrecht ohne Verschuldenserfordernis begründen.[161] Darüberhinaus würde übersehen, daß sich beim Amtshaftungsanspruch das Verschulden auf die Herbeiführung des Unrechts bezieht.[162] Daraus folgt, daß die Frage nach dem Unrecht der Frage nach dem Verschulden vorrangig ist. Auch ansonsten läßt sich aus den in Frage kommenden Haftungstatbeständen nicht ableiten, daß die ex-post-Perspektive zugrunde gelegt werden muß: Die Ermittlung des haftungsbegründenden Zusammenhangs ist nach staatshaftungsrechtlicher Dogmatik nur möglich, indem man die Frage beantwortet, ob die verletzte Norm gerade den eingetretenen Schaden verhindern wollte.[163] Dies aber ist ein Problem der Bestimmung dessen, was „aufschiebende Wirkung" bedeutet.

---

159 Dies ergibt sich daraus, daß der Begriff der Amtspflicht zu rechtmäßigem Handeln auf die jeweiligen Rechtsmaterien verweist, in denen die Kriterien dieser Rechtmäßigkeit des Handelns definiert werden. Siehe zur Amtspflicht rechtmäßigen Handelns etwa *Ossenbühl,* Staatshaftungsrecht, S. 43 f.

160 Siehe hierzu *Ossenbühl,* Staatshaftungsrecht, S. 72.

161 Wie den enteignungsgleichen Eingriff bzw. seine gesetzlichen Normierungen in den Polizeigesetzen (Haftung für rechtswidrige Gefahrenabwehrmaßnahmen).

162 *Ossenbühl,* Staatshaftungsrecht, S. 72.

163 Statt vieler: *Ossenbühl,* Staatshaftungsrecht, S. 58: Das verletzte Rechtsgut muß durch die drittschützende Wirkung erfaßt sein.

Die Lösung des Falles hängt also von der Bedeutung des Begriffs der aufschiebenden Wirkung ab. Geht man auf dieser Basis mit der offenbar einhelligen Auffassung der Anhänger der Vollziehbarkeitshemmungstheorie davon aus, daß bei Bestätigung des angefochtenen Verwaltungsakts im Rechtsbehelfsverfahren zwischenzeitlich eingeleitete Maßnahmen zur Vollziehung des Verwaltungsaktes rückwirkend rechtmäßig werden, so ist der Beispielsfall unter Heranziehung des Ergebnisses des Rechtsbehelfsverfahrens zu lösen. Im gebildeten Fall der „privaten Vollziehung" würde deren Duldung durch die Behörde rückwirkend rechtmäßig. Die Schadensersatzklage des Nachbarn wäre somit abzuweisen.

Man könnte nun geneigt sein, eine Unstimmigkeit der Vollziehbarkeitshemmungstheorie bereits daraus herzuleiten, daß der Behörde zur Zeit ihrer Entscheidung über das Einschreiten gegen den „suspensionswidrig" bauenden Nachbarn der Maßstab, der schlußendlich für die Beurteilung der Rechtmäßigkeit ihrer Entscheidung maßgeblich ist, nicht zur Verfügung steht, wenn die Erfolgsaussicht des eingelegten Rechtsbehelfes wie im gebildeten Beispielsfall offen ist. Indes ist die bloße Möglichkeit, daß etwas, das einmal Recht war, später nicht mehr Recht ist, Kennzeichen jeder vorläufigen Regelung. Wollte man diese Beobachtung für maßgeblich halten, dürfte man mithin keinerlei Rechtsfolge der Einlegung eines Rechtsbehelfs anerkennen, die rückwirkend entfällt, wenn das Ergebnis des Rechtsbehelfsverfahrens dieser Rechtsfolge der Rechtsbehelfseinlegung widerspricht. Eine solche Extremposition ist aber angesichts der Tatsache, daß das geltende Recht verschiedene derartige vorläufige Regelungen kennt, nicht vertretbar. Beispielsweise ist jeder Verwaltungsakt zumindest dem Grundsatz nach aufhebbar, und unter den Voraussetzungen des § 36 VwVfG bzw. der entsprechenden Regelungen in den Verwaltungsverfahrensgesetzen der Länder befristbar oder auflösend oder aufschiebend bedingbar.

Als nächster Ansatz bietet sich an, aus der Feststellung, daß der Begünstigte nach der Vollziehbarkeitshemmungstheorie wegen der aufschiebenden Wirkung des Rechtsbehelfs des Nachbarn nicht soll bauen dürfen, zu folgern, daß das der Prämisse nach rechtswidrige Gewährenlassen der suspensionswidrigen Vorhabenumsetzung des Begünstigten durch die Behörde auch haftungsrechtliche Folgen haben muß. Ohne weiteres ist aber ein solcher Schluß nicht möglich: Die Rechtswidrigkeit des Gewährenlassens als solche ist zwar eine notwendige Voraussetzung der Haftung, nicht aber auch eine hinreichende.

Man kommt der Problematik aber mit einer demgegenüber „negativen" Argumentation auf die Spur. Daß es für die Vollziehbarkeitshemmungstheorie entgegen ihrer pauschalen Rückwirkungskonstruktion notwendig ist, im haftungsrechtlichen Kontext bei der Beurteilung der haftungsrelevanten Rechtmäßigkeit des Handelns der Behörde die ex-ante-Perspektive zugrundezulegen und im Beispielsfall der Klage stattzugeben, ergibt sich aus folgender Erwägung: Wenn die aufschiebende Wirkung des Rechtsbehelfs des Nachbarn den Begünstigten an der Umsetzung seines Vorhabens effektiv hindern soll, so muß die Behörde im Falle suspensionswidriger Vorhabenumsetzung über den dann notwendigen Schutz der aufschiebenden Wirkung frei von Überlegungen befinden können, die die Rechtswidrigkeit des Handelns des Begünstigten und damit die Notwendigkeit des Schutzes des Nachbarn relativieren. Genau dazu würde es aber führen, wenn man für das Haftungsproblem das Ergebnis des Rechtsbehelfsverfahrens für maßgeblich hält. Den Rechtsträger der Behörde würde dann nämlich bei der Entscheidung für den Schutz der aufschiebenden Wirkung des Rechtsbehelfs des Nachbarn ein Haftungsrisiko gegenüber dem Begünstigten treffen: Wird die aufschiebende Wirkung des Rechtsbehelfs des Nachbarn gesichert und gegen den Begünstigten eingeschritten, bleibt der Rechtsbehelf aber erfolglos, so wird dieses Einschreiten deswegen gegenüber dem Begünstigten haftungsbegründend rechtswidrig. Denn die Frage der Haftung hängt vom Gehalt der aufschiebenden Wirkung und damit von der Rückwirkungskonstruktion der Vollziehbarkeitshemmungstheorie ab. Dieses Risiko aber bewirkt, daß die Behörde primär versuchen wird, das Haftungsrisiko zu mindern. Dazu aber muß sie entweder „im Trüben fischen", denn die Erfolgsaussichten des Rechtsbehelfs im gebildeten Fall sind offen. Oder sie muß unsinniger- und unzulässigerweise von einer Art Vermutung ausgehen, der Verwaltungsakt sei rechtmäßig.[164] Beides hindert die Behörde, die ihr zukommende Entscheidung über den Schutz der aufschiebenden Wirkung so zu treffen, wie sie dies auf der Basis der Prämisse der Vollziehbarkeitshemmungstheorie eigentlich tun müßte, daß nämlich die aufschiebende Wirkung des Rechtsbehelfs des negativ Betroffenen geschützt werden muß. Dies aber läßt sich nur bewerkstelligen, wenn für das haftungsrechtliche Problem die ex-ante-Perspektive zugrunde gelegt werden muß.

b) Vorläufige Wirksamkeitshemmung

Dieselbe Unstimmigkeit zeigt sich allerdings auch bei der Wirksamkeitshemmungstheorie in der Variante, daß die Wirksamkeitshemmung nur vorläufig eintritt, also rückwirkend wegfällt, wenn der Rechtsbehelf am Ende erfolglos bleibt.

Die Theorie von der Wirksamkeitshemmung in dieser Variante kann zwar den unter 1. behandelten Fall der „suspensionswidrigen" Genehmigungsumsetzung zu der Zeit konsistent lösen, zu der über das Einschreiten gegenüber dem Begünstigten entschieden wird. Sie kann die Ermächti-

---

[164] Siehe hierzu oben 1. Kapitel, B. II. 1.

gungsgrundlage, die die Genehmigungslosigkeit voraussetzt, ohne weiteres anwenden. Nach der Wirksamkeitshemmungstheorie ist ja die Wirksamkeit der Genehmigung durch den Rechtsbehelf des belasteten Dritten suspendiert. Sie gerät bei der haftungsrechtlichen Weiterentwicklung des Falles jedoch genau wie die Vollziehbarkeitshemmungstheorie in Schwierigkeiten, wenn der Rechtsbehelf am Ende erfolglos ist. Dann müßte nämlich konsequenterweise das Eingreifen zu Lasten des Begünstigten rückwirkend als haftungsbegründend rechtswidrig gelten. Damit würde das Verhalten der Behörde, wie gerade bei der Kritik der Vollziehbarkeitshemmungstheorie gezeigt, auch nach dieser Variante der Wirksamkeitshemmungstheorie von prämissenwidrigen Erwägungen geleitet.

3. Vorläufige Vollziehbarkeits- oder Wirksamkeitshemmung und Art. 103 Abs. 2 GG

Die sowohl bei der Vollziehbarkeitshemmungstheorie wie auch bei der Wirksamkeitshemmungstheorie zu findende Konstruktion, daß der durch die aufschiebende Wirkung geschaffene Rechtszustand bei Mißerfolg des Rechtsbehelfs rückwirkend wegfallen soll, ist auch verfassungsrechtlich nicht haltbar. Sie verstößt gegen Art. 103 Abs. 2 GG.

Auszugehen ist von Folgendem: Die Rechtsordnung knüpft Sanktionen an die Nichtbefolgung mancher Verwaltungsakte[165]. Hier zu behandelnde Beispiele sind der befehlende Verwaltungsakt, dessen Nichtbeachtung sanktionsbewehrt ist,[166] oder die für die Zukunft wirkende Aufhebung einer Genehmigung eines Verhaltens, das sanktionsbewehrt ist, wenn es ohne Genehmigung erfolgt.[167] Wenn der Rechtsbehelf zwar aufschiebende Wirkung hatte,[168] aber im Ergebnis erfolglos geblieben ist, so fragt sich, ob Zuwider-

---

[165] Daß die Nichtbeachtung von Verwaltungsakten ungeachtet ihrer möglicherweise bestehenden Rechtswidrigkeit sanktioniert ist, Verwaltungsakten also für die Sanktionenanknüpfung generell Tatbestandswirkung zukommt und so auch im Falle ihrer Rechtswidrigkeit ein Rückgriff auf die materielle Gesetzeslage ausgeschlossen ist, ergeben bereits die gesetzlichen Sanktionstatbestände. Diese unterscheiden strikt zwischen zwei Kategorien, nämlich zwischen einem ausdrücklichen Rückgriff auf die materielle Rechtslage einerseits und dem Vorhandensein eines zwischengeschalteten Verwaltungsakts – zum Teil eines sofort vollziehbaren, zum Teil ohne diese Einschränkung – andererseits. So auch *Hermes/Wieland,* Die staatliche Duldung rechtswidrigen Verhaltens, S. 100 f.

[166] Beispiel: § 28 Abs. 1 Nr. 2 GastG, der die Zuwiderhandlung gegen eine Anordnung nach § 5 GastG als Ordnungswidrigkeit pönalisiert.

[167] Beispiele: § 144 Abs. 1 GewO, § 28 Abs. 1 Nr. 1, Nr. 4 GastG. Wegen in die Vergangenheit wirkender derartiger Aufhebungen siehe 1. Kapitel, Fn. 183.

[168] Einige der „verwaltungsrechtsakzessorischen" Tatbestände des 29. Teils des Strafgesetzbuches etwa verlangen entweder für die Strafbarkeit eine Zuwiderhandlung gegen einen vollziehbaren Verwaltungsakt, oder es wird eine Sanktion an eine

handlungen gegen den Verwaltungsakt, die während des Zeitraums des Rechtsbehelfsverfahrens vorgekommen sind, nachträglich zu bestrafen sind. Die Antwort ist durch Art. 103 Abs. 2 GG und den in der Vorschrift verankerten Grundsatz des „nulla poena sine lege" verfassungsrechtlich vorgegeben. Danach ist die Anknüpfung der Sanktion an die Nichtbeachtung dieses Verwaltungsaktes für die Zeit der aufschiebenden Wirkung unzulässig, auch wenn der Rechtsbehelf im Ergebnis nicht erfolgreich ist.[169] Dies gilt für Ordnungswidrigkeitstatbestände genauso wie für im engeren Sinne kriminalstrafrechtliche Tatbestände. Auch Ordnungswidrigkeiten stellen eine mißbilligende staatliche Reaktion auf schuldhaftes Verhalten dar und erfüllen somit den Begriff der „Strafe" im Sinne des Art. 103 Abs. 2 GG.[170]

Die Straflosigkeit eines solchen Verhaltens wird in ihrem Kern – der Ableitung aus Art. 103 Abs. 2 GG – nur sehr vereinzelt und ohne Nennung von Argumenten bestritten.[171] Ein einziges Argument für die Vereinbarkeit einer Sanktionsanknüpfung bei Mißerfolg des Rechtsbehelfs mit Art. 103 Abs. 2 GG ist denkbar. Man könnte meinen, daß ein Verstoß gegen den Grundsatz des „nulla poena sine lege" deswegen nicht gegeben ist, weil zum Zeitpunkt des relevanten Handelns bereits absehbar ist, daß die Sanktion angeknüpft werden kann, wenn der Rechtsbehelf erfolglos ist. Zwar wäre damit dem Gedanken des „nulla poena sine lege" in der Ausprägung des Aspektes „nulla poena sine lege *praevia*" isoliert möglicherweise aus-

---

Zuwiderhandlung gegen eine „verwaltungsrechtliche Pflicht" geknüpft, was dann in § 330d Nr. 4c) StGB wiederum als eine Pflicht definiert wird, die aus einem vollziehbaren Verwaltungsakt folgt. Bei solchen Tatbeständen tritt das hier behandelte Problem nicht auf.

[169] Art. 103 Abs. 2 GG wird zwar soweit ersichtlich nur von *Finkelnburg,* in: Finkelnburg/Jank, Vorläufiger Rechtsschutz im Verwaltungsstreitverfahren, Rz. 646, ausdrücklich zur Begründung herangezogen. Anderenorts findet sich zur Begründung der Hinweis, daß es „für die Strafbarkeit immer nur auf den Zeitpunkt der fraglichen Tat ankomme": *Odenthal,* NStZ 1991, S. 418 (S. 419); BGHSt 23, S. 86; BGH NJW 1982, S. 188; BayObLG BayVBl. 1969, S. 329; *Steindorf,* in: Leiziger Kommentar zum StGB, Rz. 6 zu § 324 StGB; *Jörg Schmidt,* in: Eyermann, Verwaltungsgerichtsordnung, Rz. 17 zu § 80 VwGO; *Kopp/Schenke,* Verwaltungsgerichtsordnung, Rz. 32 zu § 80 VwGO. Da aber verfassungsrechtlich Art. 103 Abs. 2 GG sedes materiae dieser Aussage ist, eignen sich auch diese Stellungnahmen als Belege der Aussage, daß die letztendliche Straflosigkeit des Handelns im beschriebenen Fall aus Art. 103 Abs. 2 GG folgt.

[170] Zum Begriff der Strafe näher *Schmidt-Aßmann,* in: Maunz/Dürig, Grundgesetz Kommentar, Rz. 195 zu Art. 103 Abs. 2 GG, *Degenhart,* in: Sachs, GG, Rz. 52 zu Art. 103 GG; *Kunig,* in: v. Münch, GG III, Rz. 19 zu Art. 103 GG. § 3 OWiG, der den Wortlaut von Art. 103 Abs. 2 GG für den Bereich des Ordnungswidrigkeitenrechts wiederholt, interpretiert die Verfassung somit authentisch.

[171] Von *Schmidt-Aßmann,* in: Maunz/Dürig, Grundgesetz Kommentar, Rz. 220 zu Art. 103 Abs. 2 GG, sowie von *Janicki,* JZ 1968, 94 f., und *Gornik,* Die Strafbarkeit von Zuwiderhandlungen gegen rechtswidrige Verwaltungsakte, S. 86 ff.

reichend Rechnung getragen. Dieser ist jedoch nicht die einzige Ausprägung des nulla-poena-Gedankens. „Nulla poena sine lege“ konstituiert auch Anforderungen an die Bestimmtheit des gesetzlichen Sanktionstatbestandes („nulla poena sine lege *stricta*“). Diesen Anforderungen aber würde die dargestellte Sichtweise nicht ausreichend Rechnung tragen. Es wäre nämlich eine normative Voraussetzung der Sanktionsanknüpfung zum Zeitpunkt der fraglichen Handlung durch eine Entscheidung (nämlich die Entscheidung im Rechtsbehelfsverfahren) bedingt, die erst zu einem späteren Zeitpunkt zu treffen ist und die nicht in der Hand des Betroffenen liegt.

Es kann also festgehalten werden, daß Art. 103 Abs. 2 GG zu der Annahme zwingt, daß die Zuwiderhandlung gegen einen angefochtenen sanktionsbewehrten Verwaltungsakt im Sinne der beiden angeführten Beispielsfälle straflos bleibt, auch wenn der mit aufschiebender Wirkung ausgestattete Rechtsbehelf im Ergebnis nicht zum Erfolg führt. Dieses Ergebnis vermögen die beiden Theorien vorläufiger Vollziehbarkeits- oder Wirksamkeitshemmung nur unter Aufgabe ihrer pauschalen Definition vom Begriff der aufschiebenden Wirkung und damit unter Inkaufnahme der Aufgabe ihrer Prämisse konstruktiv „umzusetzen“:[172] Tritt nämlich die Vollziehbarkeit bzw. die Wirksamkeit des angefochtenen Verwaltungsaktes im Falle des Mißerfolges des Rechtsbehelfs rückwirkend ein, so heißt dies, daß alle bzw. alle diejenigen rechtlichen Folgerungen, die sich als Vollziehung des Verwaltungsaktes darstellen, ebenfalls rückwirkend abgeleitet werden dürfen. Dazu würde auch die Anknüpfung einer Sanktion an die Nichtbe-

---

[172] *Schoch,* in: Schoch/Schmidt-Aßmann/Pietzner, Verwaltungsgerichtsordnung, Rz. 104 zu § 80 VwGO formuliert etwa, daß der Wirksamkeitsaufschub „insoweit“ nicht nur vorläufig, sondern endgültig wirkt. Wie dies möglich ist, wenn doch eigentlich Wirksamkeit im Sinne absoluter Rechtsfolgenpauschalität rückwirkend eintreten soll, bleibt offen. Ähnliches findet sich auch bei den Anhängern der Vollziehbarkeitshemmungstheorie (*Finkelnburg,* in: Finkelnburg/Jank, Vorläufiger Rechtsschutz im Verwaltungsstreitverfahren, Rz. 646). – Im Ausländerrecht, in dem zu § 72 Abs. 2 AuslG die Ansicht vertreten wird, diese Vorschrift kodifiziere bereichsspezifisch die Vollziehbarkeitshemmungstheorie (*Funke-Kaiser,* in: Gemeinschaftskommentar Ausländerrecht, Rz. 12 zu § 72 AuslG), finden sich ähnliche Ungereimtheiten: Bedeutete die aufschiebende Wirkung im Ausländerrecht vorläufige Vollziehbarkeitshemmung, so entfiele der durch die aufschiebende Wirkung geschaffene Rechtszustand im Falle des Mißerfolges des Rechtsbehelfs, dem zunächst aufschiebende Wirkung zukam. Damit entfiele nachträglich die mangelnde Vollziehbarkeit der Ausreisepflicht während des Rechtsbehelfsverfahrens, was zur Strafbarkeit nach § 92 AuslG insoweit führen müßte. Zur Vermeidung dieses verfassungswidrigen Ergebnisses wird die aufschiebende Wirkung in ihren Wirkungen einer Duldung gleichgestellt (*Funke-Kaiser,* in: Gemeinschaftskommentar Ausländerrecht, Rz. 12 zu § 72 AuslG). Eine Duldung nach § 55 AuslG ist aber ihrem Wesen nach keine vorläufige Regelung, die per se in ihrem Bestand an eine Bedingung geknüpft ist. Daß für diese Gleichstellung eine Begründung nicht gegeben wird, liegt auf der Hand.

achtung des Verwaltungsaktes zählen. Denn es ist davon auszugehen, daß die Anknüpfung einer Sanktion sowohl im Sinne der Vollziehbarkeitshemmungstheorie einen Fall der Vollziehung im Sinne der Umsetzung des Verwaltungsaktes darstellt[173] als auch im Sinne der Wirksamkeitshemmungstheorie eine rechtliche Folge des angefochtenen Verwaltungsaktes ist, die über seine Wirksamkeit vermittelt wird. Ein weiterer zwischengeschalteter Akt wird von den hier behandelten Sanktionstatbeständen nämlich nicht verlangt. Sie knüpfen ohne weiteres an die Rechtslage an, die durch den (angefochtenen) Verwaltungsakt geschaffen wird.[174; 175]

Gegen diese so dem Grundsatz nach skizzierte Argumentation ist folgender Einwand denkbar und auch tatsächlich vorgebracht worden[176]: Es handele sich bei der Anknüpfung von Sanktionen an ein Verhalten nicht um ein Problem, das über verwaltungsrechtliche Konstruktionen gelöst werden müsse. Vielmehr handele es sich um ein strafrechtlich gelöstes Problem: Derartige Rückwirkungen seien zwar verwaltungsrechtlich existent. Strafrechtlich hingegen besage dies nichts. Für das Strafrecht seien solche Rückwirkungen irrelevant. Stichhaltig ist dieses Argument indes nicht. Denn Strafe im Sinne des Art. 103 Abs. 2 GG ist, wie bereits ausgeführt, jede mißbilligende hoheitliche Reaktion auf schuldhaftes Verhalten.[177] Ist dieser Begriff aber derart weit, so müssen alle die Rechtssätze, die in diesem Sinne über die Strafbarkeit menschlichen Verhaltens entscheiden – also auch die verwaltungsrechtliche Konstruktion der aufschiebenden Wirkung[178] – in Übereinstimmung mit Art. 103 Abs. 2 GG stehen. Auch aus der Konstruktion der aufschiebenden Wirkung muß sich deswegen ergeben,

---

173 Anderer Ansicht, aber ohne Begründung, *Wüterich*, NStZ 1987, S. 106 (S. 197). Hier liegt die Vermutung nahe, daß *Wüterich* den Begriff der „Vollziehung" nicht, wie es die Vollziehbarkeitshemmungstheorie indes tut, als umfassendes Verwirklichungsverbot versteht, sondern die verwaltungsvollstreckungsrechtlichen Anklänge des Begriffs in den Vordergrund stellt.

174 Darin zeigt sich die Rechtsquelleneigenschaft des Verwaltungsaktes. Dazu *Meyer*, in: Meyer/Borgs, Verwaltungsverfahrensgesetz, Rz. 5 zu § 35 VwVfG.

175 Siehe auch *Wüterich*, NStZ 1987, S. 106 (S. 107), der aufgrund eines Mißverständnisses der Vollziehbarkeitshemmungstheorie (siehe 1. Kapitel, Fn. 173) aber nur die Wirksamkeitshemmungstheorie in diesem Sinne kritisiert. Allerdings sieht *Wüterich* hier nicht Art. 103 Abs. 2 GG verletzt, sondern Art. 19 Abs. 4 GG. Eine Begründung dafür fehlt. Im übrigen zieht *Wüterich* aus seiner Kritik der Wirksamkeitshemmungstheorie insgesamt nicht den zwingenden Schluß, daß diese Konstruktion der aufschiebenden Wirkung gegen höherrangiges Recht verstößt, sondern widersprüchlicher- und (nach dem gerade im Text Ausgeführten) unzutreffenderweise den Schluß, daß die aufschiebende Wirkung nicht der Ort sei, an dem über die Strafbarkeit entschieden werde.

176 So vorgebracht von *Siegmund-Schultze*, DVBl. 1963, S. 745 (S. 747).

177 *Degenhart*, in: Sachs, GG, Rz. 52 zu Art. 103 GG; *Kunig*, in: v. Münch, GG III, Rz. 19 zu Art. 103 GG; *Schmidt-Aßmann*, in: Maunz/Dürig, Grundgesetz Kommentar, Rz. 195 zu Art. 103 GG.

daß ein Verstoß gegen einen sanktionsbewehrten Verwaltungsakt während eines Rechtsbehelfsverfahrens mit offener Erfolgsaussicht straflos bleibt, auch wenn der Rechtsbehelf im Ergebnis nicht zum Erfolg führt.

Man könnte allerdings versucht sein, die Rückwirkungskonstruktion doch noch im Rahmen des strafrechtlichen Deliktsaufbaus mit Art. 103 Abs. 2 GG auszusöhnen. Dabei kann im Grunde offenbleiben, auf welcher Ebene des strafrechtlichen Deliktsaufbaus die Ableitbarkeit von Rechtsfolgen aus dem sanktionsbewehrten Verwaltungsakt zu verorten ist.[179] Denn als Korrektiv bieten sich jeweils höhere Ebenen des Deliktsaufbaus an, also etwa die Ebenen der Rechtswidrigkeit oder der Schuld. Auch dieser Versuch muß jedoch scheitern. Denn dann müßte das Strafrecht die etwa im Rahmen des objektiven Unrechtstatbestandes relevante Rückwirkung der Wirksamkeit bzw. der Vollziehbarkeit des Verwaltungsaktes im Falle des Mißerfolges des Rechtsbehelfes mit der Konstruktion eines Rechtfertigungs- oder Entschuldigungsgrundes überwinden, um zu einem Ergebnis zu kommen, das vor Art. 103 Abs. 2 GG Bestand hat. Dieser Rechtfertigungs- oder Entschuldigungsgrund könnte aber wiederum nur als „aufschiebende Wirkung zur Zeit der fraglichen Handlung" gefaßt werden. Damit würde ein- und dieselbe Rechtsfigur der aufschiebenden Wirkung zur Erfüllung des objektiven Straftatbestandes führen, aber gleichzeitig auch zur Rechtfertigung bzw. Entschuldigung, weil es auf die Rückwirkung nach Art. 103 Abs. 2 GG im Ergebnis nicht ankommen darf. Man wird nicht sagen können, daß Stringenz eine Stärke dieser Konstruktion ist.

Es kann also insgesamt nicht bestritten werden, daß die Strafbarkeit menschlichen Verhaltens von der (verwaltungsrechtlichen) Konstruktion der aufschiebenden Wirkung abhängt. Deshalb bleibt es zwingend dabei, daß diese Konstruktion selbst Art. 103 Abs. 2 GG entsprechen muß. Lösen läßt sich dieses Problem aber nur, indem man das Konzept des unterschiedslos

---

[178] Und nicht etwa die Definition des Regelungsgehalts bzw. der Wirksamkeit des Verwaltungsaktes, an die man in diesem Zusammenhang ebenfalls denken könnte. Denn die Frage der Rückanknüpfung der Sanktion taucht bei den hier behandelten Verwaltungsakten, die ex nunc wirken, nur im Zusammenhang mit der Anfechtung des Verwaltungsaktes auf. Bleibt der Verwaltunsgakt unangefochten, so kann die Sanktion selbstverständlich ohne weiteres angeknüpft werden. Aus diesem Grunde muß die Lösung des Problems über die rechtlichen Folgen der Rechtsbehelfseinlegung gesucht werden. Siehe auch unten 1. Kapitel, bei und in Fn. 184.

[179] Es gibt beispielsweise Fälle, in denen man diese Frage auf der Ebene des objektiven Unrechtstatbestandes wird verorten müssen, so etwa bei § 327 Abs. 1 StGB („Handeln ohne die erforderliche Genehmigung") oder bei § 324 Abs. 1 StGB („unbefugtes Handeln"), wobei zu beachten ist, daß für letzeres Merkmal auch vertreten wird, es sei erst auf der Ebene der Rechtswidrigkeit relevant. Hierzu allgemein *Horn,* in: Systematischer Kommentar zum StGB, Rz. 6 vor § 324 StGB (m.w.N.), *Winkelbauer,* NStZ 1988, S. 201 ff.

rückwirkenden Wirksamkeits- bzw. Vollziehbarkeitseintritts aufgibt, wenn der Rechtsbehelf erfolglos bleibt. Dies ist aber ein Weg, der für die beiden hier diskutierten Theorien nur unter Aufgabe ihrer Definition der aufschiebenden Wirkung gangbar ist.

Bei einem anderen verwaltungsrechtlichen Rückwirkungsproblem ist es im übrigen gängig, Rückwirkungen von Verwaltungsakten mit Blick auf Art. 103 Abs. 2 GG durch Auslegung des Verwaltungsrechts auszuschließen, um auf diese Weise zu verhindern, daß rückwirkend ein Sanktionstatbestand verwirklicht wird. Dies ist der Fall bei der ex tunc wirkenden Aufhebung[180] eines Verwaltungsaktes, der ein Verhalten erlaubt, das ohne Genehmigung sanktionsbewehrt ist. Die Rechtsfolgen einer solchen Rücknahme können unstreitig nicht die rückwirkende Erfüllung eines Sanktionstatbestandes umfassen. Die Rückwirkung einer Rücknahme eines begünstigenden Verwaltungsakts findet ihre Schranken insoweit, als der Adressat des aufgehobenen begünstigenden Verwaltungsakt diesen „in nicht rückabwickelbarer Weise umgesetzt" hat.[181] Aus diesem Gedankengang wird zutreffend gefolgert, daß eine ex-tunc-Aufhebung einer Baugenehmigung nie bewirken könne, daß ein Ordnungswidrigkeitstatbestand erfüllt wird, wenn das Vorhaben zwischenzeitlich umgesetzt wurde.[182] Dies heißt aber nichts anderes, als daß die einmal legale Umsetzung einer Genehmigung in dieser „sanktionsrechtlichen" Hinsicht nicht rückwirkend verändert und deswegen durch die Wirkung einer Rücknahme nicht betroffen werden kann.[183] Also wird auch mit dieser Überlegung letztlich nichts anderes getan, als den nulla-poena-Grundsatz durch Auslegung des Verwaltungsrechts konstruktiv umzusetzen.

---

[180] Hauptfall ist die Rücknahme nach § 48 VwVfG und den entsprechenden Regelungen der Verwaltungsverfahrensgesetze der Länder.

[181] *Meyer,* in: Meyer/Borgs, Rz. 32 zu § 48 VwVfG.

[182] *Meyer,* in: Meyer/Borgs, Rz. 32 zu § 48 VwVfG.

[183] Letztlich wird das Sanktionsproblem also hier über die Definition des Regelungsgehalts der ex tunc-Aufhebung gelöst. Für die zuvor behandelten Fälle der ex nunc wirkenden Aufhebung einer Genehmigung, die ein Verhalten erlaubt, das genehmigungslos sanktionsbewehrt ist, oder eines befehlenden Verwaltungsaktes, dessen Nichtbefolgung sanktionsbewehrt ist, ist eine entsprechende Lösung aber nicht möglich. Das Sanktionsproblem kann bei diesen Verwaltungsakten, die nur in die Zukunft wirken, nur im Zusammenhang mit ihrer Anfechtung bezogen auf den Zeitraum des Anfechtungsverfahrens auftreten. Seine Lösung kann deswegen auch nur über die Rechtsfolgen der Anfechtung, genauer über den Begriff der aufschiebenden Wirkung, gefunden werden.

4. Übersicherung durch endgültig-pauschalen Rechtsfolgenaufschub

Unter 2. und 3. wurden die Probleme verdeutlicht, die sich aus der Konstruktion einer pauschal verstandenen aufschiebenden Wirkung ergeben, wenn der hierdurch geschaffene Rechtszustand nur vorläufig ist, also bei Mißerfolg des Rechtsbehelfsverfahrens rückwirkend wieder entfällt. Im Folgenden wird die Konstruktion behandelt, daß auf der Basis einer pauschalen Definition des Begriffs der aufschiebenden Wirkung im Falle des Mißerfolges des Rechtsbehelfsverfahrens keine Rückwirkung der Wirksamkeit oder Vollziehbarkeit gegeben ist, sondern die aufgeschobenen Rechtsfolgen erst mit dem Ende des erfolglosen Rechtsbehelfsverfahrens eintreten.[184]

Eine solche nicht-vorläufige Definition der aufschiebenden Wirkung ist zwar in der Lage, das unter 3. behandelte Problem bei der Anfechtung sanktionsbewehrter Verwaltungsakte verfassungsrechtlich akzeptabel zu lösen. Ohne rückwirkend eintretende Wirksamkeit bzw. Vollziehbarkeit des angefochtenen Verwaltungsaktes bleibt dieser bis zur Bestands- oder Rechtskraft der Entscheidung, die den Rechtsbehelf abweist, entweder als Rechtsquelle für den Zeitraum des Rechtsbehelfsverfahrens nicht existent oder wenigstens nicht zu beachten. Gegen eine solche Definition des Rechtsfolgenaufschubes ist ins Feld geführt worden, daß der aufschiebenden Wirkung so die Eigenschaft zukäme, von der Verwaltung gesetzte Fristen gegenstandslos zu machen, wenn der Rechtsbehelf erfolglos bleibt und diese Entscheidung nach Ablauf der in dem Verwaltungsakt gesetzten Frist liegt.[185] Dies sei nicht mit dem materiellen Recht vereinbar. Zwingend ist dieses Argument nicht. Daß das materielle Recht es nicht kennt, daß eine einmal gesetzte Frist gegenstandslos wird, will nichts heißen, wenn man die prozessuale Regelung der aufschiebenden Wirkung als insoweit gegenüber dem materiellen Recht speziell begreift.

Die Problematik eines Rechtsfolgenaufschubes, der bewirkt, daß die aus dem angefochtenen Verwaltungsakt ableitbaren Rechtsfolgen auch im Mißerfolgsfall erst am Ende des Rechtsbehelfsverfahrens eintreten, zeigt sich jedoch, wenn man den mit einer solchen Definition des Begriffs der aufschiebenden Wirkung verbundenen Schutz des Rechtsbehelfsführers genauer betrachtet. Werden die rechtlichen Folgerungen aus der Regelung des Verwaltungsaktes pauschal aufgeschoben, ohne daß der Mißerfolg des Rechtsbehelfs zu einem rückwirkenden Eintritt der Wirksamkeit oder Vollziehbarkeit führen würden, so verändert sich dadurch die Qualität des

---

[184] Vertreten wird dies allerdings nur auf der Basis der Wirksamkeitshemmungstheorie von *Erichsen/Klenke,* DÖV 1976, S. 833 ff.

[185] Das Argument stammt von *Siegmund-Schultze,* DVBl. 1963, S. 745 (S. 747 f.).

Schutzes, den die aufschiebende Wirkung dem Rechtsbehelfsführer gewährt, im Vergleich zu den anderen (vorläufig-pauschalen) Definitionen deutlich zu Gunsten des Rechtsbehelfsführers. Einen Rechtsbehelf einzulegen, wird zu einer Waffe, die sich durch die Anordnung der sofortigen Vollziehbarkeit noch weniger entschärfen läßt. Bedeutet die aufschiebende Wirkung nämlich ein solches Maximum an Rechtsschutz, steigen damit notwendigerweise auch die Begründungsanforderungen an die ausnahmsweise eintretende sofortige Vollziehbarkeit: Kommt dem Rechtsbehelfsführer von Gesetzes wegen eine solche Macht zu, so müssen auf der Grundlage des Regel-Ausnahme-Verhältnisses von aufschiebender Wirkung und sofortiger Vollziehbarkeit die öffentlichen Interessen, die demgegenüber die sofortige Vollziehbarkeit rechtfertigen sollen, ebenfalls noch entsprechend stärker sein, als dies bei den anderen pauschalen Theorien der aufschiebenden Wirkung der Fall ist. Berücksichtigt man sodann, daß es ohnehin oft entgegen den materiell-rechtlich definierten Zwecken von Verwaltungsakten unmöglich ist, eine sachlich gerechtfertigte sofortige Vollziehbarkeit dem Ausgangspunkt vom Regel-Ausnahme-Verhältnis von aufschiebender Wirkung und sofortiger Vollziehbarkeit entsprechend zu begründen,[186] so ist unmittelbar einsichtig, daß eine Sichtweise wie die hier besprochene geeignet ist, die Problematik der stimmigen Rechtfertigung von notwendigen Anordnungen der sofortigen Vollziehbarkeit zu verschärfen.[187]

C. Folgerung: Partielle normative Wirkungslosigkeit des § 80 VwGO

Das 1. Kapitel dieser Arbeit hat bisher Folgendes ergeben: Der Gesetzgeber verfolgt bei der Schaffung von § 80 VwGO ein Regelungskonzept, nach dem zwischen aufschiebender Wirkung und sofortiger Vollziehbarkeit ein Regel-Ausnahme-Verhältnis bestehen soll. Daraus folgt zwingend, daß eine Anordnung der sofortigen Vollziehbarkeit nach § 80 Abs. 2 Nr. 4 VwGO nur gerechtfertigt werden kann, wenn an ihr ein besonderes öffentliches Interesse besteht, das in dem hinter dem Verwaltungsakt stehenden Erlaßinteresse nicht erfaßt ist. Dies führt jedoch dazu, daß die Anordnung der sofortigen Vollziehbarkeit gerade dann nicht gerechtfertigt werden kann, wenn die betroffenen Verwaltungsakte ihren vom materiellen Recht gesetzten Zweck nur erreichen können, wenn sie sofort umgesetzt werden dürfen. So führt das Regel-Ausnahme-Verhältnis von aufschiebender Wirkung und sofortiger Vollziehbarkeit dazu, daß die Erreichung von Zwecken des materiellen Rechts vereitelt wird.

---

186 Siehe dazu 1. Kapitel, A. III.

187 Diese Konsequenz ihrer Sichtweise ist *Erichsen/Klenke*, DÖV 1976, S. 833 ff., offenbar nicht klar.

Die Voraussetzung dieses Regel-Ausnahme-Verhältnisses von aufschiebender Wirkung und sofortiger Vollziehbarkeit ist die Definition des Begriffs der aufschiebenden Wirkung als eines Aufschubs, der die rechtlichen Folgerungen aus dem angefochtenen Verwaltungsakt pauschal erfaßt. Auch dieser pauschale Aufschub führt für sich genommen ebenfalls zu erheblichen dogmatischen Unstimmigkeiten bzw. zu Unvereinbarkeiten mit höherrangigem Recht.

Damit stellt sich die Frage, welche Konsequenzen aus diesen Befunden zu ziehen sind.[188] Die Antwort liefert die Rechtstheorie. Sie lautet, daß § 80 VwGO unbeachtet zu lassen ist, soweit die Vorschrift auf dem fehlerhaften Regelungskonzept der pauschalen aufschiebenden Wirkung und des Regel-Ausnahme-Verhältnisses von aufschiebender Wirkung und sofortiger Vollziehbarkeit aufbaut.

Diese Aussage ist freilich nur auf den ersten Blick überraschend. Um zu ihr zu gelangen, ist es lediglich erforderlich, sich präzise die Bedeutung des Befundes zu vergegenwärtigen, daß das Regelungskonzept des § 80 VwGO die dargestellten Fehler aufweist, und daraus die zwingenden Konsequenzen zu ziehen.

§ 80 VwGO will mittels der Regelungsideen der pauschalen aufschiebenden Wirkung und des Regel-Ausnahme-Verhältnisses von aufschiebender Wirkung und sofortiger Vollziehbarkeit einen Bereich regeln, der bereits normativ strukturiert ist, nämlich über den Begriff des Verwaltungsaktes (§ 35 VwVfG und die entsprechenden Regelungen der Verwaltungsverfahrensgesetze der Länder) und dessen Wirksamkeit (§ 43 VwVfG und die entsprechenden Regelungen der Verwaltungsverfahrensgesetze der Länder) sowie die jeweiligen spezifischen Erlaßvoraussetzungen. Setzt man die konstatierten Fehler des Regelungskonzeptes des § 80 VwGO in bezug zu diesem Gedanken einer bereits normativ strukturierten Realität, so ist Kennzeichen dieser Fehler, daß die Regelungsideen der Vorschrift konstruktiv in die vorgefundene rechtliche Systematik weder widerspruchsfrei im Sinne einer konzeptionell übereinstimmenden Regelung integrierbar sind, noch widerspruchsfrei als von dieser normativ vorstrukturierten Realität abweichende, aber ihr vorrangige (spezielle) Regelung konstruierbar sind. Dies zeigt sich gleichermaßen an der Problematik der Definition der aufschieben-

[188] Dabei geht es hier nicht um das Problem, einer sicher erkannten Regelungskonzeption gegen den diese nicht ausdrückenden Wortlaut einer Vorschrift zum Durchbruch zu verhelfen, indem man den Wortlaut entsprechend korrigiert (siehe hierzu *Keller*, Die Kritik, Korrektur und Interpretation des Gesetzeswortlauts, S. 36 ff.), da sich das Regel-Ausnahme-Verhältnis von aufschiebender Wirkung und sofortiger Vollziehbarkeit als Regelungskonzeption der Gesetzgebers im Wortlaut des § 80 Abs. 1, Abs. 2 VwGO fehlerfrei ausgedrückt findet (oben 1. Kapitel, A. I.).

den Wirkung als eines pauschalen Rechtsfolgenaufschubes wie auch an dem Problem, daß die Notwendigkeit, die sofortige Vollziehbarkeit durch ein über das Erlaßinteresse hinausgehendes öffentlichen Interesse zu rechtfertigen, bei konsequenter Anwendung die Durchsetzung des materiellen Rechts hindert.

Damit wird greifbar, daß die Regelungsideen des § 80 VwGO insgesamt nicht in ein widerspruchsfreies Verhältnis zu der bereits normativ strukturierten Realität gebracht werden können, auf die die Vorschrift trifft. Eine Regelungsidee muß jedoch zu einer bereits normativ vorstrukturierten Realität, für die (neue) Regelungen getroffen werden sollen, entweder als vorrangige abweichende oder als konzeptionell integrierbare Regelung begriffen werden können. Anderenfalls fehlt eine Voraussetzung, die notwendig ist, um diesem Regelungsmodell überhaupt normative Wirkung zukommen zu lassen. Eine solche Vorschrift läßt sich nämlich nicht anwenden. Aus ihr lassen sich keine (mit Friedrich Müller[189] gesprochen) Entscheidungsnormen gewinnen, d.h. rechtliche Aussagen, die in der Lage sind, einen tatsächlichen Fall seiner normativen Lösung zuzuführen: „Ex falso quodlibet sequitur". Der Gedanke, daß die normative Wirkung einer Vorschrift auch davon abhängt, daß diese zu der zu regelnden Realität (im Sinne eines Mindeststandards) „passen" muß, findet sich z.B. ausgedrückt in neueren Rechtssatzdefinitionen, die „ein Minimum an sozialer Wirksamkeit oder Wirksamkeitschance" als Bedingung der Geltung einer Norm definieren[190] oder – auf die Rechtsfolgenseite bezogen – konkret deren „Möglichkeit" verlangen.[191] Die normative Wirkung ist also nicht ohne weiteres die Folge, wenn ein in einem bestimmten Verfahren erlassener und als Gesetz bezeichneter Text existiert. Daß ein solcher Text vorhanden ist, bedeutet lediglich, daß er mit dem *Anspruch* normativer Wirkung versehen ist.[192] Vor dem Hintergrund dieser Erwägungen wird klar, welche Funktion das Verbot einer Auslegung contra legem nur haben kann: Es kann lediglich dazu dienen, eine mögliche normative Wirkung eines zu einem Gesetzestext gewordenen Regelungsmodells zu schützen, es verbietet nicht, als Gesetze gefaßte Texte unbeachtet zu lassen, deren normative Wirkung von vorneherein ausgeschlossen ist – wie dies bei den Regelungsideen des § 80 VwGO aus den dargelegten Gründen der Fall ist.

Auch im Zivilrecht ist es im Übrigen nicht ungewöhnlich, ein Tatbestandsmerkmal, das dem Wortlaut nach scheinbar vorhanden ist, aus Gründen der Stimmigkeit des Regelungsmodells einer Vorschrift unbeachtet zu

---

189 Juristische Methodik, S. 27, S. 145.

190 So *Alexy*, Begriff und Geltung des Rechts, S. 147.

191 So *Starck*, Der Gesetzesbegriff des Grundgesetzes, S. 182, S. 185.

192 Möglicherweise indiziert er auch die Entscheidungsnormen, die aus ihm abgeleitet werden können. So *Müller*, Juristische Methodik, S. 183.

lassen. § 275 Abs. 1 BGB bietet hierfür ein gutes Beispiel: Für das Freiwerden von der primären Leistungspflicht in einem Schuldverhältnis spielt das Verschulden notwendigerweise keine Rolle, obgleich es in der Vorschrift als Tatbestandsvoraussetzung ausdrücklich genannt ist.[193]

Neben der rechtstheoretischen Begründung der Notwendigkeit, § 80 VwGO soweit unbeachtet zu lassen, als seine Regelungskonzeption die notwendige Konsistenz vermissen läßt, ist außerdem das Gewicht der aufgezeigten Probleme ins Feld zu führen. Hier sprechen sowohl die Beispiele zur Unmöglichkeit, ein über das hinter dem Verwaltungsakt stehende Erlaßinteresse hinausgehendes öffentliches Interesse zu benennen, wie es dem Regel-Ausnahme-Verhältnis von aufschiebender Wirkung und sofortiger Vollziehbarkeit entspräche, wie auch die Konstellationen, an denen die Unhaltbarkeit der Theorien zur pauschalen Definition des Begriffs der aufschiebenden Wirkung dargestellt wurde, für sich.

Es läßt sich also festhalten, daß § 80 VwGO mangels normativer Wirkung soweit außer Acht gelassen werden muß, als er die Regelungsideen der pauschal-automatisch eintretenden aufschiebenden Wirkung sowie des Regel-Ausnahme-Verhältnisses von aufschiebender Wirkung und sofortiger Vollziehbarkeit enthält.

Dies bedeutet für § 80 Abs. 1 S. 1 VwGO, daß die Vorschrift nur noch das Rechtsinstitut der aufschiebenden Wirkung als konstruktives Mittel der Lösung der rechtlichen Konflikte, die sich in dem Zeitraum bis zur Hauptsacheentscheidung abspielen, zur Verfügung stellt. § 80 Abs. 2 VwGO hält entsprechend nach wie vor das der aufschiebenden Wirkung entgegengesetzte Instrument der sofortigen Vollziehbarkeit bereit. Die komplementären Begriffe der aufschiebenden Wirkung und der sofortigen Vollziehbarkeit sind nunmehr auf die einzelnen rechtliche Folgerungen aus dem angefochtenen Verwaltungsakt zu beziehen. Aufschiebende Wirkung und sofortige Vollziehbarkeit gelten aber nicht nur fortan einzelrechtsfolgenbezogen, sondern sie stehen deswegen auch gleichrangig nebeneinander. Maßstäbe, wann und wie weit die aus dem angefochtenen Verwaltungsakt ableitbaren

---

[193] *Heinrichs,* in: Palandt, Bürgerliches Gesetzbuch, Rz. 24 zu § 275 BGB; *Löwisch,* in: Staudinger, Bürgerliches Gesetzbuch, Rz. 44 zu § 275 BGB – Schließlich ist noch anzumerken, daß auch auf seiten der Wirksamkeitshemmungstheorie dem Wortlaut des § 80 Abs. 1 und Abs. 2 VwGO nur geringe Bedeutung beigemessen wird. *Schoch* etwa (Vorläufiger Rechtsschutz und Risikoverteilung im Verwaltungsrecht, S. 1174) mißt den Gesetz gewordenen Begriffen den Charakter „entstehungsgeschichtlicher Zufälligkeiten“ bei, *Siegmund-Schultze,* DVBl. 1963, S. 745 (S. 749) spricht ausdrücklich von einer notwendigen „Korrektur“ der auch seiner Ansicht nach eher versehentlich vom Wortlaut her gegensätzlich geratenen Begriffe der aufschiebenden Wirkung und der sofortigen Vollziehbarkeit. Daß man mit solchen Überlegungen den Text einer Vorschrift nicht schlicht umgehen kann, liegt aber auf der Hand.

Rechtsfolgen von aufschiebender Wirkung oder sofortiger Vollziehbarkeit erfaßt werden, regeln die Vorschriften der Absätze 1 und 2 des § 80 VwGO hingegen nicht mehr. Weiterhin wird § 80 Abs. 2 Nr. 4 VwGO gegenstandslos. Denn die ausnahmsweise Anordnung der sofortigen Vollziehbarkeit nach § 80 Abs. 2 Nr. 4 VwGO ist unlösbar mit der Idee des Regel-Ausnahme-Verhältnisses von aufschiebender Wirkung und sofortiger Vollziehbarkeit verknüpft. Die übrigen Nummern des § 80 Abs. 2 VwGO regeln die Fälle der sofortigen Vollziehbarkeit in einem doppelten Sinne nicht abschließend: Weder sind die dort erwähnten Fälle der sofortigen Vollziehung der Sache nach die einzigen denkbaren, noch kann wegen der auch in § 80 Abs. 2 VwGO enthaltenen Anknüpfung an die Idee des pauschalen Rechtsfolgenaufschubes davon ausgegangen werden, daß in diesen Fällen die aufschiebende Wirkung pauschal derogiert ist.[194]

Selbstverständlich ist es nicht gerechtfertigt, § 80 VwGO noch weitergehend außer Acht zu lassen. Dies bedeutet im wesentlichen, daß die Verfahrensvorschriften der Absätze 4 und 5 der Vorschrift dem Grunde nach weiterhin Bedeutung haben.[195] Mangels ex lege eintretender pauschaler aufschiebender Wirkung und der damit denkbaren Unklarheit über Eintreten und Reichweite der aufschiebenden Wirkung wird es eher dazu kommen, daß der an das Gericht zu richtende Antrag auf Feststellung der aufschiebenden Wirkung eines Rechtsbehelfs größere Bedeutung erlangt. Dieser Antrag wird auch schon heute für die Fälle der sogenannten „faktischen Vollziehung" zugelassen, in denen die Verwaltung die aufschiebende Wirkung eines Rechtsbehelfs ignoriert und den Verwaltungsakt sofort trotz Anfechtung vollzieht.[196]

---

194 Zu § 80 Abs. 2 Nrn. 1–3 VwGO genauer unten 2. Kapitel, C. I.

195 Genaueres unten 3. Kapitel, D.

196 Allgemein hierzu *Schoch*, in: Schoch/Schmidt-Aßmann/Pietzner, Verwaltungsgerichtsordnung, Rz. 305 zu § 80 VwGO (m. w. N.).

2. Kapitel

Das neue Modell

A. Grundlagen

I. Die Maßstäbe des vorläufigen Rechtsschutzes

Auf der Grundlage der Gleichrangigkeit von aufschiebender Wirkung und sofortiger Vollziehbarkeit sowie der Differenzierung zwischen einzelnen Rechtsfolgen, die aus dem angefochtenen Verwaltungsakt ableitbar sind, ist zu klären, woher die Maßstäbe für die Beantwortung der beiden wesentlichen Fragen zu beziehen sind. Die erste Frage lautet, welche Rechtsfolgen von der aufschiebenden Wirkung erfaßt werden und welche sofort vollziehbar sind. Die zweite thematisiert, ob der Rechtszustand, der durch aufschiebende Wirkung oder sofortige Vollziehbarkeit geschaffen wird, ein vorläufiger ist, ob er also für den Fall, daß das Ergebnis des Rechtsbehelfsverfahrens diesem Zustand widerspricht, rückwirkend wegfällt.

Woraus die Antworten auf diese beiden Fragen zu gewinnen sind, soll an dieser Stelle im Sinne einer ersten Orientierung nur kurz thesenhaft dargestellt werden. Eine genauere Darstellung erfolgt später.[1]

Zunächst ist zwischen zwei Fallgruppen zu differenzieren. Die erste Fallgruppe ist die des offensichtlich absehbaren Ausgangs des Rechtsbehelfsverfahrens. Die zweite ist die der zweifelhaften Erfolgsaussichten.

Werden Verwaltungsakte mit offensichtlich absehbaren Erfolgsaussichten angefochten, so müssen sie mit ihren sämtlichen Rechtsfolgen von der aufschiebenden Wirkung erfaßt werden. Ist der Mißerfolg des Rechtsbehelfs offensichtlich erkennbar, so darf es auch keinerlei aufschiebende Wirkung geben. Daß die Rechtsfolgen der Rechtsbehelfseinlegung in dieser Weise zwingend an einem offensichtlich erkennbaren Ausgang des Rechtsbehelfsverfahrens orientiert werden müssen, ergibt sich daraus, daß der Vorteil der aufschiebenden Wirkung, der in der Bewahrung des status quo ante liegt, in diesen Fällen vor dem Hintergrund des bereits eindeutig erkennbaren endgültigen Rechtszustandes entweder insgesamt offensichtlich gerechtfertigt

---

[1] Im 3. Kapitel.

ist oder insgesamt offensichtlich nicht gerechtfertigt ist. Dahinter steht die Interessenabwägung derjenigen Rechtsmaterien (des materiellen Rechts, des Verwaltungsverfahrensrechts und des Verwaltungsprozeßrechts), auf denen die (offensichtlichen) Erfolgs- bzw. Mißerfolgsaussichten eingelegter Rechtsbehelfe beruhen können.

Wenn im Sinne der zweiten Fallgruppe nicht absehbar ist, wie das Rechtsbehelfsverfahren ausgehen wird, enthält das materielle Recht implizit Aussagen darüber, wie die subjektiven Rechte eines von einem belastenden Verwaltungsakt Betroffenen für die Zeit, in der über den Verwaltungsakt noch nicht entschieden ist, im Verhältnis zu dem mit dem Verwaltungsakt geförderten öffentlichen Interesse zu gewichten sind. Überraschen kann diese Aussage nach den Erkenntnissen des 1. Kapitels dieser Arbeit allerdings nicht: Es sind nämlich gerade Gesichtspunkte des materiellen Rechts, die auch schon in der bisherigen Rechtsprechung Veranlassung dazu geben, solche Anordnungen für notwendig zu halten. Verwiesen sei an dieser Stelle nur auf die dargestellten Fälle aus dem Gefahrenabwehrrecht, wo es notwendig sein kann, die sofortige Vollziehbarkeit anzuordnen, um etwa den Zweck eines Führerscheinentzuges zu erreichen, oder auf das Naturschutzrecht, wo eine einstweilige Sicherstellung nur dann Sinn macht, wenn sie sofort umgesetzt werden kann.[2]

Bei dieser Maßgeblichkeit des materiellen Rechts handelt es sich nicht lediglich um eine (undeutliche) „Vorprägung“[3] der Rechtsfolgen, die die Anfechtung eines Verwaltungsaktes zeitigt, sondern um eine allenfalls im Randbereich zu präzisierende konkrete Vorgabe: Die sofortige Vollziehbarkeit ist desto eher anzunehmen, je wichtiger die Verwirklichung der jeweiligen Rechtsfolge des angefochtenen Verwaltungsaktes vor der Folie der Güterbewertungen und -zuordnungen des von der Verwaltung jeweils in nicht offensichtlich rechtswidriger Weise in Bezug genommenen materiellen Rechts erscheint. Auf der Basis des materiellen Rechts ist außerdem zu entscheiden, ob der durch die sofortige Vollziehbarkeit oder den Aufschub der einzelnen Rechtsfolgen aus dem angefochtenen Verwaltungsakt bewirkte Rechtszustand rückwirkend entfällt oder nicht, wenn das Ergebnis des Rechtsbehelfsverfahrens diesem Zustand widerspricht.

Sind aber auch bereits in der bisherigen Praxis letztendlich materiellrechtliche Vorgaben maßgeblich dafür, ob die sofortige Vollziehbarkeit oder die aufschiebende Wirkung Rechtsfolgen der Anfechtung sind, so verfolgen diese Thesen zur Maßgeblichkeit des materiellen Rechts in den Zweifelsfällen der Erfolgsaussicht des eingelegten Rechtsbehelfs auch das Anliegen,

---

[2] Siehe oben 1. Kapitel, A. III.

[3] So aber *Schoch*, in: Schoch/Schmidt-Aßmann/Pietzner, Verwaltungsgerichtsordnung, Rz. 148 zu § 80 VwGO.

diese bisherige Praxis der Rechtfertigung von Anordnungen der sofortigen Vollziehbarkeit nach § 80 Abs. 2 Nr. 4 VwGO[4] auf ein tragfähiges dogmatisches Fundament zu stellen oder sie zu korrigieren, wo dies aus Gründen des materiellen Rechts notwendig ist. Vor allem die Differenzierung nach einzelnen Rechtsfolgen, wie sie das hiesige Modell mit sich bringt, verhindert schematische Lösungen, soweit diese im Widerspruch zum materiellen Recht stehen, in der bisherigen Praxis wegen ihrer Sichtweise des Begriffs der aufschiebenden Wirkung aber vorgezeichnet sind. Bei den im 3. Kapitel der Arbeit dargestellten Beispielen wird wegen dieses Anliegens auch jeweils der Bezug der aus dem materiellen Recht abgeleiteten Aussagen zu den Ergebnissen bisheriger Praxis hergestellt.[5]

Es gibt jedoch auch Fälle offener Erfolgsaussicht des eingelegten Rechtsbehelfs, in denen das materielle Recht keine ausreichenden Rückschlüsse darauf zuläßt, ob aus dem angefochtenen Verwaltungsakt ableitbare Rechtsfolgen während der Zeit bis zur Entscheidung über den Rechtsbehelf aufgeschoben werden oder sofort vollziehbar sind.

Dies ist bei Rechtsbehelfen gegen begünstigende Verwaltungsakte mit belastender Drittwirkung der Fall. Klassisches Beispiel ist hierfür der Fall der Baugenehmigung, die einen Privaten begünstigt, für einen anderen – den Nachbarn – aber belastende (Dritt-)Wirkung hat. Soweit mit derartigen Verwaltungsakten öffentliche Interessen gefördert werden, erlauben diese keine Ableitung von Aussagen über die sofortige Vollziehbarkeit oder die aufschiebende Wirkung. Die Verwirklichung der öffentlichen Interessen, die mittels derartiger Verwaltungsakte gefördert werden, ist nämlich nicht entsprechend ihrem jeweiligen Gewicht normativ gesichert. Vielmehr bestimmen Private unabhängig vom Gewicht der geförderten öffentlichen Interessen über deren Verwirklichung, indem sie derartige Verwaltungsakte nach ihrer Disposition beantragen und umsetzen. Aber auch keines der involvierten Privatinteressen kann sich durchsetzen, da diese prinzipiell gleichwertig sind.

Außerdem enthält das materielle Recht dann nicht die gesuchten Maßstäbe, wenn über Sachverhalte von erhöhter Komplexität zu entscheiden ist, wie dies bei Planungs- und Gesamtabwägungsverwaltungsakten der Fall ist. Auch bei solchen Verwaltungsakten sind zwar regelmäßig öffentliche Interessen involviert. Doch können diese eine sofortige Vollziehbarkeit irgend-

---

[4] Wie sie oben (1. Kapitel, A. III.) dargestellt wurde.

[5] Dabei kann es sich allerdings wegen unterschiedlicher dogmatischer Konzepte und der in der bisherigen Praxis nicht immer offen gelegten materiell-rechtlichen Grundlagen über weite Strecken um nicht mehr als eine reine Ergebniskontrolle bzw. -korrektur handeln. Eine Auseinandersetzung erfolgt hingegen dort, wo auch die bisherige Praxis ausdrücklich materiell-rechtlich argumentiert, aber sich die Ergebnisse nicht mit den hier gewonnenen decken.

welcher Rechtsfolgen deshalb nicht begründen, weil das materielle Recht in diesen Fällen keine ausreichend deutliche Güterbewertung und -zuordnung bereithält, sondern einen Auftrag an den Normanwender formuliert, diese Güterbewertung und -zuordnung für den konkreten Einzelfall selbst herzustellen.

In diesen beiden Fallgruppen ist zu untersuchen, ob gesetzliche Regelungen vorhanden sind, die die Annahme rechtfertigen, daß die jeweiligen Verwaltungsakte eine gerichtliche Nachprüfung mit überwiegender Wahrscheinlichkeit unbeschadet überstehen werden, also vom Verwaltungsgericht nicht aufgehoben werden dürfen. Ist dies nämlich der Fall, so ist der Vorteil der aufschiebenden Wirkung – die Sicherung des status quo – nicht gerechtfertigt. Solche gesetzlichen Regelungen können zunächst Vorschriften des Verwaltungsprozeßrechts sein, die die in § 113 Abs. 1 S. 1 VwGO geregelte Befugnis des Verwaltungsgerichts beschränken, einen Verwaltungsakt aufzuheben, der rechtswidrig ist und den Kläger in Rechten verletzt. Weitaus wichtiger im Sinne dieser Bestandsgewähr aber ist, ob das Verwaltungsverfahrensrecht, das dem jeweiligen Verwaltungsakt zugrunde liegt, die Sachverhaltsermittlung und -verarbeitung so ausgestaltet, daß eine erhöhte Wahrscheinlichkeit dafür besteht, daß das Verfahrensprodukt – der Verwaltungsakt – nach Maßgabe des Prüfungsprogramms, das das Verwaltungsgericht zu Grunde zu legen hat, nicht aufgehoben werden darf. Ist außerdem die Bereitschaft der Verwaltung zur tatsächlichen Umsetzung der verwaltungsverfahrensrechtlichen Vorgaben durch Regelungen, die Verfahrensrechtsverstöße unsanktioniert lassen, nicht zu weit relativiert, sondern ist diese Bereitschaft in ausreichender Weise normativ gesteuert, so ist die sofortige Vollziehbarkeit des Verwaltungsaktes die Folge.

Die bisherige Praxis argumentiert im Bereich der Fallgruppen der Verwaltungsakte mit Drittwirkung und der Planungs- und Gesamtabwägungsverwaltungsakte indes auf einer vollständig anderen Grundlage. Der Unterschied ist auch nicht lediglich konstruktiver Natur, sondern es wird auf vollständig andere Wertungen zurückgegriffen. Zum Teil wird im Bereich der Planungs- und Gesamtabwägungsverwaltungsakte eine in ihrer Intensität hauptsachenahe Prüfung durchgeführt,[6] zum Teil wird auch bei offener Erfolgsaussicht auf das Regel-Ausnahme-Verhältnis von aufschiebender Wirkung und sofortiger Vollziehbarkeit abgestellt.[7] Bei den drittbelastenden Verwaltungsakten spielt in der Praxis ein Abwägungsmodell die größte Rolle.[8] Wegen dieser grundlegenden konzeptionellen Unterschiede ist im Bereich dieser Fallgruppen ein Vergleich der aufgrund des hiesigen Modells

---

[6] Siehe hierzu die Nachweise bei *Schoch*, in: Schoch/Schmidt-Aßmann/Pietzner, Verwaltungsgerichtsordnung, Rz. 152 zu § 80 VwGO (dort Fn. 606).

[7] Siehe hierzu die Nachweise bei *Schoch*, in: Schoch/Schmidt-Aßmann/Pietzner, Verwaltungsgerichtsordnung, Rz. 152 zu § 80 VwGO (dort Fn. 607).

erzielten Ergebnisse mit denen der bisherigen Rechtsprechung nicht sinnvoll und unterbleibt deshalb.

II. „Materielles Zwischenrecht"

Diese vorgestellten Thesen zu den Maßstäben des einstweiligen Rechtsschutzes entsprechen in ihrer Grundlage der Idee vom „materiellen Zwischenrecht". Dies ist die Vorstellung, daß die materielle Rechtsordnung nicht nur einen endgültigen Zustand regelt, sondern implizit auch Güterzuordnungen für den Zeitraum bereitstellt, der der endgültigen Rechtsfindung durch die gerichtliche Hauptsacheentscheidung vorausgeht und in dem noch nicht sicher ist, was endgültig Recht sein wird.

Solche Vorstellungen sind heute weithin unbekannt. Allerdings haben sie eine Geschichte, die weit zurückreicht. Das Konzept des materiellen Zwischenrechts findet sich stellenweise schon im Römischen Recht in der Form von materiell-rechtlichen Verboten, über streitbefangene Gegenstände zu verfügen. Diese Verbote waren sogar ausdrücklich geregelt.[9] In der jüngeren Vergangenheit wurde die Ableitung derartiger impliziter Regeln aus dem materiellen Recht hingegen nur ein einziges Mal versucht, nämlich im Staatsrecht zur Zeit der Weimarer Reichsverfassung. Bei verfassungsrechtlichen Streitigkeiten aus dem bundesstaatlichen Bereich sollten aus dem Prinzip der Bundesfreundlichkeit Stillhaltepflichten der Parteien derartiger Verfahren für die Zeit bis zur Entscheidung des Staatsgerichtshofes abgeleitet werden.[10] Die Probleme wurden allerdings nicht abschließend gelöst. Eventuelle Ausnahmen von diesen Stillhaltepflichten etwa sind nur skizzenhaft angedeutet. Sie sollen aber ebenfalls materiell-rechtlich begründet werden: Genannt werden Prozesse aus dem Bereich des Reichsaufsichtsrechts (Art. 15 Abs. 3 S. 2 WRV) oder der Reichsexekution (Art. 48 Abs. 1 WRV).[11] Dies sind Fälle, in denen das Prinzip der Bundesfreundlichkeit nach der Weimarer Reichsverfassung durch eine deutliche Präponderanz des Reiches überlagert war.

Die wenigen neueren Stellungnahmen zu diesem Versuch sowie zu der Idee vom materiellen Zwischenrecht allgemein lehnen allerdings solche Vorstellungen ab. Die hierfür vorgebrachten Argumente überzeugen indes-

---

[8] Siehe die Nachweise bei *Schoch,* in: Schoch/Schmidt-Aßmann/Pietzner, Verwaltungsgerichtsordnung, Rz. 26 zu § 80a VwGO (in Fn. 52).

[9] Beispiele bei *Leipold,* Grundlagen des einstweiligen Rechtsschutzes im zivil-, verfassungs- und verwaltungsgerichtlichen Verfahren, S. 55 mit Fn. 3–5.

[10] *Schüle,* Das Problem der einstweiligen Anordnung in der deutschen Reichsstaatsgerichtsbarkeit, S. 49 ff., S. 58.

[11] *Schüle,* Das Problem der einstweiligen Anordnung in der deutschen Reichsstaatsgerichtsbarkeit, S. 60, Fn. 26a.

sen nicht. So wird eingewandt, es herrsche doch gerade ein „erbitterter Streit“ darüber, ob das Prinzip der Bundesfreundlichkeit ein Stillhalten überhaupt erheische.[12] Das Stillhalten *während* des Hauptsacheverfahrens ist aber selbstverständlich nicht zugleich dessen Gegenstand. Deswegen kann der Streit in der Hauptsache gerade keine Rückschlüsse darauf erlauben, daß es unmöglich ist, aus dem in der Hauptsache streitentscheidenden materiellen Recht materielles Zwischenrecht abzuleiten. Auf den einstweiligen Rechtsschutz nach § 123 VwGO bezogen wird die Ansicht vertreten, die Verwaltungsgerichtsordnung enthalte mit dieser Vorschrift eine Regelung, die den Rückgriff auf materielle Ableitungen unnötig mache.[13] Auf § 80 VwGO gewendet[14], leidet dieses Argument allerdings unter der Überschätzung der normativen Wirkung des § 80 Abs. 1 S. 1 VwGO. Denn es müßte ja davon ausgehen, daß die aufschiebende Wirkung regelhaft-automatisch eintritt und die aus dem angefochtenen Verwaltungsakt ableitbaren Rechtsfolgen pauschal erfaßt. Ohne diese Prämissen lassen sich die in § 80 Abs. 1 und Abs. 2 VwGO enthaltenen Konzepte nicht als Regelungen des einstweiligen Rechtsschutzes gegen belastende Verwaltungsakt verstehen. Diese Prämissen sind aber auch gerade diejenigen Gesichtspunkte, die § 80 VwGO daran hindern, normativ wirksam zu werden.[15] Schließlich findet sich die Auffassung, daß solche dem materiellen Recht entnommenen Ableitungen „mit Recht als zu starr und grobschlächtig“ empfunden würden.[16] Dies läßt die Differenzierungsmöglichkeiten, die das Ansetzen an der einzelnen aus dem Verwaltungsakt ableitbaren Rechtsfolge bietet, unbedacht. Die Unrichtigkeit des Gedankens vom materiellen Zwischenrecht läßt sich mit diesen Argumenten nicht belegen.

Ein bislang eher diffuses und dogmatisch unzureichend erfaßtes Bedürfnis, dem materiellen Recht Aussagen im Zusammenhang mit den Rechtsfolgen der Anfechtung belastender Verwaltungsakte zu entnehmen, ist im übrigen schon länger zu beobachten. Dies zeigt vor allem die These, das materielle Recht enthalte in bestimmten Fällen gegenüber der sonst für Anordnungen der sofortigen Vollziehbarkeit geltenden materiellen Rechtfertigungsanforderung des über das Erlaßinteresse hinausgehenden besonderen

---

[12] Vorgebracht von *Fuß*, DÖV 1959, S. 201 (S. 202, Fn. 9).

[13] *Leipold*, Grundlagen des einstweiligen Rechtsschutzes im zivil-, verfassungs- und verwaltungsgerichtlichen Verfahren, S. 57.

[14] *Leipolds* Aussage läßt sich auf § 80 VwGO insofern übertragen, als Abs. 1 der Vorschrift seiner Auffassung nach mit der aufschiebenden Wirkung einen § 123 VwGO gleichwertigen Schutz von Gesetzes wegen einräumt. Siehe hierzu *Leipold*, Grundlagen des einstweiligen Rechtsschutzes im zivil-, verfassungs- und verwaltungsgerichtlichen Verfahren, S. 38 ff.

[15] Oben 1. Kapitel, C.

[16] *Leipold*, Grundlagen des einstweiligen Rechtsschutzes im zivil-, verfassungs- und verwaltungsgerichtlichen Verfahren, S. 57.

öffentlichen Interesses spezielle Vorgaben, die diese Rechtfertigungsanforderung zu derogieren in der Lage sein sollen.[17] Auch daß diese These kritiklos in den meisten Kommentaren zur Verwaltungsgerichtsordnung übernommen wird,[18] obwohl sie konstruktiv nicht umgesetzt werden kann, verstärkt den Eindruck, daß materiell-rechtliche Ableitungen im Sinne der Idee vom „materiellen Zwischenrecht" notwendig sind.

B. Vereinbarkeit mit Verfassungsrecht

Die vorgestellten Thesen müssen auch verfassungsrechtlich haltbar sein.

I. Art. 19 Abs. 4 GG

Problematisch könnte zunächst die Vereinbarkeit mit Art. 19 Abs. 4 GG unter dem Gesichtspunkt des Gebots „effektiven Rechtsschutzes" erscheinen, das dieser Vorschrift entnommen wird.[19] Das vorgeschlagene Modell der Gleichrangigkeit von aufschiebender Wirkung und sofortiger Vollziehbarkeit und die vorgeschlagene Methode der Ermittlung von aufschiebender Wirkung und sofortiger Vollziehbarkeit kann gegen Art. 19 Abs. 4 GG jedoch nur dann verstoßen, wenn dieser Vorschrift eine verfassungsrechtliche Vorgabe für den einfachgesetzlichen einstweiligen Rechtsschutz dahin zu entnehmen ist, daß die aufschiebende Wirkung pauschal wirken und regelhaft-automatisch eintreten muß, so daß die sofortige Vollziehbarkeit die gesondert rechtfertigungsbedürftige Ausnahme darstellen muß.[20]

Das Bundesverfassungsgericht hat die aufschiebende Wirkung wiederholt als einfachgesetzliche Ausprägung der grundrechtlichen Garantie effektiven Rechtsschutzes, als adäquate Ausprägung der verfassungsrechtlichen Rechtsschutzgarantie und als fundamentalen Grundsatz des öffentlich-recht-

---

17 1. Kapitel, A. III. 1. f).

18 *Kopp/Schenke*, Verwaltungsgerichtsordnung, Rz. 86 zu § 80 VwGO; *Redeker/ v. Oertzen*, Verwaltungsgerichtsordnung, Rz. 20 zu § 80 VwGO; *Schoch*, in: Schoch/Schmidt-Aßmann/Pietzner, Verwaltungsgerichtsordnung, Rz. 148 zu § 80 VwGO (am Ende).

19 BVerfGE 35, S. 263 (S. 274 ff.); 60, S. 253 (S. 269, 296 f.); 65, S. 1 (S. 70); BVerfG NJW 1995, S. 950 (S. 951); *Schulze-Fielitz*, in: Horst Dreier, Grundgesetz Kommentar, Rz. 61 f. zu Art. 19 Abs. 4 GG; *Wassermann*, in: GG-Alternativkommentar, Rz. 17 zu Art. 19 Abs. 4 GG; *Schenke*, in: Bonner Kommentar, Rz. 383 ff. zu Art. 19 Abs. 4 GG.

20 Wenn Art. 19 Abs. 4 GG solche Vorgaben zu entnehmen wären, so würde dies letztlich nichts anderes bedeuten, als daß die im ersten Kapitel dieser Arbeit geschilderten Unstimmigkeiten verfassungsrechtlich erzwungen sind. Dies wiederum müßte die Frage provozieren, wie dies zu beurteilen ist.

lichen Prozesses qualifiziert.[21] Nicht zu übersehen ist allerdings, daß die Rechtsprechung des Bundesverfassungsgerichts in dieser Frage nicht widerspruchsfrei ist. Bisweilen hat das Gericht nämlich auch ausgesprochen, daß es verfassungsrechtlich nicht zwingend geboten sei, die regelhaft-automatische aufschiebende Wirkung von Rechtsbehelfen vorzusehen.[22] In der übrigen Rechtsprechung und in der Literatur finden sich zahlreiche Äußerungen, die ebenfalls den Grundsatz der aufschiebenden Wirkung ausdrücklich aus Art. 19 Abs. 4 GG ableiten.[23] Überzeugende Begründungen für diesen Standpunkt fehlen indes nicht von ungefähr. Bereits der Wortlaut von Art. 19 Abs. 4 GG enthält keinen Anhaltspunkt für einen solchen Standpunkt. Auch das Gebot effektiven Rechtsschutzes, das durch den Wortlaut von Art. 19 Abs. 4 GG nicht unmittelbar vorgegeben wird, erlaubt keine derartige Ableitung. „Effektiver" Rechtsschutz ist schon vom Wortsinn her kein absoluter bzw. einseitiger Rechtsschutz.[24] Wäre es zutreffend, daß das Gebot effektiven Rechtsschutzes verlangt, daß die aufschiebende Wirkung pauschal wirken und regelhaft-automatisch eintreten muß, so wären im übrigen die §§ 361 AO, 69 FGO verfassungswidrig. Nach dem System dieser Bestimmungen tritt nämlich nicht die aufschiebende Wirkung, sondern die sofortige Vollziehbarkeit regelhaft automatisch ein, wenn ein Rechtsbehelf eingelegt wird. Dergleichen wird aber von niemandem vertreten.[25] Bereits dieses Beispiel zeigt, daß die These, eine pauschal und regelhaft automatisch eintretende aufschiebende Wirkung sei durch Art. 19 Abs. 4 GG vorgegeben, so undifferenziert nicht zutreffen kann.

Man wird Art. 19 Abs. 4 GG demgegenüber nur dann gerecht, wenn man annimmt, daß die Vorschrift keine derart konkreten und starren Vorgaben für die Ausgestaltung einstweiligen Rechtsschutzes enthält wie die Notwendigkeit einer pauschalen und regelhaft-automatisch eintretenden aufschiebenden Wirkung. So betrachtet, räumt Art. 19 Abs. 4 GG dem Gesetzgeber bei der Ausgestaltung des einstweiligen Rechtsschutzes einen Gestaltungsspielraum ein. Deswegen erscheinen auch Fälle sofortiger Vollziehbarkeit, die als unmittelbare Rechtsfolge der Rechtsbehelfseinlegung eintreten, nicht automatisch als Verstoß gegen die Vorschrift. Wie der Gesetzgeber den Re-

21 BVerfGE 35, S. 263 (S. 272, S. 274); 51, S. 268 (S. 284); 67, S. 43 (S. 58); 69, S. 220 (S. 227 f.); 69, S. 233 (S. 244); zuletzt 80, S. 244 (S. 252).

22 BVerfGE 51, S. 268 (S. 285).

23 VGH Mannheim VBlBW 1989, S. 16, NVwZ-RR 1990, S. 186 (S. 187); OVG Berlin NVwZ-RR 1995, S. 575 (S. 576 f.); *Schenke* NVwZ 1990, S. 1009 (S. 1014); *Redeker*, NVwZ 1991, S. 526 (S. 530); *Pietzner/Ronellenfitsch*, Das Assessorenexamen im Öffentlichen Recht, § 51 Rz. 3.

24 So zutreffend *Schoch*, in: Schoch/Schmidt-Aßmann/Pietzner, Verwaltungsgerichtsordnung, Rz. 12 Vorb. § 80 VwGO.

25 Dazu *Schoch*, Vorläufiger Rechtsschutz und Risikoverteilung im Verwaltungsrecht, S. 1118 ff.; S. 1026 ff.; inbes. S. 1038–1040.

gelungsauftrag erfüllt, ist weitgehend in sein Ermessen gestellt.[26] Dabei ist entscheidend, daß auch dann, wenn durch die sofortige Vollziehung eintretende irreparable Schäden nicht ausgeschlossen werden können, die aufschiebende Wirkung nicht verfassungsrechtlich zwingend vorgegeben ist. Auch in diesem Fall muß der Gesetzgeber eine Abwägung zwischen Beharrungsinteressen und Interessen an der sofortigen Vollziehbarkeit vornehmen.[27]

Damit ist klar, daß das hier vorgeschlagene Modell im Hinblick auf Art. 19 Abs. 4 GG keinen verfassungsrechtlichen Bedenken ausgesetzt ist: Die Wertungen über das Eintreten aufschiebender Wirkung und sofortiger Vollziehbarkeit als Rechtsfolgen der Einlegung von Widerspruch und Anfechtungsklage werden dem materiellen Recht bzw. der gesetzlichen Ausgestaltung des Verwaltungsverfahrensrecht entnommen. Damit sind diese Regelungen sedes materiae der vom Gesetzgeber also – wie sich im 3. Kapitel zeigen wird – mitunter sehr differenziert vorgenommenen Abwägung zwischen Beharrungsinteressen und Interessen an der sofortigen Vollziehbarkeit.

II. Gesetzgebungskompetenzen

Liefern das materielle Recht und das Verwaltungsverfahrensrecht für die Fälle zweifelhafter Erfolgsaussicht des eingelegten Rechtsbehelfs die jeweils entscheidenden Wertungen, wann welche der Rechtsfolgen der Rechtsbehelfeinlegung eintritt, so scheidet allerdings ein Verständnis der beiden Rechtsmaterien in ihrer eigentlichen Eigenschaft als „materielles Recht" und „Verwaltungsverfahrensrecht" in Anbetracht dieser Funktion aus. Denn soweit diese beiden Rechtsmaterien die Maßstäbe des einstweiligen Rechtsschutzes enthalten, entscheiden sie nicht über Erlaßvoraussetzungen von Verwaltungsakten bzw. über das verfahrensmäßige Zustandekommen von Verwaltungsakten. Sie treffen vielmehr insoweit genuin verwaltungsprozessuale Regelungen, da sie vorgeben, welche der in § 80 VwGO zur Verfügung gestellten konstruktiven Mittel der aufschiebenden Wirkung und der sofortigen Vollziehbarkeit, mittels derer der Konflikt von privaten Aufschubinteressen und Interessen an der sofortigen Vollziehbarkeit entschieden wird, einschlägig ist. Nach dem vorgeschlagenen Modell enthalten das materielle Recht und das Verwaltungsverfahrensrecht daher mit der Interessenabwägung, die über die Rechtsfolgen der Rechtsbehelfseinlegung entscheidet, stets auch eine verwaltungsprozeßrechtliche Komponente.

---

[26] *Timmler,* Maßstab und Rechtsnatur der Aussetzungsentscheidung nach § 80 Abs. 5 S. 1 VwGO, S. 27.

[27] *Schmidt-Aßmann,* in: Maunz/Dürig, Grundgesetz Kommentar, Rz. 275 zu Art. 19 Abs. 4 GG.

Gesetzgebungskompetenzrechtlich ist dies indes unproblematisch: Soweit das materielle Recht und das Verwaltungsverfahrensrecht auf Bundesgesetzgebungskompetenz beruhen, bestehen ohnehin keine Probleme. Soweit diese Materien auf Ländergesetzgebung beruhendes Recht sind, folgt die Kompetenz der Länder für die jeweilige prozeßrechtliche Komponente daraus, daß der Bund wegen der partiellen normativen Wirkungslosigkeit des § 80 VwGO[28] seine konkurrierende Gesetzgebungskompetenz aus Art. 74 Abs. 1 Nr. 1 GG insoweit nicht wahrgenommen hat.

C. Verhältnis zu ausdrücklichen gesetzlichen Anordnungen der sofortigen Vollziehbarkeit

Genauer zu klären ist weiterhin das Verhältnis des hier vorgeschlagenen Modells zu den Vorschriften des § 80 Abs. 2 Nrn. 1 und 2 VwGO, den inzwischen zahlreichen Fällen des § 80 Abs. 2 Nr. 3 VwGO sowie der zeitlichen Geltungsbegrenzung der aufschiebenden Wirkung des § 80b VwGO.

I. § 80 Abs. 2 Nrn. 1 und 2; Regelungen im Sinne von § 80 Abs. 2 Nr. 3 VwGO

Der Gesetzgeber hat bisher ein anderes Konzept verfolgt, um zur sofortigen Vollziehbarkeit von Verwaltungsakten zu kommen, als das hier vorgeschlagene. Wie bereits dargelegt, ist er abseits des § 80 Abs. 2 Nr. 4 VwGO den Weg der ausdrücklichen punktuellen Anordnung der sofortigen Vollziehbarkeit von Gesetzes wegen gegangen.[29] Sein Weg war es demnach, die Regelungen des § 80 Abs. 2 Nr. 1 und 2 VwGO und Regelungen im Sinne von § 80 Abs. 2 Nr. 3 VwGO zu schaffen. Wegen dieser unterschiedlichen Vorgehensweise ist es recht wahrscheinlich, daß die Fälle, für die diese Vorschriften die sofortige Vollziehbarkeit anordnen, nicht dieselben sind, in denen das materielle Recht oder das Verwaltungsverfahrensrecht die sofortige Vollziehbarkeit vorgeben.[30] Damit ergibt sich das Problem der Einordnung dieser Vorschriften.

---

[28] Siehe dazu oben (1. Kapitel, C.).

[29] Oben 1 Kapitel, A. III.

[30] Zur beispielhaften Veranschaulichung siehe etwa die Darlegungen unten 3. Kapitel, B. III. 1. a), zu dem Verhältnis der Ableitung von sofortiger Vollziehbarkeit und aufschiebender Wirkung bei polizeirechtlichen Verwaltungsakten nach dem hier vorgeschlagenen Modell zu der Regelung des § 80 Abs. 2 Nr. 2 VwGO, oder die Darstellung unten 3. Kapitel, B. V. 2. b), zu dem Verhältnis der Ableitung von sofortiger Vollziehbarkeit und aufschiebender Wirkung bei Plangenehmigungen nach dem hiesigen Modell zu Regelungen im Sinne von § 80 Abs. 2 Nr. 3 VwGO (nämlich zu § 17 Abs. 6a S. 1 BFStrG, § 20 Abs. 5 S. 2 BBahnG und § 10 Abs. 6 S. 1 LuftVG).

Vom hier vertretenen Standpunkt aus wäre es sogar denkbar, einen Regelungsgehalt dieser Vorschriften ohne weitere Differenzierung ganz mit dem Argument abzulehnen, daß der Gesetzgeber mit § 80 Abs. 2 VwGO an den Fehler in der Konzeption des § 80 Abs. 1 S. 1 VwGO angeknüpft hat, wie der Wortlaut und die dadurch etablierte systematische Verbindung beider Vorschriften eindeutig belegt. Provokativ gesagt: Die Vorschriften des § 80 Abs. 2 Nrn. 1 und 2 sowie die Fälle des § 80 Abs. 2 Nr. 3 VwGO hätten bei dieser Betrachtungsweise lediglich den Charakter von Folgefehlern. Konstitutiven Gehalt könnte man ihnen folglich nicht zumessen.

Es empfiehlt sich aber ein differenzierteres Vorgehen. Insofern ist es sinnvoll, zu überlegen, wie sich im einzelnen die Regelungen des § 80 Abs. 2 Nr. 1 und 2 VwGO sowie die Regelungen im Sinne von § 80 Abs. 2 Nr. 3 VwGO zu den Aussagen des hier vorgeschlagenen Modells verhalten können. Dabei wird klar, daß solche gesetzliche Anordnungen der sofortigen Vollziehbarkeit nur in einem Fall problematisch sind, und daß auch dieses Problem lösbar ist.

Natürlich ist es nicht von vorneherein denknotwendig auszuschließen, daß solche Regelungen sowieso nur das wiederholen, was sich auch aus dem hier entwickelten Modell ergibt. Solchen Vorschriften kommt kein konstitutiver Regelungsgehalt zu. Sie können nur deklaratorisch wirken. Ein Konflikt besteht nicht. Denkbar ist aber auch, daß diese Regelungen in weniger Fällen die sofortige Vollziehbarkeit vorgeben, als sich dies nach dem hiesigen Modell ergibt. Ist dies der Fall, so folgt aus dem hier vertretenen Ansatz, daß eine solche gesetzliche Anordnung der sofortigen Vollziehbarkeit keinen abschließenden Charakter haben kann. Gibt es kein Regel-Ausnahme-Verhältnis von aufschiebender Wirkung und sofortiger Vollziehbarkeit, so ist es nur logisch, daß man zu Fällen der sofortigen Vollziehbarkeit kommen kann, die nicht durch § 80 Abs. 2 Nrn. 1 und 2 bzw. durch Regelungen im Sinne von § 80 Abs. 2 Nr. 3 VwGO erfaßt sind.[31]

Komplizierter sind die Fälle, in denen das hiesige Modell in weniger Fällen zur sofortigen Vollziehbarkeit kommt, als dies ausdrückliche gesetzliche Anordnungen der sofortigen Vollziehbarkeit tun. Hier muß indes gelten, daß in Fällen zweifelhafter Rechtmäßigkeit des Verwaltungsaktes, also nicht in Fällen offensichtlicher Rechtswidrigkeit,[32] wenigstens die hauptsächliche Rechtsfolge des angefochtenen Verwaltungsaktes gegen abweichende anderweitige Vorgaben sofort eintritt. Solche ausdrücklichen gesetzlichen Anordnungen der sofortigen Vollziehbarkeit müssen als leges speciales gegenüber den Aussagen des hier vorgeschlagenen Modells begriffen werden. Der Grund für diese Sichtweise ist die Anerkennung der

---

[31] Siehe dazu oben 1. Kapitel, C.

[32] Dazu im einzelnen unten 3. Kapitel, B. III.

Regelungsmacht des Gesetzgebers. Es muß Gegenstand gesetzlicher Regelung sein können, die Rechtsfolgen der Einlegung von Rechtsbehelfen punktuell im Sinne der sofortigen Vollziehbarkeit zu regeln, ohne dies in den Rechtsmaterien, die sonst die Ableitung dieser Rechtsfolge erlauben, zum Ausdruck bringen zu müssen.

Mit dieser Macht des Gesetzgebers, die sofortige Vollziehbarkeit für mehr Fälle vorzusehen, als die hier für maßgeblich erachteten Rechtsmaterien dies vorgeben, geht allerdings einher, daß solche Regelungen durch einen sachlichen Grund gerechtfertigt werden müssen. Denn solche Regelungen greifen bestimmte Fälle heraus, in denen die aufschiebende Wirkung im Unterschied zu anderen Fällen, in denen nach dem hiesigen Modell die aufschiebende Wirkung gegeben ist, nicht eintreten soll. Deswegen müssen sie nach Art. 3 Abs. 1 GG gerechtfertigt werden.[33] Das Erfordernis eines sachlichen Grundes bedeutet eine verhältnismäßig geringe Anforderung. Im Ergebnis heißt dies nur, daß der Gesetzgeber die sofortige Vollziehbarkeit nicht beliebig punktuell gesetzlich anordnen darf, sondern damit sachliche Regelungsziele verfolgen muß. Denkbar sind insofern sektorale Steuerungserwägungen wie die vorrangige Förderung bestimmter Interessen, die möglicherweise auch nur befristet Geltung beanspruchen.

Verstößt eine solche Regelung trotz dieser niedrigen Rechtfertigungsanforderungen gegen Art. 3 Abs. 1 GG, so kann die Rechtsfolge der Nichtigkeit eintreten, wenn nicht eine verfassungskonforme Auslegung möglich ist.[34] Die Nichtigkeit tritt nach der Dogmatik der Gleichheitssätze dann ein, wenn der Gesetzgeber die Ungleichheit nicht auch durch eine Angleichung der in den Vergleichsfällen geltenden Regelungen beseitigen kann.[35] Bei ausdrücklichen gesetzlichen Anordnungen der sofortigen Vollziehbarkeit kommt insoweit einzig in Frage, die Anordnung auf die Vergleichsfälle auszudehnen. Geht nämlich eine solche Anordnung nach § 80 Abs. 2 Nr. 3 VwGO über das hinaus, was sich nach dem hiesigen Modell an sofortiger Vollziehbarkeit ergibt, so folgt daraus eine Festlegung des Gesetzgebers auf diese Methode, zur sofortigen Vollziehbarkeit zu gelangen. In der Entscheidung, die sofortige Vollziehbarkeit der betroffenen Verwaltungsakte über

---

[33] Art. 19 Abs. 4 GG ist nicht berührt, siehe oben 2. Kapitel, B. I.

[34] Daran ist vor allem dann zu denken, wenn die gesetzliche Anordnung der sofortigen Vollziehbarkeit dem Wortlaut nach weiter reicht als es das feststellbare und für die Rechtfertigung einer entsprechend weniger weit reichenden Regelung taugliche Regelungsziel des Gesetzgebers verlangt, so daß eine teleologische Reduktion möglich ist, die die Regelung auf einen verfassungsmäßigen Regelungsgehalt zurückführt. Siehe dazu etwa unten 3. Kapitel, B. V. 2. a) gg) und 3. Kapitel, B. V. 2. b) (a.E.).

[35] Dazu *Pieroth/Schlink*, Grundrechte, Staatsrecht II, Rz. 479 ff., *Jarass*, in: Jarass/Pieroth, Grundgesetz für die Bundesrepublik Deutschland, Rz. 29 zu Art. 3 Abs. 1 GG.

eine Anordnung im Sinne von § 80 Abs. 2 Nr. 3 VwGO herbeizuführen, muß nämlich gleichzeitig die Ablehnung der alternativen Option gesehen werden, die ansonsten für die Ableitung der Rechtsfolgen der Rechtsbehelfseinlegung einschlägige Rechtsmaterie so zu ändern, daß deren Ausgestaltung die Ableitung der sofortigen Vollziehbarkeit erlaubt. Die Ausweitung der gesetzlichen Anordnung der sofortigen Vollziehbarkeit im Sinne von § 80 Abs. 2 Nr. 3 VwGO kann jedoch ihrerseits aus Gründen des Art. 3 Abs. 1 GG ausgeschlossen sein.[36] Dies ist dann der Fall, wenn durch die Erweiterung erneut eine nicht zu rechtfertigende Ungleichbehandlung mit anderen Fällen eintritt.

Damit sind die Voraussetzungen benannt, unter denen ein ausdrückliche gesetzliche Anordnung der sofortigen Vollziehbarkeit wegen eines Verstoßes gegen Art. 3 Abs. 1 GG nichtig ist.

Festzuhalten ist schließlich, daß das Willkürverbot den Bundesgesetzgeber bei der Schaffung ausdrücklicher punktueller Anordnungen der sofortigen Vollziehbarkeit auch dann bindet, wenn die aufschiebende Wirkung, die im Vergleichsfall besteht, aus Landesrecht abzuleiten ist. Daß der Bund in einem solchen Falle nicht völlig frei ist, derartige Regelungen zu schaffen, ergibt sich daraus, daß er zu einem völligen Ausschluß der aufschiebenden Wirkung gesetzgebungskompetenzrechtlich zwar befugt ist (Art. 74 Abs. 1 Nr. 1 GG; gerichtliches Verfahren), von dieser Befugnis aber keinen Gebrauch macht, sondern ein Regelungsmuster verfolgt, das einzelne Fälle herausgreift.

Da die Gesichtspunkte, die zur Rechtfertigung solcher ausdrücklicher gesetzlicher Anordnungen der sofortigen Vollziehbarkeit heranzuziehen sind, nur bereichsspezifisch betrachtet werden können, wird diese Prüfung jeweils im Zusammenhang mit den Beispielen durchgeführt, die im 3. Kapitel behandelt werden.

II. § 80b VwGO

§ 80b Abs. 1 S. 1 VwGO begrenzt den Geltungszeitraum der aufschiebenden Wirkung. Eine solche Regelung der Geltungsdauer der aufschiebenden Wirkung baut nicht auf dem pauschalen Begriff der aufschiebenden Wirkung und dem Regel-Ausnahme-Verhältnis von aufschiebender Wirkung und sofortiger Vollziehbarkeit auf. Sie ist deshalb auch auf dem Boden der

---

[36] Ihre Rechtfertigungsbedürftigkeit vor Art. 3 Abs. 1 GG hat denselben Grund wie die Rechtfertigungsbedürftigkeit der ursprünglichen Anordnung nach § 80 Abs. 2 Nr. 3 VwGO. Auch die Erweiterung greift nämlich Fälle heraus, in denen die aufschiebende Wirkung im Unterschied zu anderen Fällen nicht gelten soll.

hier vertretenen Sichtweise des Verhältnisses von aufschiebender Wirkung und sofortiger Vollziehbarkeit an sich möglich.

§ 80b Abs. 1 S. 1 VwGO nennt zwei Fälle, in denen die aufschiebende Wirkung endet.

Der erste ist der der Unanfechtbarkeit des Verwaltungsaktes. Dies ist ersichtlich unproblematisch.

Die Vorschrift läßt die aufschiebende Wirkung aber auch dann enden, wenn in einem verwaltungsgerichtlichen Verfahren die Klage in erster Instanz abgewiesen wurde und ein Rechtsmittel eingelegt ist. Ist dies der Fall, so endet die aufschiebende Wirkung von Gesetzes wegen drei Monate nach Ablauf der gesetzlichen Begründungsfrist, die für das Rechtsmittel gilt. Damit behandelt also § 80b Abs. 1 S. 1 VwGO die Fälle, in denen zwar die aufschiebende Wirkung zunächst eingetreten ist, dann aber die erste Instanz verloren wurde, gleich mit den Fällen, in denen von Anfang an sofortige Vollziehbarkeit besteht. Damit ergibt sich die Frage, ob die Notwendigkeit besteht, diese Regelung vor Art. 3 Abs. 1 GG zu rechtfertigen. Wenn es möglich wäre, für die überwiegende Zahl der Fälle darauf zu verweisen, daß erstinstanzliche Urteile ausreichend häufig den letztinstanzlichen entsprechen, läge darin bereits keine Gleichbehandlung von wesentlich Ungleichem. Dann nämlich gäbe es in den Fällen verlorener erster Instanz genau wie in den Fällen anfänglicher sofortiger Vollziehbarkeit keinen Grund, der einen (weiteren) Rechtsfolgenaufschub rechtfertigen könnte. Auf gesicherte empirische Daten dieser Art konnte der Gesetzgeber allerdings bei Schaffung des § 80b VwGO aus naheliegenden Gründen nicht zurückgreifen: Es kann sie nicht geben. Selbst wenn man die dem Gericht erster Instanz zu dankenden Erträge an Sachverhaltsermittlung und rechtlicher Würdigung in Rechnung stellt, mag doch eine rechtliche Zweifelsfrage von einer anderen Instanz durchaus noch einmal in einer abweichenden Weise gesehen werden. Außerdem kann die Berufung auch noch zu anderen Tatsachenermittlungen führen. Davon, daß erstinstanzliche Urteile in hinreichend vielen Fällen das endgültige Ergebnis eines mehrinstanzlichen verwaltungsgerichtlichen Verfahrens vorwegnehmen, kann insgesamt nicht ausreichend sicher ausgegangen werden.[37]

Daß es dennoch im Ergebnis nicht zu einer solchen vor Art. 3 Abs. 1 GG rechtfertigungsbedürftigen Gleichbehandlung von wesentlich Ungleichem kommt, liegt an § 80b Abs. 2 VwGO. Dort ist bestimmt, daß das Oberverwaltungsgericht die Möglichkeit hat, die Fortdauer der aufschiebenden Wirkung anzuordnen. Diese Regelung bewirkt in hinreichendem Maße, daß auch die in höherer Instanz anhängigen Fälle weiter in den Genuß auf-

---

[37] So auch *Redeker/v. Oertzen*, Verwaltungsgerichtsordnung, Rz. 49 zu § 80 VwGO (a.E.).

schiebender Wirkung kommen, soweit dies berechtigt ist. Dazu ist es allerdings notwendig, die Entscheidung des Oberverwaltungsgerichts nicht als eine völlig freie Ermessensentscheidung zu verstehen. Die Vorschrift garantiert die Fortdauer gerechtfertigter aufschiebender Wirkung nur, wenn man das Oberverwaltungsgericht als verpflichtet ansieht, die Fortdauer der aufschiebenden Wirkung in dem Umfang anzuordnen, in dem dies nach den hier hiesigen Kriterien schon in erster Instanz gerechtfertigt war. Maßgeblich sind nunmehr allerdings nicht mehr die Erfolgsaussichten von Widerspruch und Anfechtungsklage, sondern die des Rechtsmittels. Wird also das Rechtsmittel offensichtlich erfolgreich sein, so ist deswegen die Fortdauer der aufschiebenden Wirkung anzuordnen. Sind seine Erfolgsaussichten offen, müssen die hier für Zweifelsfälle entwickelten Regeln Platz greifen.

Unbedenklich ist § 80b Abs. 2 VwGO insgesamt auch deshalb, weil die Vorschrift noch nicht einmal besondere Handlungslasten für den Kläger begründet. Die Darlegung, wieso er trotz verlorener erster Instanz meint, im Ergebnis doch noch obsiegen zu müssen, ist ohnehin Gegenstand seiner Rechtsmittelschrift.

3. Kapitel

Die Rechtsfolgen der Rechtsbehelfseinlegung im einzelnen

In dem nun folgenden Kapitel sollen die Rechtsfolgen der Einlegung von Widerspruch und Anfechtungsklage näher dargestellt werden. Ausgangspunkt sind die im 2. Kapitel vorgestellten Grundlagen.[1]

A. Offensichtlich erkennbarer Ausgang des Rechtsbehelfsverfahrens

In denjenigen Fällen, in denen der Ausgang Rechtsbehelfsverfahrens offensichtlich ist, ist die Frage nach dem Eintritt von aufschiebender Wirkung und sofortiger Vollziehbarkeit in Relation zu diesen evidenten Erfolgsaussichten zu beantworten. Dahinter steht die Interessenabwägung derjenigen Rechtsmaterien (des materiellen Rechts, des Verwaltungsverfahrensrechts und des Verwaltungsprozeßrechts), auf denen die offensichtlichen Erfolgs- bzw. Mißerfolgsaussichten eingelegter Rechtsbehelfe basieren können.

I. Differenzierung in Offensichtlichkeits- und Zweifelsfälle

Die Idee, die offensichtliche Erkennbarkeit des Ausgangs des Rechtsbehelfsverfahrens zu berücksichtigen, ist nicht neu. Sie findet sich vielmehr bereits in der bisherigen Auseinandersetzung mit § 80 VwGO. Die offensichtliche Erkennbarkeit des Ausgangs des Rechtsbehelfsverfahrens soll demnach im Rahmen der gerichtlichen Entscheidung im Verfahren nach § 80 Abs. 5 VwGO zu berücksichtigen sein.[2] Demgegenüber kann die offensichtliche Erkennbarkeit des Ausgangs, den das Rechtsbehelfsverfahren

---

[1] Oben 2. Kapitel, A.

[2] Wobei sich allerdings hinsichtlich der Bedeutung, die den offensichtlichen Erfolgsaussichten zukommen soll, unterschiedliche Auffassungen finden: Nur als Bestandteil einer Gesamt-Interessenabwägung sehen die offensichtlichen Erfolgsaussichten VGH Kassel NVwZ 1993, S. 293; OVG Münster NVwZ 1987, S. 615; VGH München BayVBl. 1987, S. 535; VGH Mannheim VBlBW. 1988, S. 146; wohingegen BVerwG NJW 1974, S. 1294 (S. 1295); VGH Mannheim ESVGH 35, S. 278 (S. 280); VGH München DÖV 1981, S. 185 (S. 186); OVG Bremen NVwZ 1986, S. 1038; OVG Hamburg NVwZ 1984, S. 256 und VGH Kassel NVwZ 1983,

nehmen wird, aufgrund des Ertrags des 1. Kapitels dieser Arbeit erstmals an der dogmatisch zutreffenden Stelle berücksichtigt werden, nämlich bei der Frage, ob und wie weit eine aufschiebende Wirkung überhaupt eintritt. Der Grund, den offensichtlichen erkennbaren Ausgang des Rechtsbehelfsverfahrens zu berücksichtigen, wird nämlich nur vor dem Hintergrund des Vorteils sichtbar, der in einem Rechtsfolgenaufschub liegt: Soweit die Umsetzung eines angefochtenen Verwaltungsaktes durch einen Rechtsfolgenaufschub verhindert wird, bleibt der status quo ante erhalten. Dieser Vorteil ist jedenfalls dann (und zwar auf alle aus dem Verwaltungsakt ableitbaren Rechtsfolgen bezogen) gerechtfertigt, wenn bereits abzusehen ist, daß der Verwaltungsakt aufgehoben werden wird. Umgekehrt ist er jedenfalls (auf alle aus dem Verwaltungsakt ableitbaren Rechtsfolgen bezogen) nicht gerechtfertigt, wenn bereits abzusehen ist, daß der Verwaltungsakt nicht aufgehoben werden wird.

Für die bisherigen Ansätze, die vom regelhaft-automatischen Eintritt der aufschiebenden Wirkung ausgehen, ist die Berücksichtigung der Erfolgsaussichten des Rechtsbehelfs hingegen nicht dogmatisch zutreffend einzuordnen. Die Prämisse, die aufschiebende Wirkung trete voraussetzunglos-automatisch ein, läßt keinen Raum für die Annahme, die aufschiebende Wirkung trete nicht ein, weil ihr Schutzzweck nicht erfüllt ist, wenn der eingelegte Rechtsbehelf offensichtlich erfolglos sein wird. Man ist dann gezwungen, den Schutzzweck in dem Prüfungsprogramm zu berücksichtigen, das im Verfahren nach § 80 Abs. 5 VwGO abzuhandeln ist.[3] In diesem Verfahren kann es bei einer solchen Prämisse aber nur darum gehen, ob es ausnahmsweise gerechtfertigt ist, den Automatismus der aufschiebenden Wirkung zu durchbrechen, nicht jedoch darum, ob der Automatismus selbst gerechtfertigt ist oder nicht. Nichts anderes bedeutet es aber, die Frage aufzuwerfen (und zu verneinen), ob die aufschiebende Wirkung in Fällen offensichtlich rechtmäßiger Verwaltungsakte der Sache nach gerechtfertigt ist.

Zwischen Fällen offensichtlich erkennbaren Ausgangs des Rechtsbehelfsverfahrens einerseits und Zweifelsfällen andererseits muß differenziert werden. Dies erklärt sich schlicht daraus, daß in keineswegs allen Fällen absehbar ist, wie das Rechtsbehelfsverfahren ausgehen wird. Eine Sichtweise, die eine solche Differenzierung in Evidenz- und Zweifelsfälle nicht nachvollzieht, müßte entweder bestreiten, daß ein Unterschied besteht, oder ihn für unbeachtlich erklären.[4] Den Unterschied zu bestreiten heißt aber, eine ex-post-Perspektive zugrunde zu legen. Damit würde das Problem ver-

S. 354 in den offensichtlichen Erfolgsaussichten ein Moment sehen, das eine weitere Interessenabwägung überflüssig macht.

[3] Siehe etwa *Timmler*, Maßstab und Rechtsnatur der Aussetzungsentscheidung nach § 80 Abs. 5 Satz 1 VwGO, S. 54.

kannt, daß auch während einer Zeit möglicher Ungewißheit über den Bestand des Verwaltungsaktes über die Zulässigkeit der Ableitung von Rechtsfolgen aus dem Verwaltungsakt entschieden werden muß. Den Unterschied für unbeachtlich zu halten würde voraussetzen, daß beide Fallgruppen trotz ihrer Unterschiede prinzipiell gleich zu behandeln sind. Der Möglichkeit, daß der Rechtsbehelf erfolgreich sein wird, steht im Bereich der zweifelhaften Erfolgsaussichten aber gleichwertig die Möglichkeit gegenüber, daß er keinen Erfolg haben wird. Ein prinzipieller Wertungsvorrang einer der beiden Möglichkeiten ist nicht begründbar. Damit scheidet eine prinzipielle Gleichbehandlung der Fälle offener Erfolgsaussicht mit den Fällen offensichtlicher Erfolgsaussicht aus.

Im Ergebnis ist festzuhalten: Ist von Anfang an keinerlei Unsicherheit gegeben, wie das Rechtsbehelfsverfahren ausgehen wird, so sind die widerstreitenden Aufschubs- und Beharrungsinteressen bereits deshalb jeweils entsprechend gewichtet. Der Rechtsbehelfsführer ist deshalb auch für die Zeit bis zur Entscheidung über den Rechtsbehelf schon so zu behandeln, als gäbe es diese – ihrem Inhalt nach schon absehbare – abschließende Entscheidung bereits. Ist offensichtlich erkennbar, wie das Rechtsbehelfsverfahren ausgehen wird, so ist im übrigen deswegen auch nicht nach einzelnen Rechtsfolgen zu differenzieren, die aus dem angefochtenen Verwaltungsakt ableitbar sind.

II. Gehalt des Begriffs der „Offensichtlichkeit"

Um die Differenzierung in Zweifelsfälle und Fälle offensichtlich erkennbaren Ausgangs des Rechtsbehelfsverfahrens praktisch handhabbar zu machen, bedarf es einer klaren Definition des Offensichtlichkeitskriteriums.

Die bisherigen Ansätze, die den offensichtlich erkennbaren Ausgang des Rechtsbehelfsverfahrens erst im Rahmen der gerichtlichen Prüfung nach § 80 Abs. 5 VwGO berücksichtigten, sehen sich deshalb vor die Frage gestellt, inwieweit das Kriterium „gerichtsgeprägt" zu definieren ist. Diese Frage wird heftig diskutiert und dementsprechend unterschiedlich beantwortet.[5] Der Sache nach ist die Frage gemeint, inwieweit das Gericht gehalten ist, Fälle, die zunächst in tatsächlicher Hinsicht Zweifelsfälle waren, durch eigene Sachverhaltsermittlungen aufzuklären, bzw. inwieweit es gehalten

---

[4] Bisweilen wird auch schlicht übersehen, daß die Ungewißheit über den Ausgang des Rechtsbehelfsverfahrens nicht notwendige Folge der Einlegung des Rechtsbehelfs ist: *Wieseler,* Der vorläufige Rechtsschutz gegen Verwaltungsakte, S. 71 f.

[5] Siehe hierzu die ausführliche Darstellung des Streitstandes bei *Timmler,* Maßstab und Rechtsnatur der Aussetzungsentscheidung nach § 80 Abs. 5 Satz 1 VwGO, S. 119 ff.

ist, eine in ihrer Intensität hauptsachenahe rechtliche Würdigung anzustellen, kurzum: Inwieweit es gehalten ist, Fälle, in denen der Ausgang des Rechtsbehelfsverfahrens zunächst nicht abzusehen ist, zu solchen offensichtlicher Erfolgsaussicht zu machen.

Bestimmt man hingegen, wie es hier geschieht, bereits das „Ob" und „Wieweit" des Eintritts der aufschiebenden Wirkung nach dem offensichtlich erkennbaren Ausgang des Rechtsbehelfsverfahrens, so scheidet es aus, den Offensichtlichkeitsbegriff unter Rückgriff auf gerichtliche Erkenntnismöglichkeiten zu bestimmen. Damit ist das Offensichtlichkeitskriterium nur in den Fällen erfüllt, in denen der Sachverhalt auf der Grundlage kongruenter Angaben in der Behördenakte und in den Einlassungen des Betroffenen klar zu Tage liegt, die deswegen keiner weiteren gerichtlichen Aufklärung bedürfen und die gleichzeitig rechtlich einfach gelagert sind.[6] Folglich scheidet es auch grundsätzlich aus anzunehmen, eine zunächst nicht erfüllte Offensichtlichkeit könne im Verlaufe des Verfahrens nachträglich erfüllt sein, wenn etwa eine erstinstanzliche gerichtliche Entscheidung bereits existiert.[7]

Für einen Fall wird man jedoch anerkennen müssen, daß sich zunächst zweifelhafte oder offensichtliche Erfolgsaussichten nachträglich zu offensichtlichen Mißerfolgsaussichten wandeln. Es kann nämlich sein, daß die Behörde den angefochtenen Verwaltungsakt während des gerichtlichen Verfahrens nachbessert. Um zu der Änderung der Erfolgsaussichten zu kommen, muß der Behörde eine solche Befugnis von Gesetzes wegen eingeräumt sein. Außerdem muß die Nachbesserung dazu führen, daß die Aufhebung des Verwaltungsaktes nunmehr offensichtlich ausscheidet.[8] Derartige Möglichkeiten der Nachbesserung räumen § 45 Abs. 2 VwVfG (bzw. die entsprechenden Regelungen in den Verwaltungsverfahrensgesetzen der Länder) und die §§ 94, 114 S. 2 VwGO ein.[9] Von der zweifelsfreien Zulässigkeit der konkret erfolgten Nachbesserung, die für die Änderung offensichtlicher oder zweifelhafter Erfolgsaussichten zu offensichtlichen Mißerfolgsaussichten erforderlich ist, wird aber etwa bei § 114 S. 2 VwGO

---

6 So schon *Limberger*, Probleme des vorläufigen Rechtsschutzes bei Großprojekten, S. 46.

7 Zu den insoweit maßgeblichen Kriterien 2. Kapitel, C. II.

8 Die alternativ denkbare Lösung dieses Problems, daß die Befugnis zur Nachbesserung ausreicht, um von vorneherein davon auszugehen, daß der Rechtsbehelf insoweit offensichtlich keine Aussichten auf Erfolg hat, läßt außer Acht, daß die Nachbesserung nicht automatisch erfolgt, sondern von einer Handlung der Behörde abhängt, deren Vornahme aber nicht ohne weiteres unterstellt werden kann.

9 Die Reichweite dieser Nachbesserungsmöglichkeiten ist problematisch (siehe hierzu *Schenke*, NJW 1997, S. 82 (S. 86 ff.). Die zeitliche Erweiterung der Nachbesserungsmöglichkeit in § 45 Abs. 2 VwVfG ist außerdem noch in keineswegs allen Länderverwaltungsverfahrensgesetzen umgesetzt.

angesichts der im Zusammenhang mit dieser Vorschrift entstandenen Rechtsprobleme[10] nur in wenigen Fällen auszugehen sein. Für den Fall, daß der Heilungserfolg nicht offensichtlich herbeigeführt wird, ist jedoch entsprechend anzuerkennen, daß sich zunächst offensichtliche Erfolgsaussichten in zweifelhafte verwandeln können. Dann sind die Maßstäbe anzuwenden, die für Fälle zweifelhafter Erfolgsaussicht einschlägig sind.[11]

Diese klare Definition des Offensichtlichkeitskriteriums dient im übrigen auch der Rechtssicherheit. Sie wird zur Folge haben, daß die Zunahme der Anträge auf Feststellung der aufschiebenden Wirkung des Rechtsbehelfs,[12] die nach der hier vorgeschlagenen Konzeption höchstwahrscheinlich für eine Übergangsphase zu erwarten ist, jedenfalls für den Bereich der Fälle, in denen der Ausgang des Rechtsbehelfsverfahrens offensichtlich erkennbar ist, ausbleiben wird.

III. Ausschließliche Maßgeblichkeit des Evidenzkriteriums

Bisweilen wird bezweifelt, daß das Evidenzkriterium einen Fall abschließend entscheiden könne. Auch dann, wenn die Erfolgsaussichten offensichtlich seien, müsse noch eine Abwägung der Interessen, die für die sofortige Vollziehbarkeit sprechen, mit den Beharrungsinteressen durchgeführt werden.[13] Dafür, daß dann allerdings nicht benannt wird, wie im einzelnen diese zusätzliche Abwägung aussehen soll, gibt es einen einleuchtenden Grund: Berücksichtigt man den durch die aufschiebende Wirkung bewirkten Vorteil,[14] so wird es schwerfallen, diesen Vorteil in den Fällen, in denen er offensichtlich gerechtfertigt ist, dennoch zu versagen. Im Zusammenhang mit dem referierten Standpunkt steht, daß bisweilen die Fälle offensichtlicher Erfolgsaussicht und offensichtlicher Mißerfolgsaussicht unterschiedlich behandelt werden.[15] Auch dies leuchtet nicht ein. Das hierfür gebrachte Argument, daß auch bei offensichtlicher Mißerfolgsaussicht die Möglichkeit bestehe, den Verwaltungsakt auf der Grundlage von §§ 48, 49 VwVfG und den entsprechenden Regelungen in den Verwaltungsverfahrensgesetzen der

[10] Man denke nur an die Probleme, die sich daraus ergeben, daß der Wortlaut der Vorschrift („ergänzen") hinter der Regelungsintention, das Nachliefern von Ermessensgründen im Verwaltungsprozeß gesetzlich zuzulassen, weit zurückbleibt. Siehe hierzu *Schenke,* NJW 1997, S. 82 (S. 88 ff.).

[11] Dazu unten 3. Kapitel, B.

[12] Zu prozessualen Folgerungen des hier vertretenen Modells im einzelnen unten 3. Kapitel, D.

[13] So etwa *Limberger,* Probleme des vorläufigen Rechtsschutzes bei Großprojekten, S. 44.

[14] Dazu oben 3. Kapitel, A. I.

[15] *Limberger,* Probleme des vorläufigen Rechtsschutzes bei Großprojekten, S. 44–48.

Länder aufzuheben, ist zwar an sich zutreffend. Es kann aber die Notwendigkeit eines Rechtsfolgenaufschubes nicht rechtfertigen. Warum diese bloße Möglichkeit genauso durch einen Rechtsfolgenaufschub geschützt sein soll wie eine offensichtlich erforderliche Aufhebung, ist nicht einsichtig.

IV. Gesetzliche Anordnungen der sofortigen Vollziehbarkeit und offensichtliche Erfolgsaussichten eines Rechtsbehelfs

Existiert eine ausdrückliche gesetzliche Anordnung der sofortigen Vollziehbarkeit im Sinne von § 80 Abs. 2 Nrn. 1–3 VwGO, so muß diese am Maßstab des Willkürverbots gemessen werden.[16] Sie muß durch einen sachlichen Grund gerechtfertigt werden. Einen solchen für den Fall zu finden, daß ein gegen einen Verwaltungsakt eingelegter Rechtsbehelf offensichtlich zum Erfolg führen wird, wird allerdings kaum möglich sein. Denn wenn das Ergebnis des Rechtsbehelfsverfahrens bereits erkennbar ist, muß es sinnlos (und damit auch nicht mehr durch einen sachlichen Grund rechtfertigungsfähig) erscheinen, eine davon abweichende intermediäre Regelung zu treffen. Kommt also eine Rechtfertigung insoweit nicht Frage, so fragt sich, ob damit die Konsequenz der (teilweisen) Verfassungswidrigkeit solcher Regelungen zwingend gezogen werden muß. In Frage käme nämlich auch, den Geltungsanspruch solcher Regelungen auf die Fälle zu beschränken, in denen eine offensichtliche Erfolgsaussicht nicht besteht. Dies kann im Wege der teleologischen Reduktion bewerkstelligt werden: Die Förderung der Belange, die durch solche Regelungen begünstigt werden, steht unter dem Vorbehalt, daß ein Interesse an der Umsetzung eines entsprechenden Verwaltungsaktes, der ohne weiteres im Rechtsbehelfsverfahren zu Fall gebracht werden kann, nicht existiert.

Für die Fälle offensichtlicher Erfolgsaussicht gelten Regelungen im Sinne von § 80 Abs. 2 Nrn. 1–3 VwGO also nicht.

B. Rechtsbehelfe mit offener Erfolgsaussicht

I. Grundidee der materiell-rechtlichen Maßstabsableitung

1. Aufgeschobene und sofort vollziehbare Rechtsfolgen

Zunächst ist es an dieser Stelle sinnvoll, sich nochmals der Aufgabe zu vergewissern, die nach dem hier zu entwickelnden Modell dem materiellen Recht für die Fälle offener Erfolgsaussicht eines Rechtsbehelfs zukommen soll. Es soll die Unterscheidung zwischen den rechtlichen Folgerungen er-

---

[16] Dies nach Maßgabe des oben (2. Kapitel, C. I.) Ausgeführten.

möglichen, die ungeachtet einer Rechtsbehelfseinlegung sofort aus dem angefochtenen Verwaltungsakt gezogen werden dürfen (die von der sofortigen Vollziehbarkeit erfaßt werden), und den Rechtsfolgen, mit deren Verwirklichung zuzuwarten ist (für die die aufschiebende Wirkung eintritt).

Den wesentlichen Anhaltspunkt dafür, wie diese Ableitung aus dem materiellen Recht funktioniert, liefern die oben[17] behandelten Fälle, in denen jeweils die Verwirklichung des unmittelbaren Maßnahmezwecks gefährdet wäre, wenn nicht die sofortige Vollziehbarkeit angeordnet würde. Der unmittelbare Maßnahmezweck ist nichts anderes als eine isolierte, aus dem angefochtenen Verwaltungsakt ableitbare Rechtsfolge. Diese Fälle zeigen also, daß das materielle Recht auch Aussagen über die sofortige Vollziehbarkeit einzelner Rechtsfolgen enthält, die aus einem Verwaltungsakt ableitbar sind. Daß das materielle Recht, das hinter der jeweiligen bezweckten Rechtsfolge steht und das die Verwaltung in nicht offensichtlich rechtswidriger Weise in Bezug nimmt, nach der sofortigen Vollziehbarkeit verlangt, ist immer dann zu beobachten, wenn das materielle Recht der Verwirklichung dieser Rechtsfolge ein bestimmtes Gewicht zumißt. Je wichtiger die Verwirklichung der jeweiligen einzelnen rechtlichen Folgerung aus dem angefochtenen Verwaltungsakt vor der Folie der Güterbewertung und -zuordnung des materiellen Rechts erscheint, desto weniger nimmt das materielle Recht ein Risiko in Kauf, seinen Verwirklichungsanspruch durch den Zeitablauf, der mit einem Aufschub notwendig verbunden ist, endgültig vereitelt zu sehen. Entsprechend weniger ist der Vorteil gerechtfertigt, der mit einem Rechtsfolgenaufschub verbunden ist. Dies gilt auch dann, wenn der endgültige Bestand des angefochtenen Verwaltungsakts im Rechtsbehelfsverfahren zweifelhaft ist: Das materielle Recht nimmt es eher hin, daß aus einem möglicherweise aufzuhebenden Verwaltungsakt Folgerungen abgeleitet werden, die dem materiellen Recht besonders wichtig erscheinen, als daß Schritte zu seiner Verwirklichung wegen Hemmung und Zeitablaufs insoweit gänzlich wirkungslos bleiben.

Damit ist die Grundidee der materiell-rechtlichen Bestimmung der Rechtsfolgen einer Rechtsbehelfseinlegung im Sinne eines Je-Desto-Schemas beschrieben: Je wichtiger die Verwirklichung der einzelnen aus dem angefochtenen Verwaltungsakt ableitbaren Rechtsfolge vor dem Hintergrund der Güterzuordnung des materiellen Rechts erscheint, desto eher ist die Annahme sofortiger Vollziehbarkeit dieser Rechtsfolge gerechtfertigt. Dabei ist ein erhebliches Maß an Flexibilität dadurch gewährleistet, daß Differenzierungen möglich sind und schematische Ableitungen von Anfang an unterbleiben, weil an einzelne rechtliche Folgerungen aus dem angefochtenen Verwaltungsakt anzuknüpfen ist. Dieser Vorteil wiegt die Unsicherheit auf,

[17] 1. Kapitel, A. III. 1.

die bei der Anwendung eines derartigen Je-Desto-Konzeptes im Grenzbereich nicht auszuschließen ist. Zu bedenken ist aber auch, daß die Sicherheit, die auf der Basis der bisherigen Prämissen bestand, sich wegen der Systemfehler im Konzept der aufschiebenden Wirkung nach § 80 VwGO und deren nicht zu unterschätzenden Auswirkungen als eine bloß scheinbare erwiesen hat.

Zweifel daran, daß das materielle Recht für eine derartige Ableitung taugt, könnten damit begründet werden, daß die Güterzuordnungen des materiellen Rechts es nicht in der hier reklamierten Differenziertheit nach einzelnen Rechtsfolgen gestatten, Aussagen über die sofortige Vollziehbarkeit abzuleiten, sondern nur unteilbar für alle Rechtsfolgen. Eine solche Befürchtung ist aber nicht gerechtfertigt. Zu ihr kommt man nur über einen Fehlschluß. In der Tat kann das materielle Recht bei bestimmten Verwaltungsakten keine Rechtsfolgenableitung vorgeben, die zwischen mehreren Rechtsfolgen differenziert. Der Grund dafür ist aber nicht, daß die Ableitung aus der Güterzuordnung des materiellen Rechts unteilbar ist, sondern lediglich, daß manche Verwaltungsakte nur eine einzige Rechtsfolge bewirken. Ein typisches Beispiel ist der befehlende Verwaltungsakt des Polizeirechts. Soweit seine Nichtbefolgung nicht sanktionsbewehrt ist, bringt er nur die Rechtsfolge hervor, daß er befolgt werden muß. Es ist aber keineswegs notwendig, daß ein Verwaltungsakt nur eine Rechtsfolge hervorbringt. Daß manche Verwaltungsakte mehrere Rechtsfolgen hervorbringen, zwischen denen differenziert werden kann, wird sich im übrigen bei der Betrachtung der Beispiele ebenso zeigen wie die Differenziertheit der materiell-rechtlichen Vorgaben.[18]

Auch aus dem Begriff der Wirksamkeit des Verwaltungsaktes (im Sinne des § 43 VwVfG und der entsprechenden Regelungen der Verwaltungsverfahrensgesetze der Länder), der pauschaliert und mithin solchen Differenzierungen prinzipiell entgegensteht, kann ein Argument gegen diese Differenzierungen nicht gewonnen werden. Dieser Begriff betrifft nur den Fall des nicht angefochtenen Verwaltungsakts und besagt nichts für die hier behandelte Anfechtungssituation.

Im übrigen werden dem materiellen Recht auch sonst in durchaus vergleichbarer Weise Aussagen entnommen, die es nicht explizit enthält: Man denke nur an die eminent bedeutsame Frage, welche öffentlichen Interessen dienenden Normen daneben auch drittschützend wirken, wenn es darum geht, in Fällen drittbelastender Verwaltungsakte die Klagebefugnis zu prüfen.[19] Ebenso wie bei der Frage, welche Normen auch drittschützend wirken, dürfte sich im Laufe der Zeit eine Kasuistik herausbilden, welche

---

18 Unten 3. Kapitel, B.

19 Zur Drittschutznormtheorie statt vieler *Wahl/Schütz*, in: Schoch/Schmidt-Aßmann/Pietzner, Verwaltungsgerichtsordnung, Rz. 114 ff. zu § 42 Abs. 2 VwGO.

Rechtsfolgen nach Maßgabe des jeweiligen materiellen Rechts aufgeschoben werden und welche sofort vollzogen werden dürfen.

2. *Vorläufigkeit und Endgültigkeit des Rechtszustandes*

Zu beantworten ist außerdem die Frage, welche Rechtsfolgen der Rechtsbehelfseinlegung rückwirkend entfallen müssen und welche nicht rückwirkend entfallen dürfen, wenn das Urteil über die Rechtmäßigkeit bzw. Rechtswidrigkeit des angefochtenen Verwaltungsaktes dem Rechtszustand widerspricht, der durch die Rechtsbehelfseinlegung geschaffen wurde.

Oft wird davon auszugehen sein, daß das materielle Recht – mit dem Ende des Rechtsbehelfsverfahrens verbindlich festgestellt – eine rückwirkende Korrektur eines Rechtszustandes verlangt, der ihm widerspricht. Dann sind die Rechtszustände, die durch aufschiebende Wirkung oder sofortige Vollziehbarkeit bewirkt werden, nur vorläufige. Gespiegelt findet sich dieser Gedanke für den Fall des Erfolges des Rechtsbehelfs im bisherigen Verständnis des § 113 Abs. 1 S. 1 VwGO. Danach muß der angefochtene Verwaltungsakt, der rechtswidrig ist und den Kläger in Rechten verletzt, vom Gericht rückwirkend aufgehoben werden.[20]

Dies muß jedoch nicht immer so sein. Es ist denkbar, daß das materielle Recht die Unsicherheit, die über eine nur vorläufige Lösung für die Zeit des Rechtsbehelfsverfahrens entsteht, nicht hinnimmt. Für den Fall, daß eine sofortige Vollziehbarkeit Rechtsfolge der Einlegung von Widerspruch oder Anfechtungsklage ist, die auch bei erfolgreichem Rechtsbehelf nicht rückwirkend wieder wegfällt, bedeutet dies eine Modifikation des bisherigen Verständnisses des § 113 Abs. 1 S. 1 VwGO. Eine vollumfängliche rückwirkende Aufhebung des Verwaltungsaktes durch das Verwaltungsgericht ist dann ausgeschlossen. Dies erklärt und rechtfertigt sich aber daraus, daß das materielle Recht selbst, dessen Durchsetzung die gerichtliche Aufhebung rechtswidriger Verwaltungsakte dient, diese Einschränkung vorgibt.

Bereits an dieser Stelle kann ein Beispielsfall angeführt werden, in dem eine einzelne Rechtsfolge der Anfechtung im Falle des Mißerfolgs des Rechtsbehelfs aus Gründen des materiellen Rechts nicht rückwirkend wegfallen darf. Dieser Fall ist der bereits behandelte, daß gegen einen sanktionsbewehrten Verwaltungsakt verstoßen wird, der mit offener Erfolgsaussicht angefochten wurde.[21] Auf der Grundlage des materiellen Rechts ist der Fall wie folgt zu lösen: Die Anfechtung des Widerrufs einer Genehmigung, die etwa im Sinne des § 324 StGB zur Einleitung von Abwässern

---

[20] Statt vieler: *Redeker/v. Oertzen*, Verwaltungsgerichtsordnung, Rz. 5 zu § 113 VwGO.

[21] 1. Kapitel, B. II. 3.

befugt, hat zur Folge, daß dieser verwaltungsrechtsakzessorische Tatbestand des Strafgesetzbuches nicht verwirklicht wird, obwohl nach der Anfechtung weiter Abwasser eingeleitet wird. Die Folgen der Genehmigungsaufhebung im übrigen treten aber ungeachtet der Anfechtung ein: Zu begründen ist diese Differenzierung damit, daß den öffentlichen Interessen am Unterbleiben weiterer Gewässerverschmutzung, die als dringende Gefahrenabwehrinteressen ohne Zweifel die Annahme sofortiger Vollziehbarkeit der Genehmigungsaufhebung tragen, Genüge getan ist, wenn die Verschmutzung mit Mitteln der Verwaltungsvollstreckung sofort unterbunden werden kann. Als Gefahrenabwehrinteressen verlangen diese Interessen aber nicht, daß derjenige, der dennoch Gewässer verschmutzt, sich auch noch strafbar macht, wenn über die mögliche Rechtswidrigkeit der Genehmigungsaufhebung noch nicht entschieden ist. Daß dies für den Zeitraum des Rechtsbehelfsverfahrens endgültig so bleiben muß, auch wenn der Rechtsbehelf im Ergebnis keinen Erfolg hat, folgt aus Art. 103 Abs. 2 GG.[22] Dies ist eine Lösung, die die Vorzüge der Möglichkeit der Differenzierung zwischen einzelnen Rechtsfolgen, die aus einem angefochtenen Verwaltungsakt ableitbar sind, deutlich vor Augen führt.

Inwieweit der durch die Rechtsbehelfseinlegung entstandene Rechtszustand im Falle eines Ausgangs des Rechtsbehelfsverfahrens, der diesem Zustand widerspricht, außerhalb des Anwendungsbereichs von Art. 103 Abs. 2 GG nicht rückwirkend wegfallen darf, ist ein Problem des jeweiligen besonderen Verwaltungsrechts, das unten bei der Erörterung der Beispiele behandelt wird.

II. Grenzen der materiell-rechtlichen Maßstabsableitung

Die materiell-rechtliche Ableitung, inwieweit aufschiebende Wirkung oder sofortige Vollziehbarkeit Rechtsfolge der Rechtsbehelfseinlegung sind, setzt voraus, daß das jeweilige materielle Recht ausreichend deutliche Rechtsgüterzuordnungen trifft. Fehlen solche Zuordnungen, ist nicht hinreichend deutlich erkennbar, inwieweit ein Verwaltungsakt sich auf ein gewichtiges Erlaßinteresse beruft.

1. Ermessen, Unbestimmtheit von Gesetzesbegriffen und Planungs- bzw. Gesamtabwägungsentscheidungen

Mehr oder minder „lose" Rechtsgüterzuordnungen sind dem materiellen Verwaltungsrecht jedoch nicht fremd. Kennzeichen solcher „losen" Güterzuordnungen ist, daß die jeweiligen gesetzlichen Tatbestände offen gestaltet

---

[22] Siehe dazu ebenfalls oben 1. Kapitel, B. II. 3.

sind: Der gesetzliche Tatbestand – der Ort, an dem die gesetzliche Güterzuordnung ihren Ausdruck zu finden hat – determiniert seine Einzelfallanwendung nicht abschließend, sondern überträgt es dem Normanwender, die Rechtsgüterzuordnung für den Einzelfall zu vollenden. Ist aber bereits die gesetzliche Determinierung der Einzelfallentscheidung über eine solche Offenheit des gesetzlichen Tatbestandes zurückgenommen, so ist notwendigerweise dementsprechend auch eine gesetzliche Vorgabe für die Rechtsfolgen einer Rechtsbehelfseinlegung nicht hinreichend deutlich.

Damit ist grob der Grund benannt, der die Tauglichkeit der materiell-rechtlichen Ableitung limitiert. Allerdings ist mit der bloßen Feststellung, daß Einzelfallentscheidungen nicht durchgängig vollständig durch das Gesetz determiniert sind, noch nicht abschließend gesagt, daß in allen derartigen Fällen eine materiell-rechtliche Ableitung von vorneherein ausscheidet. Vielmehr bedarf es zur Grenzziehung einer genaueren Betrachtung der einzelnen Fälle, in denen man von einer zurückgenommenen gesetzlichen Determinierung auszugehen hat.

Es gibt drei typische Fälle, bei denen offene Tatbestände dazu führen, daß Einzelfallentscheidungen nicht abschließend gesetzlich determiniert sind. Diese sind das Ermessen, das Problem der Unbestimmtheit von Gesetzesbegriffen[23] sowie die komplexen Gesamtabwägungs- und Planungsentscheidungen. Mit dem letztgenannten Begriff sind Entscheidungen gemeint, die typischerweise aufgrund von Planfestellungsverfahren ergehen. Trotz der normstrukturellen Ähnlichkeiten, die bei den drei genannten Entscheidungstypen bestehen,[24] ist jedoch nicht zu verkennen, daß das Maß der Offenheit der gesetzlichen Tatbestände und damit der Güterbewertung und -zuordnung nicht gleich stark oder gering, sondern sehr unterschiedlich ist. In den Fällen des „normalen" Ermessens, das sprachlich typischerweise durch die „kann"-Formulierung zum Ausdruck gebracht wird, und des Problems der Unbestimmtheit von Gesetzesbegriffen ist noch eine recht deutliche gesetzliche Programmierung der Einzelfallentscheidung anzunehmen.

---

[23] Die gängige Terminologie vom „unbestimmten Gesetzesbegriff" suggeriert in unzutreffender Weise, daß die Unbestimmtheit ein Problem nur einzelner in Gesetzen verwendeter Begriffe ist. Der hier verwendete Terminus bringt zum Ausdruck, daß das Unbestimmtheitsproblem situationsabhängig jeden Gesetzesbegriff betreffen kann, wenn nämlich ein Sachverhalt in keine eindeutige Beziehung zu dem Begriff gesetzt werden kann. Siehe hierzu grundlegend *Koch*, Unbestimmte Rechtsbegriffe und Ermessen im Verwaltungsrecht, S. 14 ff.

[24] Siehe zu diesem Problemkreis, der hier nicht vertieft behandelt werden soll, die grundlegenden Arbeiten von *Koch*, Unbestimmte Rechtsbegriffe und Ermessensermächtigungen im Verwaltungsrecht, passim, *Rubel*, Planungsermessen, passim. Aufgegriffen und kurz dargestellt finden sich deren Erkenntnisse bei *Koch/Rubel*, Allgemeines Verwaltungsrecht, V. Abschnitt, Rz. 51 ff. In eine ähnliche Richtung geht *Walter Schmidt*, Gesetzesvollziehung durch Rechtssetzung, insbes. S. 149 ff.

Die Fälle des Ermessens und der Unbestimmtheit von Gesetzesbegriffen liegen, was die Erkennbarkeit der gesetzlichen Güterbewertung und -zuordnung angeht, verhältnismäßig nahe bei den gebundenen Entscheidungen. Sie weisen eine nicht signifikant losere gesetzliche Güterzuordnung auf als gebundene Entscheidungen. Auch eine etwas losere Güterbewertung und -zuordnung läßt aber einen materiellen Regelungszweck des gesetzlichen Tatbestandes erkennbar werden. Dieser dirigiert sodann über § 40 VwVfG und die entsprechenden Regelungen der Verwaltungsverfahrensgesetze der Länder die Ausfüllung der jeweiligen Tatbestandslücke. Er bindet diese Ausfüllung insofern eng an die gesetzliche Güterzuordnung.[25] Als Beispiel kann etwa das Widerrufsermessen nach § 15 Abs. 3 Nr. 1 GastG dienen. Die Vorschrift macht es zur Tatbestandsvoraussetzung des Widerrufs, daß eine Gaststätte unter näher beschriebenen Umständen nicht konform mit einer bestehenden Erlaubnis geführt wird. Nimmt man nun nach § 40 VwVfG bzw. nach den entsprechenden Regelungen der Verwaltungsverfahrensgesetze der Länder den Gefahrenabwehrzweck des Gaststättengesetzes und – genauer – die der potentiellen Gefährlichkeit der betroffenen Tätigkeiten entsprechende Art der Realisierung dieses Zwecks über ein präventives Erlaubnisverfahren hinzu, so ergibt sich für das Widerrufsermessen, daß dieses dann zu einer Widerrufsentscheidung führt, wenn der jeweilige Verstoß gegen die Regelungen der vorhandenen Erlaubnis nicht von völlig untergeordneter Bedeutung ist.[26]

Nicht selten wird das Ermessen oft zusätzlich gesetzlich eingeengt. Manchmal wird es etwa auf den Ausnahmefall beschränkt (beispielsweise im Falle der „Soll"-Ausweisung nach § 47 Abs. 2 AuslG). Auch gesetzlich ausgebildete Regelbeispiele machen für ihren Anwendungsbereich die Ausübung des Ermessens überflüssig (siehe etwa die Aufzählung in § 46 AuslG der einzelnen Gründe, die „insbesondere" eine Ausweisung nach § 45 AuslG rechtfertigen).[27] Hinzu kommt, daß Ermessenstatbestände auch durch die Art und Weise ihrer Anwendung über die Selbstbindung der Verwaltung (Art. 3 Abs. 1 GG) zusätzlich präzisiert und konturiert werden. Stellt man nun noch in Rechnung, daß ein „Je-Desto-Schema" auf eine absolut exakte Güterzuordnung gar nicht angewiesen ist, um funktionieren zu können, so

[25] Zu der Abhängigkeit der Qualität dieser Bindung vom höchst unterschiedlichen Maß der Offenheit gesetzlicher Tatbestände insgesamt (und im hier dargestellten Sinne) *Meyer,* in: Meyer/Borgs, Verwaltungsverfahrensgesetz, Rz. 26 zu § 40 VwVfG.

[26] So auch *Michel/Kienzle,* Gaststättengesetz, Rz. 7 zu § 15 GastG. Die Aussagen des § 15 Abs. 3 GastG zu der Frage, wann ein Widerruf auf der Basis der Vorschrift sofort vollziehbar ist, werden unten dargestellt (3. Kapitel, B. III. 1. b).

[27] Zu den Aussagen dieser ausländerrechtlichen Regelungen zur aufschiebenden Wirkung und sofortigen Vollziehbarkeit von entsprechenden Verwaltungsakten unten 3. Kapitel, B. III. 1. d).

kann man von einer zwar nicht vollständigen, aber für die Ermittlung der Rechtsfolgen einer Rechtsbehelfseinlegung doch ausreichend starken gesetzlichen Determinierung normaler Ermessensentscheidungen und von Fällen unbestimmter Gesetzesbegriffe ausgehen. Diese erlaubt es, die Rechtsfolgen einer Rechtsbehelfseinlegung wie bei gebundenen Entscheidungen auch aus dem materiellen Recht abzuleiten.[28]

Geht es hingegen um Verwaltungsakte zu komplexen Gesamtabwägungs- bzw. Planungsentscheidungen im materiellen Sinn[29], für die der Planfeststellungsbeschluß eine typische[30] Entscheidungsform ist, so sind in den jeweiligen konkreten Fällen zwar regelmäßig auch öffentliche (meist: Infrastruktur-)Interessen involviert. Daß die Rechtsfolgen einer Rechtsbehelfseinlegung aus diesen Interessen nicht abgeleitet werden können, liegt daran, daß bei derartigen Verwaltungsakten zu Vorhaben mit (typischerweise) erheblichem Raumbezug, vielen Einwendern und einer entsprechend komplexen Gemengelage der involvierten Interessen anders als beim normalen Ermessen und dem Unbestimmtheitsproblem von Gesetzesbegriffen schon keine „typischen" Interessenlagen ausgemacht werden können. Denn aus der Komplexität der Sachverhalte folgt zwingend, daß die einzelnen Fälle auch nicht im Ansatz miteinander verglichen werden können. Dies hat notwendig zur Folge, daß eine abstrakt-generelle (also gesetzliche) normative Determinierung der Einzelentscheidung sehr weitgehend fehlt. In den einschlägigen Rechtsgrundlagen wird der Befund sinnfällig: Sie enthalten nämlich im Kern nichts anderes als den Auftrag an den Normanwender, die involvierten Interessen selbst zu bewerten und einander einzelfallspezifisch zuzuordnen. Normativ strukturiert und begrenzt ist dieser Auftrag oft durch nichts anderes als die von der Rechtsprechung für Planungsentscheidungen entwickelten Direktiven der Abwägungs(fehler)lehre,[31] also einen bloßen Rahmen für die zu leistende Abwägungsaufgabe. Enthalten solche Tatbestände, was manchmal vorkommt, besondere materielle Vorgaben für die zu treffenden Entscheidungen, etwa den Auftrag, bestimmte Rechtsgüter vorrangig in den Abwägungsvorgang einzustellen, so bleiben jedoch auch diese Vorgaben höchst allgemein. Damit bleibt es auch bei einer so ausge-

---

[28] Beispiele werden unten dargestellt (3. Kapitel, B. III.).

[29] Siehe hierzu die Darstellungen von *Wahl,* NVwZ 1990, S. 426 (S. 427 ff.), und *Wahl/Johannes Dreier,* NVwZ 1999, S. 606 (S. 608 f.).

[30] Auch manche Entscheidungen, die nicht in der Form eines Planfeststellungsbeschlusses ergehen, fallen unter den Begriff der materiellen Planungsentscheidung, so etwa die Entscheidung nach § 7 AtomG, bei der ein Versagungsermessen besteht, das die Charakteristik einer Gesamtabwägungsentscheidung aufweist. Weitere Beispiele bei *Wahl,* NVwZ 1990, S. 426 (S. 428 f.) und *Wahl/Johannes Dreier,* NVwZ 1999, S. 606 (S. 608).

[31] Dazu allgemein *Stüer,* Handbuch des Bau- und Fachplanungsrechts, Rz. 2172 mit zahlreichen weiteren Nachweisen aus der Rechtsprechung.

stalteten gesetzlichen Grundlage unmöglich, eine hinreichend eindeutige allgemeine Präponderanz bestimmter Interessen für einen Einzelfall abzuleiten. Mangels konkreter gesetzlicher Vorgaben über Güterzuordnungen versagt auch die bei normalen Ermessensentscheidungen und Unbestimmtheitsproblemen (wie dargestellt starke) Steuerungskraft von Normzwecken sehr weitgehend, weil diese Bindung eine materielle Beschreibbarkeit von Normzwecken voraussetzt. Bei Gesamtabwägungsentscheidungen sind Normzwecke indes nicht oder kaum materiell faßbar, denn letztlich läßt sich bei solchen Entscheidungen auch der Normzweck nur als „Gebot gerechter Abwägung“ beschreiben.[32]

Für Planungs- und Gesamtabwägungsentscheidungen ist deshalb festzuhalten, daß das materielle Recht hier zu der Frage, wann ein Verwaltungsakt sofort vollziehbar ist und wann nicht, nichts aussagt. Hier ist dann zu untersuchen, ob Regelungen existieren, die es wahrscheinlich erscheinen lassen, daß das Verwaltungsgericht den Verwaltungsakt nicht aufheben wird. Dabei spielt das Verwaltungsverfahrensrecht die entscheidende Rolle.[33]

Die beiden anderen Probleme, die bei der Bestimmung der Rechtsfolgen einer Rechtsbehelfseinlegung auftreten, löst das materielle Recht allerdings auch bei Gesamtabwägungsverwaltungsakten. Aus dem dargestellten Abwägungsauftrag des materiellen Recht folgt zunächst, daß es bei Planungs- und Gesamtabwägungsverwaltungsakten materiell-rechtlich ausgeschlossen ist, die aufschiebende Wirkung bzw. die sofortige Vollziehbarkeit einzelrechtsfolgenbezogen zu bestimmen. Die aus diesem Abwägungs- und Zuordnungsauftrag folgende Aufgabe des Norm„anwenders“ bedeutet auch, daß alle Rechtsfolgen, die aus der zu fällenden Entscheidung abgeleitet werden können, unlösbar integriert werden müssen. Denn wenn als Ergeb-

---

[32] Allerdings könnte man im Zusammenhang mit Planungs- und Gesamtabwägungsverwaltungsakten auch wie folgt materiell-rechtlich argumentieren, um die Rechtsfolgen einer Rechtsbehelfseinlegung zu bestimmen: Vertritt man im Zusammenhang mit der gerichtlichen Überprüfung von Planungsentscheidungen (richtigerweise) die These, daß diese nur eingeschränkt kontrollierbar sein sollen, weil der Verwaltung ein „Beurteilungsspielraum“ oder planerisches Ermessen zusteht, so ist es nur eine naheliegende Konsequenz, Rechtsbehelfen gegen derartige Entscheidungen, die nicht offensichtlich rechtswidrig sind, auch schon die Wirkung zu versagen, daß bis zur Entscheidung über den Rechtsbehelf die Umsetzung der Entscheidung gehemmt wird: Denn bei nicht offensichtlicher Rechtswidrigkeit wird der Rechtsbehelf auf der Grundlage dieser These ja sowieso erfolglos sein. Diese Argumentation erscheint zwar prinzipiell möglich, sie würde aber eine Auseinandersetzung mit den Problemen des Planungsermessens und seiner gerichtlichen Kontrollierbarkeit erfordern. Dies aber würde den Rahmen sprengen, der durch das Thema dieser Arbeit gezogen ist.

[33] Siehe hierzu oben bei den Maßstäben des vorläufigen Rechtsschutzes nach dem neuen Modell, 2. Kapitel, A., und genauer unten 3. Kapitel, B. II. 1. und B. V.

nis der Abwägung alle Belange einander gegenseitig zugeordnet sind, so sind auch sämtliche in bezug auf diese Belange bewirkten Rechtsfolgen unlösbar miteinander verbunden.

Auch die Frage, ob bei Gesamtabwägungsverwaltungsakten der Rechtszustand, der durch die Rechtsbehelfseinlegung geschaffen wird, rückwirkend entfällt, wenn er dem abschließenden Urteil über die Rechtmäßigkeit bzw. Rechtswidrigkeit widerspricht, wird durch das materielle Recht beantwortet: Der Zustand muß rückwirkend wegfallen. Kann nämlich Grundlage der Ermittlung der Rechtsfolgen der Rechtsbehelfseinlegung nur das Wahrscheinlichkeitsurteil sein, daß der Verwaltungsakt eine gerichtliche Prüfung überstehen wird,[34] so verbietet sich jedenfalls eine Gleichbehandlung mit den Fällen offensichtlich fehlender Erfolgsaussichten des eingelegten Rechtsbehelfs, in denen die sofortige Vollziehbarkeit nicht wieder rückwirkend entfällt.[35] Aber es findet sich auch keine Norm, die für den Fall zweifelhafter Erfolgsaussicht ein Verbot der rückwirkenden Korrektur des durch die Rechtsbehelfseinlegung geschaffenen Rechtszustandes enthält, wenn dieser Zustand dem Ergebnis des Rechtsbehelfsverfahrens widerspricht.[36]

2. *Begünstigende Verwaltungsakte mit belastender Drittwirkung*

Der zweite Fall, in dem über die Rechtsfolgen der Einlegung von Widerspruch und Anfechtungsklage zu entscheiden ist, die Güterzuordnung des materiellen Rechts aber keine Ableitung erlaubt, inwieweit aufschiebende Wirkung oder sofortige Vollziehbarkeit eintreten, ist der des begünstigenden Verwaltungsakts, der einen Dritten belastet (und daher von diesem Belasteten angefochten werden kann). Das klassische Beispiel ist die dem Bauherren erteilte Baugenehmigung, die den Nachbarn als Dritten belastet.

Auch in diesen Fällen verarbeitet das materielle Recht zwar öffentliche Interessen. Diese können aber die Maßstäbe des einstweiligen Rechtsschutzes nicht liefern. Denn entweder handelt es sich nach der gesetzlichen Ausgestaltung um solche öffentlichen Interessen, *trotz* derer der Verwaltungsakt erlassen wird. Bei der Baugenehmigung zeigt sich dies etwa daran, daß sie nur erlassen wird, wenn das Vorhaben den öffentlich-rechtlichen Vorschriften entspricht[37], wenn diese dem Vorhaben also nicht entgegenstehen. Daß solche öffentlichen Interessen nicht verlangen können, daß ein Verwal-

[34] Siehe hierzu oben 2. Kapitel, A., und unten 3. Kapitel, D.

[35] Oben 3. Kapitel, A. I.

[36] Dabei wird allgemein davon ausgegangen, daß für den Normalfall das materielle Recht eine rückwirkende Korrektur eines ihm widersprechenden intermediären Zustandes verlangt, es sei denn, es findet sich im materiellen Recht ein entsprechendes Verbot wie etwa Art. 103 Abs. 2 GG. Siehe dazu oben 3. Kapitel, B. I. 2.

[37] So etwa für Hessen § 70 Abs. 1 S. 1 HessBauO.

tungsakt sofort vollziehbar ist, liegt auf der Hand. Oder aber – soweit Verwaltungsakte mit belastender Drittwirkung doch bestimmte öffentliche Interessen fördern – es handelt sich um solche öffentlichen Interessen, für die normativ nicht sichergestellt ist, daß sie über Rechtsfolgen, die ihrem Gewicht entsprechen, verwirklicht werden. Fördern solche Verwaltungsakte nämlich öffentliche Interessen, so geschieht dies unabhängig vom Gewicht dieser Interessen, da eine private Disposition dazwischen geschaltet ist: Ein solcher Verwaltungsakt ergeht auf Antrag eines Privaten, der ihn überdies auch noch tatsächlich umsetzen muß. Hier liegt der kategoriale Unterschied zu den Fällen, in denen das materielle Recht im Sinne eines Je-Desto-Schemas verschieden gewichtige öffentliche Erlaßinteressen verarbeitet und diese gewichtsentsprechend mit Rechtsfolgen verknüpft.[38] Diese für die Ableitung der Rechtsfolgen der Rechtsbehelfseinlegung ansonsten grundlegende Eigenschaft des materiellen Rechts ist in den Fällen des begünstigenden drittbelastenden Verwaltungsakts wegen der Zwischenschaltung privater Disposition nicht feststellbar.[39] Dies zeigt wiederum das für diesen Bereich klassische Beispiel der Baugenehmigung sehr deutlich: So wird beispielsweise die Umsetzung eines bestehenden Bebauungsplans als das öffentliche Interesse, das mittels einer bebauungsplankonform erlassenen Baugenehmigung gefördert wird, oder das öffentliche Interesse, das eine Befreiung „erfordert" (§ 31 Abs. 2 Nr. 1 BauGB), nur in Abhängigkeit von der privatrechtlichen Disposition der Bauherren umgesetzt, die entsprechend bauen wollen. Es kann deshalb vorkommen, daß diese öffentlichen Interessen – und zwar gänzlich unabhängig davon, wie gewichtig oder unwichtig die Planung für die Gemeinde ist bzw. wie wichtig oder unwichtig die Gründe des allgemeinen Wohls nach § 31 Abs. 2 Nr. 1 BauGB sind –, überhaupt nicht oder vollends verwirklicht werden.[40]

Damit bleiben für eine materiell-rechtlich geleitete Konfliktlösung allein die involvierten privaten Rechtspositionen übrig. Indes ist eine Präponderanz einer dieser Rechtspositionen im hier untersuchten Fall, daß die Erfolgsaussichten des eingelegten Nachbarrechtsbehelfs offen sind, nicht gegeben. Denn das materielle Recht balanciert die involvierten privaten Interessen nur für den Endzustand aus. Auch führt etwa der Gedanke, daß die involvierten privatrechtlichen Rechtspositionen verfassungsrechtlich ge-

---

[38] Dazu oben 3. Kapitel, B. I.

[39] Geht man im übrigen davon aus, daß das öffentliche Recht sich dieses Ausgleiches von Privatinteressen auch deshalb annimmt, weil ein öffentliches Interesse an der Konfliktbewältigung durch sachnahe öffentlich-rechtlich entscheidende Behörden besteht, so ist ersichtlich, daß ein Interesse an Konfliktbewältigung an sich keine inhaltlichen Maßstäbe liefern kann, nach welchen Maßstäben der Konflikt zu bewältigen ist.

[40] Nicht hierher gehört jedoch das Baugebot nach § 176 BauGB, denn hierbei handelt es sich um einen reinen belastenden Verwaltungsakt.

schützt sein können – im bereits angeführten Fall der Baugenehmigung, die den Nachbarn beeinträchtigt, ist die Rechtsposition des Begünstigten etwa über die sogenannte Baufreiheit aus Art. 14 Abs. 1 GG geschützt – nicht weiter. Denn die Rechtsposition des Belasteten ist über dasselbe Grundrecht geschützt und damit verfassungsrechtlich gesehen prinzipiell gleichwertig.[41] Daran kann auch ein Rekurs auf Art. 19 Abs. 4 GG nichts ändern, da diese Vorschrift subjektive Rechte voraussetzt, nicht aber selbständig begründet.[42]

Zu der Frage, ob der durch die Rechtsbehelfseinlegung geschaffene Rechtszustand rückwirkend entfällt, wenn er dem abschließenden Urteil über Rechtswidrigkeit bzw. Rechtmäßigkeit widerspricht, gilt im übrigen das Gleiche wie bei den Gesamtabwägungsverwaltungsakten. Auch hier kann aus denselben materiell-rechtlichen Erwägungen der Rechtszustand, wie er durch die Rechtsbehelfseinlegung entstanden ist, nur vorläufig bestehen. Auch hier fällt also dieser Rechtszustand rückwirkend wieder weg, wenn das Ergebnis des Rechtsbehelfsverfahrens ihm widerspricht.

3. Zusammenfassung

Von den Fällen, in denen die gesetzliche Determinierung von Einzelfallentscheidungen zurückgenommen ist, erlauben das normale Ermessen sowie das Problem der Unbestimmtheit von Rechtsbegriffen eine materiell-rechtliche Ableitung, inwieweit aufschiebende Wirkung oder sofortige Vollziehbarkeit Rechtsfolgen der Einlegung eines Rechtsbehelfs sind. Bei den Planungs- und Gesamtabwägungsentscheidungen, die typischerweise aufgrund von Planfeststellungsverfahren ergehen, ist die gesetzliche Determinierung der Einzelfallentscheidung noch weiter zurückgenommen. Hier ist eine ma-

---

[41] *Schoch,* Vorläufiger Rechtsschutz und Risikoverteilung im Verwaltungsrecht, S. 425; *Schoch,* in: Schoch/Schmidt-Aßmann/Pietzner, Verwaltungsgerichtsordnung, Rz. 18 zu § 80 VwGO sowie Rz. 24 zu § 80a VwGO.

[42] *Schoch,* Vorläufiger Rechtsschutz und Risikoverteilung im Verwaltungsrecht, S. 425. – Die von *Schoch* aus dieser Gleichwertigkeit unter Bezugnahme auf Art. 3 Abs. 1 GG gezogene Folgerung, es müsse eine prozessuale Waffengleichheit geben, mag zutreffend sein. Daraus jedoch mit *Schoch* (in: Schoch/Schmidt-Aßmann/Pietzner, Verwaltungsgerichtsordnung, Rz. 27 zu § 80a VwGO), abzuleiten, wegen der den Nachbarn einseitig bevorzugenden aufschiebenden Wirkung könne der Bauherr, ohne sich auf ein überwiegendes Interesse berufen zu müssen, ohne weiteres eine Anordnung der sofortigen Vollziehbarkeit erwirken, wenn der Verwaltungsakt rechtmäßig ist, heißt nichts anderes als den Entscheidungsmaßstab des Hauptsacheverfahrens zugrunde zu legen. Ein solcher Maßstab scheidet für die Bestimmung des „Ob und Wieweit" der aufschiebenden Wirkung bei offenen Erfolgsaussichten des eingelegten Rechtsbehelfs aber aus. Dies verdeutlicht, daß es hier eines völlig anderen Ansatzes bedarf, der mit dem materiellen Recht und den Interessen der Beteiligten überhaupt nichts zu tun hat.

teriell-rechtliche Lösung dieses Problems ausgeschlossen. Gleiches gilt für die Fälle des begünstigenden Verwaltungsaktes mit belastender Drittwirkung. Insoweit kann eine Bestimmung der Rechtsfolgen einer Rechtsbehelfseinlegung jedoch im wesentlichen nach Maßgabe der gesetzlichen Verwaltungsverfahrensgestaltung erfolgen.[43]

In allen Fällen, in denen das materielle Recht keine Ableitung erlaubt, inwieweit aufschiebende Wirkung oder sofortige Vollziehbarkeit Rechtsfolgen der Rechtsbehelfseinlegung sind, gibt das materielle Recht jedoch vor, daß der durch die Rechtsbehelfseinlegung geschaffene Rechtszustand für den Fall, daß er dem abschließenden Urteil über Rechtswidrigkeit bzw. Rechtmäßigkeit des angefochtenen Verwaltungsaktes widerspricht, rückwirkend korrigiert werden muß.

III. Beispiele der materiell-rechtlich geleiteten Maßstabsableitung

In dem nun folgenden Abschnitt wird anhand einiger Beispiele gezeigt, wie eine Ableitung der Rechtsfolgen der Einlegung von Rechtsbehelfen, die durch das materielle Recht determiniert wird, konkret aussieht. Die Notwendigkeit exemplarischen Vorgehens ergibt sich aus der immensen Breite des materiellen Verwaltungsrechts und der Vielfalt seiner Regelungsgegenstände. Die Auswahl der behandelten Materien orientiert sich an der praktischen Bedeutung der jeweiligen Rechtsgebiete.

1. Gefahrenabwehrrecht

Vom Gefahrenabwehrrecht und seiner Eigenschaft, das Interesse an der sofortigen Vollziehbarkeit der Verwaltungsakte, die seiner Verwirklichung dienen, im Erlaßinteresse zu inkorporieren, war schon die Rede.[44] Diese Eigenschaft des materiellen Gefahrenabwehrrechts soll nunmehr fruchtbar gemacht werden, um die Frage zu beantworten, ob und inwieweit ein gefahrenabwehrrechtlicher Verwaltungsakt sofort vollziehbar ist bzw., ob und inwieweit ein gegen einen solchen Verwaltungsakt eingelegter Rechtsbehelf aufschiebende Wirkung hat.

a) Gefahrenabwehrverfügungen nach den allgemeinen Polizeigesetzen

Zunächst ist für den Bereich der polizeilichen Maßnahmen davon auszugehen, daß die Standardmaßnahmen, zu denen die Polizeigesetze berechtigen, meist keine Verwaltungsakte darstellen, die allein der aufschiebenden

---

[43] Dies wird unten (3 Kapitel, B. V.) genauer ausgeführt.

[44] Oben 1. Kapitel, A. III. 1.

Wirkung fähig sind. Nur bei Befehlen, die auf die polizeiliche Generalklausel gestützt werden,[45] sowie bei den Standardmaßnahmen des Platzverweises[46] und der Vorladung[47] handelt es sich um belastende Verwaltungsakte.[48] Andere Standardmaßnahmen wie etwa das Betreten von Wohnungen,[49] die Sicherstellung von Gegenständen[50] oder die Ingewahrsamnahme von Personen,[51] stellen lediglich Realakte dar. Sie weisen keinen Regelungsgehalt auf. Die Vorstellung einer Duldungsverfügung, die jeweils mit der Vornahme einer realaktischen Standardmaßnahme konkludent ergeht, ist zu Recht verabschiedet worden.[52]

Die genannten Verwaltungsakte zeitigen nur eine einzige Rechtsfolge. Da es sich um befehlende Verwaltungsakte handelt,[53] ist die Rechtsfolge, die sich aus ihnen ergibt, eine Pflicht des Adressaten, den Verwaltungsakt zu befolgen. Je nach abverlangtem Verhalten – vertretbare oder unvertretbare Handlung – läßt sich diese Pflicht genauer als Verpflichtung zu eigenhändiger Befehlsbefolgung beschreiben oder als Pflicht mit der Möglichkeit, die eigenhändige Befolgung dadurch zu substituieren, daß ein Dritter eingeschaltet wird. Sanktionsbewehrt ist die Nichtbefolgung solcher Verwaltungsakte nicht.

Eine einfache Aussage läßt sich auch darüber treffen, ob der durch die Rechtsbehelfseinlegung bewirkte Rechtszustand nur vorläufig gilt. Die Polizeigesetze enthalten Staatshaftungstatbestände,[54] die eine Gefahrenabwehrmaßnahme zum Anknüpfungspunkt der Haftung machen, wenn die Gefah-

---

45 In Hessen: § 11 HessSOG.

46 In Hessen: § 31 HessSOG.

47 In Hessen: § 30 HessSOG.

48 So auch *Rachor,* in: Lisken/Denninger, Handbuch des Polizeirechts, Kap. F., Rz. 44.

49 In Hessen: § 38 HessSOG.

50 In Hessen: § 40 HessSOG.

51 In Hessen: § 32 HessSOG.

52 Dazu *Rachor,* in: Lisken/Denninger, Handbuch des Polizeirechts, Kap. F., Rz. 35 ff. mit dem Hinweis auf den zwischenzeitlich erledigten Hintergund der Konstruktion der konkludenten Duldungsverfügung: Nach § 127 ff. PrLVG hing der Rechtsschutz des Bürgers gegen polizeiliches Handeln vom Vorliegen einer Verfügung ab, weswegen man in eigentlich realaktisches Handeln Regelungsgehalt „hineinlas".

53 Zur Charakteristik befehlender Verwaltungsakte *Stelkens/Stelkens,* in: Stelkens/Bonk/Sachs, Verwaltungsverfahrensgesetz, Rz. 139 zu § 35 VwVfG.

54 In Hessen: § 64 Abs. 1 S. 2 HessSOG. Entsprechende Tatbestände in anderen Ländern: § 59 Abs. 2 ASOG Berlin, § 38 lit. b) ObG Brandenburg, § 70 PolG Brandenburg, § 56 Abs. 1 S. 2 PolG Bremen, § 80 Abs. 1 GefAG Niedersachsen, § 67 PolG i. V m. § 39 lit. b) OBG Nordrhein-Westfalen, § 68 Abs. 1 S. 2 POG Rheinland-Pfalz, § 68 Abs. 1 S. 2 PolG Schleswig-Holstein, § 69 Abs. 1 S. 2 SOG Sachsen-Anhalt, § 68 Abs. 3 PAG Thüringen.

renabwehrmaßnahme rechtswidrig ist. Die Umsetzung eines sofort vollziehbaren gefahrenabwehrrechtlichen Verwaltungsaktes ist ohne weiteres eine solche Gefahrenabwehrmaßnahme. Die Rechtswidrigkeit bemißt sich dabei nach Maßgabe des materiellen Rechts[55] und damit ohne Rücksicht auf durch eine Rechtsbehelfseinlegung geschaffenen Zustände. Damit geben diese Tatbestände zu erkennen, daß der durch den Abschluß eines Rechtsbehelfsverfahrens geschaffene Rechtszustand schlußendlich insgesamt maßgeblich sein soll. Deswegen muß der Rechtszustand, der durch die Rechtsbehelfseinlegung geschaffen wird, rückwirkend korrigiert werden, wenn er dem abschließenden Urteil über die Rechtmäßigkeit bzw. Rechtswidrigkeit des angefochtenen Verwaltungsaktes widerspricht.

Der einfache Begriff der Gefahr, wie er in den Vorschriften der Polizeigesetze vorkommt, die zum Erlaß von Verwaltungsakten ermächtigen, erlaubt als solcher keinen Schluß auf die sofortige Vollziehbarkeit eines entsprechenden Verwaltungsakts. Eine einfache Gefahr liegt schon dann vor, wenn einem nicht besonders hochwertigen Rechtsgut in weiterer Zukunft ein Schaden droht. Auch dann nämlich erscheint es schon in irgend einer Weise greifbar, daß ein Schaden entsteht.[56] Liegt der Zeitpunkt, zu dem sich der Schaden möglicherweise realisiert, aber nach dem Abschluß eines Hauptsacheverfahrens, was angesichts der Weite des allgemeinen Gefahrbegriffs durchaus möglich ist, so ist die sofortige Vollziehbarkeit nicht notwendig. Im Gegenteil ist dann die aufschiebende Wirkung gerechtfertigt. Mit dieser Feststellung steht fest, unter welchen Umständen bei den Tatbeständen, die zum Erlaß von Verwaltungsakten ermächtigen und als Rechtmäßigkeitsvoraussetzung nur eine einfache Gefahr festlegen, die Notwendigkeit sofortiger Vollziehbarkeit materiell-rechtlich vorgegeben ist: Nämlich dann, wenn aufgrund des jeweiligen Sachverhaltes nicht nur der einfache Gefahrenbegriff, sondern einer der qualifizierten Gefahrbegriffe erfüllt ist, wie sie sich in den Vorschriften häufig finden, die zu realaktischen Standardmaßnahmen ermächtigen.

Diese Qualifikationen sind entweder über die zeitliche Nähe des wahrscheinlichen Schadenseintritts oder über die Bedeutung bzw. das Gewicht des Rechtsguts, dem ein Schaden droht, gebildet. Zur ersten Gruppe gehören etwa die Ermächtigungen zur Sicherstellung von Gegenständen[57] und zum Betreten von Wohnungen.[58] Die zeitliche Qualifikation beschreibt eine Wahrscheinlichkeit zeitlich naher Schadensverwirklichung, die sich – stellt

---

[55] *Ossenbühl*, Staatshaftungsrecht, S. 409 f.

[56] Diese Greifbarkeit der möglichen Schadensverwirklichung ist Voraussetzung des Vorliegens der (einfachen) Gefahr; dazu m.w.N. *Denninger*, in: Lisken/Denninger, Handbuch des Polizeirechts, Kap. E. Rz. 32 f.

[57] Die nach § 40 Nr. 1 HessSOG eine „gegenwärtige" Gefahr zur Eingriffsvoraussetzung macht.

man die notwendige Dauer verwaltungsgerichtlicher Hauptsacheverfahren in Rechnung – regelmäßig vor Ende des Hauptsacheverfahrens realisieren wird. Damit ist ein wesentlicher Gesichtspunkt benannt. Er führt in Verbindung mit dem Gedanken, daß die jeweiligen Maßnahmen ihrem Gefahrenabwehrzweck gerecht werden sollen, also wirksam sein sollen, zu der Annahme, daß befehlende Verwaltungsakte sofort vollziehbar sein müssen, wenn im konkreten Fall eine derartige Gefahr vorliegt, die über die besondere zeitliche Nähe des Schadenseintritts qualifiziert ist. Dieser Gesichtspunkt spielt etwa in zwei Beschlüssen des OVG Münster[59] eine Rolle für die Annahme, ein gegen ein bekanntes Mitglied der offenen Drogenszene erlassenes und auf die polizeiliche Generalklausel gestütztes Verbot, bestimmte öffentliche Plätze zu betreten bzw. sich auf ihnen aufzuhalten, sei sofort vollziehbar.

Nicht anders ist es im Ergebnis, wenn eine Gefahr vorliegt, die über die Bedeutung oder das Gewicht der gefährdeten Rechtsgüter definiert ist. Als Beispiele aus dem Bereich der realaktischen Standardmaßnahmen sind etwa zu nennen die Ingewahrsamnahme einer Person zu ihrem eigenen Schutz,[60] die eine Gefahr für Leib oder Leben der Person voraussetzt, oder das (einfache) Betreten von Wohnungen, das eine Gefahr für Leib, Leben oder Freiheit bzw. Sachen von bedeutendem Wert voraussetzt.[61] Diese Gefahrqualifikationen haben zwar als solche keinen Bezug zur zeitlichen Nähe des wahrscheinlichen Schadenseintritts. Vor dem Hintergrund des besonderen Werts der bedrohten Rechtsgüter in Verbindung mit der Forderung des materiellen Rechts nach der Wirksamkeit der Gefahrenabwehrmaßnahme muß aber gefolgert werden, daß wegen dieses Wertes der bedrohten Rechtsgüter das zusätzliche Risiko nicht hinnehmbar ist, das damit verbunden ist, der Entwicklung zum Schaden noch länger untätig zuzusehen, bis der Schadenseintritt zeitlich nahe bevorsteht.[62]

Unter dem Aspekt des besonderen Gewichts der bedrohten Rechtsgüter rechtfertigen etwa der VGH Mannheim (Grundwassergefährdung durch austretendes Mineralöl)[63] oder das OVG Münster (Zwangseinweisung zur Ver-

---

[58] Die nach § 38 Abs. 6 HessSOG eine „dringende" Gefahr zur Voraussetzung der Rechtmäßigkeit der Maßnahme macht.

[59] Vom 18. 1. 2000 (Az.: 5 B 1956/99) und vom 6. 9. 2000 (Az.: 5 B 1201/00). Daneben spielte in diesen Entscheidungen auch der Aspekt des besonderen Gewichts der bedrohten Rechtsgüter eine Rolle, dazu sogleich im Text.

[60] In Hessen: § 32 Abs. 1 Nr. 1 HessSOG.

[61] Im letztgenannten Fall ist der Gefahrbegriff zusätzlich über die zeitliche Nähe der Wahrscheinlichkeit des Schadenseintritts qualifiziert, da die Gefahr für die genannten Rechtsgüter auch noch eine „gegenwärtige" sein muß.

[62] Siehe außerdem die im 3. Kapitel, Fn. 59, zitierten Entscheidungen des OVG Münster.

[63] Beschluß vom 3. 12. 1973, Az.: II 1028/73.

meidung von Obdachlosigkeit einer siebenköpfigen Familie)[64] jeweils die sofortige Vollziehbarkeit auf die polizeiliche Generalklausel gestützter Maßnahmen.

Dieser Argumentation läßt sich nicht entgegenhalten, daß es sich hierbei nicht um eine materiell-rechtlich geleitete Bestimmung der Rechtsfolgen einer Rechtsbehelfseinlegung handelt, da das materielle Recht in den Fällen der Ermächtigungsgrundlagen, die auf den einfachen Gefahrenbegriff aufbauen, diese Differenzierungen nicht enthalte. Dabei würde verkannt, daß es nach dem Sinn des Gefahrenabwehrrechts darum geht, eine Gefahr in ihrer tatsächlichen Gestalt zu bekämpfen.[65] Ist diese Gefahr eine qualifizierte, so ist die qualifizierte Gefahr zu bekämpfen. Ermächtigungsgrundlagen, die nur eine einfache Gefahr zur Eingriffsvoraussetzung bestimmen, sind demzufolge auch selbstverständlich nicht „gesperrt“, wenn eine qualifizierte Gefahr vorliegt. Sie dürfen auch unter solchen Umständen zur Grundlage von Maßnahmen genommen werden. Diese Ermächtigungsgrundlagen sind demnach nur so zu verstehen, daß sie dann zu den jeweiligen Maßnahmen berechtigen, wenn mindestens eine einfache Gefahr vorliegt. Insoweit ist es auch bei polizeirechtlichen Tatbeständen, die zum Erlaß belastender Verwaltungsakte bloß eine einfache Gefahr voraussetzen, eine Funktion der Anwendung dieser Tatbestände, gleichzeitig auch über die Frage nach aufschiebender Wirkung oder sofortiger Vollziehbarkeit zu entscheiden.

„Unaufschiebbare Anordnungen von Polizeivollzugsbeamten“ sind nach § 80 Abs. 2 Nr. 2 VwGO von Gesetzes wegen sofort vollziehbar. Damit taucht das Problem auf, wie sich diese Regelung zu den materiell-rechtlichen Vorgaben verhält.[66] Wenn diese Regelung über die materiell-rechtlichen Vorgaben hinausgeht, muß sie vor Art. 3 Abs. 1 GG gerechtfertigt werden.

In ihrem Tatbestandsmerkmal „unaufschiebbar“ gibt die Vorschrift die materiell-rechtliche Vorgabe lediglich wieder. In dem Begriff der Unaufschiebbarkeit ist nicht nur das (reine) zeitliche Moment der Notwendigkeit der Gefahrenabwehr wegen unmittelbar bevorstehender Schadensverwirklichung abgedeckt. In ihm ist auch der als „Wertmoment“ zu beschreibende Gedanke enthalten, daß wegen des hohen Wertes eines bedrohten Rechtsgutes bereits das Risiko nicht hinnehmbar ist, der weiteren Entwicklung tatenlos zuzusehen, bis der Eintritt des Schadens unmittelbar bevorsteht. Auch diese Überlegung bewirkt ja, wie gerade ausgeführt, die Notwendigkeit sofortiger Umsetzbarkeit der Gefahrenabwehrmaßnahme.

---

64 NVwZ 1991, S. 692 f.

65 Siehe auch die Darstellung oben (1. Kapitel, A. III. 1.) zu dem Problem, weshalb das Erlaßinteresse bei gefahrenabwehrrechtlichen Verwaltungsakten als auf die Abwehr der jeweils konkret bestehenden Gefahr gerichtet begriffen werden muß.

66 Dazu allgemein oben 2. Kapitel, C. I.

Soweit die Vorschrift allerdings den Ausschluß der aufschiebenden Wirkung an dem formalen Kriterium orientiert, daß die sofortige Vollziehbarkeit davon abhängt, daß die fragliche Anordnung von einem Polizeivollzugsbeamten stammen muß, bleibt sie in ihrer Bestimmung der Reichweite der sofortigen Vollziehbarkeit hinter den materiell-rechtlichen Vorgaben zurück. Diese enthalten keine derartige formale Einschränkung, sondern knüpfen lediglich daran an, wie wichtig die zu verwirklichenden Rechtsfolgen vor dem Hintergrund der Güterbewertung und -zuordnung des materiellen Rechts sind.

Eine hinter den Vorgaben des materiellen Rechts zurückbleibende Anordnung der sofortigen Vollziehbarkeit kann aber ohnehin nicht abschließend wirken.[67] Das Problem der Rechtfertigung des Ausschlusses der aufschiebenden Wirkung, der durch § 80 Abs. 2 Nr. 2 VwGO bestimmt ist, stellt sich demnach nicht. Die prima vista möglicherweise als wenig sachgerecht erscheinende Einschränkung auf Anordnungen von Polizeivollzugsbeamten ist also nicht rechtfertigungsbedürftig.

b) Widerruf und Rücknahme von Gaststättenerlaubnissen

Eine weitere typische Fallkonstellation des Gefahrenabwehrrechts, in der belastende Verwaltungsakte erlassen werden, ist die der Aufhebung von Genehmigungen, die aufgrund präventiv-polizeilich motivierter Genehmigungsverfahren (Verbote mit Erlaubnisvorbehalt) ergangen sind. Ermächtigungsgrundlagen für derartige Aufhebungen sind oft in den jeweiligen Fachgesetzen gegenüber den §§ 48 und 49 VwVfG sowie den entsprechenden Regelungen in den Verwaltungsverfahrensgesetzen der Länder speziell vorgesehen. Auf ihre Vorgaben für die sofortige Vollziehbarkeit hin untersucht werden soll hier die spezielle Rücknahme-/Widerrufsregel des § 15 GastG.[68]

Eine solche Aufhebung einer Gaststättenerlaubnis hat in erster Linie eine rechtsgestaltende Wirkung. Sie bewirkt, daß eine Genehmigung des Betriebes einer Gaststätte, die einem Gastwirt zuvor erteilt wurde, nicht mehr existiert. Ist die Genehmigung nicht mehr vorhanden, so bewirkt dies auch, daß eine eventuelle Fortsetzung des Gaststättenbetriebes genehmigungslos erfolgt. Dies erfüllt einen Ordnungswidrigkeitstatbestand, nämlich § 28 Abs. 1 Nr. 1 GastG. Wegen Art. 103 Abs. 2 GG[69] bewirkt ein Rechtsbehelf, der gegen die Aufhebung der Genehmigung mit offener Erfolgsaus-

---

[67] Nach Maßgabe dessen, was oben (2. Kapitel, C. I.) allgemein zu gesetzlichen Ausschlüssen der aufschiebenden Wirkung ausgeführt wurde.

[68] Siehe dazu auch oben 1 Kapitel, A. III. 1 a).

[69] Siehe hierzu näher oben 1 Kapitel, B. II. 3.

sicht eingelegt wird, mindestens, daß eine Fortsetzung des Betriebes während des Rechtsbehelfsverfahrens den genannten Sanktionstatbestand auch dann nicht erfüllt, wenn das Rechtsbehelfsverfahren im Ergebnis erfolglos bleibt.

Für die Gestaltungswirkung der Genehmigungsaufhebung im übrigen ist zunächst zu untersuchen, ob der in § 15 GastG enthaltenen Differenzierung in obligatorische Rücknahme (Abs. 1) und obligatorischen Widerruf (Abs. 2) Erlaßinteressen unterschiedlichen Gewichts korrespondieren. Dies ist indes nicht der Fall: Aufhebungsgrund ist im einen wie im anderen Falle, daß Gründe im Sinne von § 4 GastG vorliegen, also solche Gründe, die die Genehmigungsbehörde dazu berechtigt hätten, die Genehmigung nicht zu erteilen. Die Unterscheidung nach Aufhebbarkeit ex tunc und ex nunc knüpft nur daran an, ob diese Gründe schon bei Erteilung der Genehmigung vorlagen,[70] so daß die Genehmigung nie hätte erteilt werden dürfen – dann Rücknahme –, oder ob die Voraussetzung ihrer Erteilung nachträglich weggefallen sind – dann Widerruf. Ein anderes Gewicht bekommen diese Gründe nicht dadurch, daß sie früher oder später aufgetreten sind. In beiden Fällen geht es nur um das konkrete Gefahrenabwehrinteresse, daß die formelle Legalität eines Verhaltens beendet werden kann, das etwa den Tatbestand der Unzuverlässigkeit erfüllt, deswegen eine Gefahr darstellt und insofern materiell illegal ist. Damit steht im Grunde bereits fest, daß Rücknahme und Widerruf nach § 15 Abs. 1 und 2 GastG sofort vollziehbar sein müssen: Die Gründe, die diese Maßnahmen tragen, wirken so stark, daß das materielle Recht in diesen Fällen unbedingt nach seiner sofortigen Verwirklichung verlangt und dabei das Risiko in Kauf nimmt, daß ein zu diesem Zweck gedachter und nicht offensichtlich rechtswidriger Verwaltungsakt sich am Ende doch als rechtswidrig herausstellt. Dieses besondere Gewicht erhalten die Gründe, die zwingend zum Widerruf oder zur Rücknahme führen, letztlich dadurch, daß sie ohne Entscheidungsspielraum der Behörde zur Wiederherstellung des Zustands führen, der ohne eine Genehmigung besteht: Das gesetzliche Verbot, das seine Rechtfertigung seinerseits darin findet, daß es hier um Tätigkeiten geht, die an sich schon eine besondere Gefährlichkeit aufweisen.

In diesem Sinne hat etwa das VG Hannover[71] angenommen, daß der Widerruf einer Gaststättenerlaubnis, bei der die Annahme der Unzuverlässigkeit des Adressaten darauf gestützt war, daß er in seiner Gaststätte die Prostitution sich illegal im Bundesgebiet aufhaltender Ausländer dulde, sofort vollziehbar ist. Der VGH Kassel[72] hat judiziert, daß ein Erlaubniswiderruf

---

[70] *Metzner*, Gaststättengesetz, Rz. 2 und 4 zu § 15 GastG, *Michel/Kienzle*, GastG, Rz. 1 zu § 15 GastG.

[71] GewArch. 1996, S. 209 f.

[72] GewArch. 1991, S. 310.

sofort vollziehbar ist, nachdem dem Gastwirt Drogenmißbrauch zur Last gelegt worden war. Das OVG Münster schließlich hat einen Erlaubniswiderruf für sofort vollziehbar erachtet, bei dem erhebliche Anhaltspunkte dafür bestanden, daß der Gastwirt in seiner Gaststätte die Prostitution förderte[73].

Die Gründe, die nach § 15 Abs. 3 GastG den Widerruf ins behördliche Ermessen stellen, knüpfen hingegen fast[74] alle an Sachverhalte an, in denen ein bestimmter Betrieb für einen Gewerbetreibenden bereits genehmigt ist, aber bestimmte, einzeln beschriebene genehmigungspflichtige Modalitäten des Gaststättengewerbes ungenehmigt ausgeübt werden. In diesen Fällen ist also jeweils der „Kernbestand" an Ausübung des Gaststättengewerbes genehmigungsfähig, also ungefährlich, und außerdem genehmigt, während bloß im Randbereich ungenehmigt und damit potentiell gefährlich gehandelt wird. Diesem typischerweise gegenüber den Maßnahmen nach § 15 Abs. 1 und 2 GastG verringerten Gefahrenabwehrinteresse korrespondiert denn auch von Gesetzes wegen keine unbedingte Verpflichtung, eine Gaststättenerlaubnis aufzuheben. Daraus ist zu schließen, daß die sofortige Vollziehbarkeit in diesen Fällen nicht gerechtfertigt ist. Ein Rechtsbehelf, der sich gegen einen solchen ermessensmäßigen Widerruf einer Gaststättenerlaubnis richtet, muß deshalb aufschiebende Wirkung haben.

Für den Fall, daß Auflagen nicht erfüllt werden (§ 15 Abs. 3 Nr. 2 GastG), gilt dies jedoch unter einem bestimmten Umstand nicht: Nämlich dann, wenn die Auflage einen ansonsten nicht genehmigungsfähigen Betrieb genehmigungsfähig macht. Ein Zweck der Auflage ist es nämlich, Gastwirten, bei denen Bedenken bestehen, ob der Betrieb erlaubnisfähig ist, den Betrieb zu ermöglichen:[75] Soweit über Auflagen sichergestellt werden kann, daß schädliche Umwelteinwirkungen im Sinne des Bundesimmissionsschutzgesetzes unterbleiben (§ 5 Abs. 1 Nr. 3 GastG), ist der Versagungsgrund, daß der zu genehmigende Betrieb solche Umwelteinwirkungen befürchten läßt (§ 4 Abs. 1 Nr. 3 GastG), nicht erfüllt. Wird demnach ein solche Auflage nicht erfüllt, kann auch von einem materiell rechtmäßigen „Kernbestand" an Ausübung des Gaststättengewerbes nicht die Rede sein. Folglich ist in diesen Fällen das Gefahrenabwehrinteresse, das über den Widerruf der Gaststättenerlaubnis zur Geltung gebracht wird, deutlich stärker als in den übrigen Fällen des § 15 Abs. 3 GastG. Dies verengt nicht nur materiell-rechtlich das Widerrufsermessen, sondern veranlaßt auch dazu, in diesen Fällen die sofortige Vollziehbarkeit des Widerrufs anzunehmen.

---

[73] NVwZ 1989, S. 482.

[74] Bis auf die Nichterfüllung von Auflagen, § 15 Abs. 3 Nr. 2 GastG, dazu sogleich im Text.

[75] *Metzner*, Gaststättengesetz, Rz. 2 zu § 5 GastG.

Für die Frage nach der Vorläufigkeit des Rechtszustandes, der durch aufschiebende Wirkung und sofortige Vollziehbarkeit bewirkt wird, gilt entsprechend, was oben[76] zu den im engeren Sinne polizeirechtlichen Ermächtigungen gesagt wurde. Rücknahme und Widerruf von Gaststättenerlaubnissen stellen ebenfalls Maßnahmen der Gefahrenabwehr im Sinne der Haftungstatbestände der Polizeigesetze dar.

c) Nutzungsuntersagung nach Bauordnungsrecht

Von den Mitteln, die Vorabkontrolle bestimmter Tätigkeiten in präventivpolizeilich motivierten Genehmigungsverfahren zu sichern, war bereits die Rede.[77] Beispiele für solche Instrumente finden sich überall dort, wo Genehmigungsverfahren dieser Art vorgesehen sind. Zu nennen sind etwa die Ermächtigungen zur Nutzungsuntersagung nach den Landesbauordnungen[78] oder zur Anlagenstillegung nach § 20 Abs. 2 BImSchG. Bereits behandelt wurde auch, inwiefern das materielle Recht bei diesen Instrumenten die sofortige Vollziehbarkeit entsprechender Verwaltungsakte vorgibt: Diese Genehmigungserfordernisse gelten entsprechend ihrer präventiven Motivation generell für alle erfaßten Vorhaben, ohne daß ein Vorhabenträger die Möglichkeit hätte, die Prüfung zeitlich aufzuschieben, die im Genehmigungsverfahren durchzuführen ist.[79] Soll dieser Regelungszweck nicht gefährdet werden, so bedarf es demnach auch der sofortigen Vollziehbarkeit von Verwaltungsakten, die seiner Umsetzung dienen. Gegen ein genehmigungslos durchgeführtes Vorhaben muß deshalb sofort vollziehbar mit dem Mittel eingegriffen werden können, das die Einhaltung des Genehmigungsverfahrens sichert.[80] Von der Notwendigkeit befreit, wegen der Annahme eines Regel-Ausnahme-Verhältnisses darüberhinaus noch ein weiteres öffentliches Interesse an der sofortigen Vollziehbarkeit des jeweiligen Verwaltungsaktes benennen zu müssen, ergibt sich aus dieser Überlegung abschließend, daß Verwaltungsakte, die die Einhaltung von Genehmigungsverfahren sichern, stets vom materiellen Recht her sofort vollziehbar sind. Diese Aussage bestätigt etwa eine Entscheidung des OVG Lüneburg[81] in einem Fall, in dem die Bauaufsichtsbehörde sogar längere Zeit zugewartet hatte, bevor sie eine

---

[76] 3. Kapitel, B. III. 1 a).

[77] Oben 1. Kapitel, A. III. 1.

[78] In Hessen: § 78 HessBauO.

[79] Zu dem Problem, daß die Anwendung der Mittel zur Sicherung der Einhaltung von Genehmigungsverfahren meist nicht gesetzlich strikt gebunden ist, sondern im Ermessen steht, oben 1. Kapitel, Fn. 55.

[80] Weitere Nachweise bei *Finkelnburg*, in: Finkelnburg/Jank, Vorläufiger Rechtsschutz im Verwaltungsstreitverfahren, Rz. 1116 in Fn. 53.

[81] Beschluß vom 1. 3. 1993, Az.: 1 M 3/93.

Nutzungsuntersagungsverfügung erließ, oder des VGH München[82] in einem Fall, in dem eine Nutzungsuntersagung gegen einen seit Jahrzehnten bestehenden Betrieb gerichtet war. Ansonsten wird die These von der sofortigen Vollziehbarkeit bauordnungsrechtlicher Nutzungsuntersagungen etwa durch Entscheidungen des OVG Lüneburg[83], des VG Frankfurt am Main[84] und des Bezirksgerichts Erfurt[85] bestätigt.

Für die Frage, ob im Mißerfolgsfall eine rückwirkende Korrektur des Rechtszustandes notwendig ist, der durch aufschiebende Wirkung und sofortige Vollziehbarkeit bewirkt wird, gilt auch hier das zu den im engeren Sinne polizeirechtlichen Ermächtigungen Gesagte[86] entsprechend. Auch die Anwendung von Mitteln zur Sicherung präventiver Genehmigungsverfahren stellen Maßnahmen der Gefahrenabwehr im Sinne der Haftungstatbestände der Polizeigesetze dar.

d) Ausländerrecht

Ihrer praktischen Relevanz entsprechend sollen nunmehr die Konstellationen des Ausländerrechts besprochen werden, in denen vorläufiger Rechtsschutz gegen belastende Verwaltungsakte in Frage kommt.

aa) Ausweisung

Die Ausweisung eines Ausländers ist ein Verwaltungsakt, der der Gefahrenabwehr dient.[87] Sie bewirkt zwei Rechtsfolgen: Zum einen hat sie nach § 44 Abs. 1 Nr. 1 AuslG zur Folge, daß eine vorhandene Aufenthaltsgenehmigung erlischt. Zum anderen begründet sie nach § 42 Abs. 1 S. 1 AuslG eine Ausreisepflicht des Betroffenen.

Die in § 47 Abs. 1 AuslG normierten Ausweisungsgründe, die an rechtskräftige Verurteilungen wegen bestimmter Straffälligkeiten anknüpfen und zu einer obligatorischen Ausweisung führen, wiegen sehr schwer. Wie schon im Bereich der allgemeinen Polizeigesetze folgt aus der schwerwiegenden Rechtsgutsschädigung, die mit diesen Straffälligkeiten notwendig verbunden ist, daß dem materiellen Recht das Risiko als zu hoch erscheint weiter abzuwarten, ob es noch wahrscheinlicher wird, daß es ein weiteres

---

[82] Beschluß vom 28. 10. 1992, Az.: 26 CS 90.3161.

[83] Beschluß vom 6. 12. 1994, Az.: 1 M 70/94.

[84] HSGZ 1989, S. 221 f.

[85] 1. Senat für Verwaltungssachen vom 15. 1. 1992, Az.: 1 B 1391.

[86] Oben 3. Kapitel, B. III. 1. a).

[87] Zur gefahrenabwehrrechtlichen Motivation der Ausweisung siehe *Kanein/ Renner,* Rz. 6; 9 zu § 45 AuslG.

Mal zu einer solchen Straffälligkeit kommen wird. Dem spezialpräventiven Interesse der Vorschrift, weitere derartige Straftaten des Ausländers im Inland zu verhindern, wie auch dem generalpräventiven Interesse, andere im Bundesgebiet lebende Ausländer über die Abschreckungswirkung einer Ausweisung, die wegen schwerer Straffälligkeit erfolgt, von der Begehung solcher schwerer Straftaten abzuhalten,[88] läßt sich deshalb nur wirksam entsprechen, wenn diese Gründe auch die sofortige Vollziehbarkeit der Ausweisung bewirken. Diese Aussage findet sich auch in der bisherigen Rechtsprechung bestätigt. So hat etwa der VGH Mannheim in einem Fall einer Ausweisung nach § 47 Abs. 1 Nr. 1 AuslG die sofortige Vollziehbarkeit angenommen, in dem es konkret um eine Strafe von drei Jahren Freiheitsstrafe für Brandstiftung in Tateinheit mit Versicherungsbetrug gegangen war.[89] In den Fällen obligatorischer Ausweisung trägt also das materielle Recht die sofortige Vollziehbarkeit der Verwaltungsakte, die seiner Durchsetzung dienen, bereits in sich.

Genauso ist es in den Fällen der in § 47 Abs. 2 AuslG festgelegten Gründe, die zwar nicht zwingend, wohl aber im Regelfall zur Ausweisung führen.[90] Eine unterschiedliche Behandlung ist außerdem dann nicht gerechtfertigt, wenn eine zwar nicht derart gewichtige, jedoch ebenfalls sehr erhebliche Straffälligkeit eine Ausweisung nur auf der Grundlage des Ermessentatbestandes des § 45 AuslG stützt und Gesichtspunkte im Sinne des § 45 Abs. 2 AuslG nicht maßgeblich ins Gewicht fallen können. Bei einer nicht unerheblichen Strafbarkeit unterhalb der Schwelle des § 47 Abs. 1 AuslG und Unerheblichkeit von Gesichtspunkten nach § 45 Abs. 2 AuslG ist von einer gesetzlichen Typisierung des Ermessensausübung durch § 46 Nr. 2 AuslG auszugehen, die die Entscheidung als tatbestandlich insoweit ausreichend determiniert erscheinen läßt. Abseits dessen ergibt sich, daß keine materiell-rechtlich vorgegebene sofortige Vollziehbarkeit besteht, sondern aufschiebende Wirkung.

Was schließlich die Frage der rückwirkenden Korrektur des Rechtszustandes betrifft, der durch die Rechtsbehelfseinlegung geschaffen wird, wenn das Ergebnis des Rechtsbehelfsverfahrens diesem Zustand widerspricht, so ergibt sich, daß dieser Zustand nur in einem Falle rückwirkend zu korrigieren ist. Nach § 72 Abs. 2 S. 2 AuslG wird ein zuvor rechtmäßiger Aufenthalt des Ausländers im Bundesgebiet durch eine aufenthaltsbe-

---

[88] Zu den mit der obligatorischen Ausweisung nach § 47 AuslG verfolgten spezial- und generalpräventiven Interessen siehe *Kanein/Renner,* Ausländerrecht, Rz. 2 zu § 47 AuslG und allgemein Rz. 17 und 20 zu § 46 AuslG.

[89] VGHBWLs. 1999, Beilage 4, B 2.

[90] Ähnlich VGH Mannheim, InfAuslR 1999, S. 127 ff. Siehe auch OVG Saarlouis, Beschluß vom 25. 1. 1995, Az.: 9 U 1 /95.

endende Maßnahme, die angefochten wurde, dann nicht unterbrochen, wenn der aufenthaltsbeendende Verwaltungsakt vom Gericht kassiert wird. Hat man sich also von dem Mißverständnis befreit, § 72 Abs. 2 AuslG fixiere den Gehalt der aufschiebenden Wirkung für den Bereich des Ausländerrechts im Sinne der Vollziehbarkeitshemmungstheorie,[91] so ist die Vorschrift eine in ihrer Art einmalige Regelung: Im Sinne des hier vorgeschlagenen Konzeptes greift sie bei der Ermittlung der Rechtsfolgen einer Rechtsbehelfseinlegung eine einzelne Rechtsfolge eines angefochtenen Verwaltungsakts heraus und unterwirft sie einer gesonderten Regelung. An der Regelung, daß die Rechtmäßigkeit des Aufenthaltes, die durch eine behördliche Entscheidung unterbrochen wird, bei Erfolg des Rechtsbehelfs rückwirkend auflebt, gibt es deshalb allenfalls insoweit etwas zu deuten, als die Rechtswidrigkeit des Aufenthaltes, die mit der behördlichen Entscheidung entsteht und im Mißerfolgsfalle bestehen bleibt, keine strafrechtliche Rechtsfolgen für die Dauer des Rechtsbehelfsverfahrens zeitigen kann. Insoweit greift der Grundsatz des Art. 103 Abs. 2 GG ein und verbietet eine rückwirkende Korrektur dieser Rechtsfolge. Zu begründen ist dieses Ergebnis im Wege einer einschränkenden Auslegung des Begriffs der „Rechtmäßigkeit des Aufenthaltes", der allein auf die eigentlich ausländerrechtlichen Zusammenhänge zu beziehen ist. Dies steht auch in Übereinstimmung mit dem Regelungszweck des § 72 Abs. 2 AuslG.[92]

Der in § 72 Abs. 1 AuslG im Sinne des § 80 Abs. 2 Nr. 3 VwGO geregelte ausdrückliche Ausschluß der aufschiebenden Wirkung von Widerspruch und Anfechtungsklage erfaßt Rechtsbehelfe gegen Ausweisungen schon vom Wortlaut her nicht.[93] Das Problem der Rechtfertigung dieser Regelung stellt sich also im Hinblick auf Ausweisungen nicht.

---

[91] Oben 1. Kapitel, bei und in Fn. 142.

[92] Oben 1. Kapitel, Fn. 143.

[93] Gleiches ergibt die Gesetzgebungsgeschichte. Die Entwurfsfassung (BTDrs. 11/6321, S. 23) hatte – neben weiteren Fällen – auch die aufschiebende Wirkung von Rechtsbehelfen gegen Ausweisungen nach § 47 AuslG ausgeschlossen. Die Begründung des Entwurfs (BTDrs. 11/6321, S. 81) faßte den durch die Neufassung zu ändernden Rechtszustand dahin zusammen, daß bei Ausweisungen unabhängig von der Schwere des Ausweisungsgrundes die sofortige Vollziehbarkeit stets im Wege der Einzelentscheidung nach § 80 Abs. 2 Nr. 4 VwGO angeordnet werden müsse. Auf die Beschlußempfehlung des Innenausschusses (BTDrs. 11/6955, S. 48) hin, expliziert im diesbezüglichen Bericht des Innenausschusses (BTDrs. 11/6960, S. 26), die alte Rechtslage solle unverändert bleiben, wurde der Entwurf jedoch insoweit nicht Gesetz.

bb) Aufschiebende Wirkung bei der Versagung einer Aufenthaltserlaubnis?

In § 72 Abs. 1 AuslG findet sich eine Regelung im Sinne von § 80 Abs. 2 Nr. 3 VwGO zum Wegfall der aufschiebenden Wirkung eines Rechtsbehelfs in einem schon beim ersten Hinsehen ungewöhnlichen Kontext. Bei dem korrespondierenden Hauptsacherechtsbehelf handelt es sich nämlich nicht um eine Anfechtungsklage, sondern um eine Verpflichtungsklage. Streitgegenstand ist der Anspruch auf Erteilung einer Aufenthaltserlaubnis. Herkömmlich wird gleichwohl davon ausgegangen, daß diese gesetzliche Anordnung des Wegfalls der aufschiebenden Wirkung konstitutiv wirkt, also eine aufschiebende Wirkung ausschließt, die ansonsten bestünde. Im Sinne der hiesigen Sichtweise von Regelungen, die ausdrückliche gesetzliche Ausschlüsse der aufschiebenden Wirkung enthalten,[94] müßte sie also eine sofortige Vollziehbarkeit mindestens der primären Rechtsfolge bewirken, die aus dem angefochtenen Verwaltungsakt ableitbar ist, wenn diese Anordnung die sofortige Vollziehbarkeit über die Vorgaben des materiellen Rechts hinaus verfügt.

Allerdings fehlt es in der angesprochenen Konstellation dafür, daß die aufschiebende Wirkung eintreten kann, schon an einer Grundvoraussetzung. Dies ist der Verwaltungsakt, der bestehende Rechte verkürzt. Deswegen muß der Ausschluß der aufschiebenden Wirkung in § 72 Abs. 1 AuslG leerlaufen. Bei der Annahme der prinzipiellen Möglichkeit aufschiebender Wirkung in dieser Konstellation handelt es sich also um einen Irrtum, der allerdings weit verbreitet ist[95] und behandelt werden soll, da er der zutreffenden materiell-rechtlichen Erfassung der Rechtsfolgenableitung bei Rechtsbehelfseinlegungen gegen ausländerrechtliche Verwaltungsakte insgesamt im Wege steht.

Begründet wird die dargestellte Ansicht wie folgt: Wird ein Antrag auf Erteilung einer Aufenthaltsgenehmigung gestellt, so bewirkt dies nach § 69 Abs. 2 bzw. Abs. 3 AuslG die Fiktion, daß der Aufenthalt des Ausländers im Bundesgebiet geduldet bzw. erlaubt ist. Die Ablehnung des Antrages durch die Ausländerbehörde enthalte deshalb nicht nur die Antragsablehnung, sondern beende gleichzeitig die genannten gesetzlichen Fiktionen rechtmäßigen bzw. geduldeten Aufenthaltes. Sie bewirke also nicht nur wie sonst eine Versagung des erstrebten, sondern rechtsgestaltend auch eine Verschlechterung des von Gesetzes wegen durch Antragstellung entstandenen Status.[96] Daraus wird – konsequent – gefolgert, daß die Verschlechte-

---

[94] Oben 2. Kapitel, C. I.

[95] Zu finden etwa bei *Renner,* Ausländerrecht in Deutschland, Rz. 246 zu § 45 AuslG; *Funke-Kaiser,* in: Gemeinschaftskommentar Ausländerrecht, Rz. 27 zu § 72 AuslG; *Kloesel/Christ/Häußer,* Deutsches Ausländerrecht, Rz. 1 f. zu § 72 AuslG.

rung dieses Status durch Einlegung eines Rechtsbehelfs gegen die Antragsversagung vorläufig aufgeschoben werden kann.[97]

Eine rechtsgestaltende Wirkung kommt der Ablehnung eines Antrages auf Erteilung einer Aufenthaltserlaubnis jedoch genauso wenig zu wie anderen Antragsablehnungen. Die genannten Fiktionen werden nämlich nicht wirklich durch die Antragsablehnung als insoweit gestaltenden Verwaltungsakt beendet, sondern sie erlöschen von Gesetzes wegen, wobei das Gesetz hierfür bloß an das Faktum der Antragsablehnung anknüpft.

Bereits der Wortlaut von § 69 Abs. 2 und Abs. 3 AuslG ordnet die Geltung beider Fiktionen nur an, bis die Ausländerbehörde über den Antrag entschieden *hat*. Es ist nicht davon die Rede, daß die Antragsablehnung als gestaltender Verwaltungsakt ein Erlöschen der Fiktionen *bewirkt*. Eine solchermaßen eindeutige Aussage wäre aber angesichts der Besonderheit, daß eine Antragsablehung bestehende Rechte verkürzen soll, notwendig gewesen. Daraus kann nur gefolgert werden, daß das Gesetz selbst die Fiktionen erlöschen läßt und dafür bloß an das Faktum der Antragsablehnung anknüpft. Schutzzweck der Fiktionen ist es demnach bloß, den Aufenthalt bis zur Ablehnung des Antrages durch die Ausländerbehörde zu sichern. Mehr muß im übrigen auch nicht sein, da nach der Antragsablehnung der Aufenthalt nur durch eine Abschiebung tatsächlich beendet werden kann. Diese aber muß zuvor angedroht werden, so daß hiergegen – einen belastenden Verwaltungsakt – aufschiebende Wirkung möglich ist.[98]

Diese Sichtweise führt auch anderweitig nicht zu untragbaren Ergebnissen. Derjenige Fall, für den herkömmlich eine isolierte Anfechtung der Antragsablehnung mit dem Ziel befürwortet wird, zu einer Reaktivierung der mit der ursprünglichen Antragstellung entstandenen Fiktionen zu gelangen, zeigt dies klar. Denn für eine derartige Reaktivierung besteht unter keinem denkbaren Gesichtspunkt ein Rechtsschutzbedürfnis. Der genannte Fall ist der, daß die Zuständigkeit für die Durchführung des Ausländergesetzes wechselt, während ein Hauptsachverfahrens anhängig ist. Das Rechtsschutzbedürfnis für die Reaktivierung der Fiktionen wird darin gesehen, daß in dieser Konstellation in dem anhängigen Rechtsschutzverfahren die begehrte Verpflichtung nicht mehr erstritten werden könne:[99] In dem Fall des Zuständigkeitswechsels, der durch Gesetz bewirkt wird (zu denken ist etwa an den Fall, daß wegen Überschreitens einer bestimmten Einwohnerzahl die Durch-

---

96 Hierzu *Renner*, Ausländerrecht in Deutschland, Rz. 211 zu § 45 AuslG (m.w.N.).

97 *Renner*, Ausländerrecht in Deutschland, Rz. 211 zu § 45 AuslG; *Kanein/ Renner*, Ausländerrecht, Rz. 4 zu § 72 AuslG.

98 Dazu sogleich (3. Kapitel, B. III. 1. d) cc).

99 *Funke-Kaiser*, in: Gemeinschaftskommentar Ausländerrecht, Rz. 77 zu § 69 AuslG; *Hailbronner*, Ausländerrecht, Rz. 505.

führung des Ausländergesetzes vom Kreis auf die Gemeinde übergeht), ist aber richtigerweise eine gesetzliche Parteiänderung anzunehmen.[100] Dies hat zur Folge, daß die Verpflichtung noch ohne weiteres im selben Rechtsbehelfsverfahren erstritten werden kann. Beruht der Zuständigkeitswechsel hingegen auf einem Verhalten (etwa Umzug) des Ausländers, so ist eine Hauptsacheerledigung anzunehmen.[101] Daraus ergibt sich die Notwendigkeit, einen neuen Antrag bei dem nunmehr örtlich zuständigen Verwaltungsträger zu stellen. Ein solcher Antrag wäre ein Zweitantrag, da ein neues Verwaltungsverfahren begonnen werden müßte. Ein Zweitantrag führt jedoch nur in den Fällen des § 69 Abs. 2 S. 2 AuslG (in den Fällen eines unter § 69 Abs. 3 AuslG fallenden Erstantrages nur in den Nrn. 2 und 3 der genannten Vorschrift, § 69 Abs. 3 letzter Satz) nicht zur erneuten Entstehung einer Fiktion erlaubten bzw. geduldeten Aufenthaltes. Da der Umzug aber ein Umstand ist, der aus der Sphäre des Ausländers selbst stammt, ist es auch nicht unbillig, den Ausländer in diesem Fall mit der Konsequenz zu belasten, daß sein Aufenthalt auch nicht fiktiv geduldet ist.

Der Wortlaut des § 69 AuslG sowie der Mangel des Rechtsschutzbedürfnisses, die in dieser Vorschrift genannten Fiktionen zu reaktivieren, zeigen also, daß die Fiktionen mit dem bloßen Faktum, daß die Ausländerbehörde entschieden hat, von Gesetzes wegen erlöschen. Auch ohne § 72 Abs. 1 AuslG kommt folglich eine aufschiebende Wirkung eines Rechtsbehelfs gegen eine Versagung einer Aufenthaltsgenehmigung nicht in Frage. Die Antwort auf die Frage, ob die Ausreisepflicht des Ausländers während des anhängigen Rechtsbehelfsverfahrens durchsetzbar ist, hängt davon ab, ob und wie weit der Rechtsbehelf gegen die Androhung der zwangsweisen Durchsetzung der Ausreisepflicht qua Abschiebung, die nach § 50 Abs. 1 S. 2 AuslG im Regelfall mit einer Antragsablehnung zu verbinden ist, aufschiebende Wirkung hat.

cc) Abschiebungsmaßnahmen – zugleich Allgemeines zum Verwaltungsvollstreckungsrecht

Die Abschiebung stellt eine spezifisch ausländerrechtliche Maßnahme der Verwaltungsvollstreckung dar. Sie setzt Ausreisepflichten durch.[102] Belastende Verwaltungsakte, die angefochten werden können und damit einer aufschiebenden Wirkung fähig sind, finden sich im Zusammenhang mit der Abschiebung, die selbst nur ein Realakt ist, in ihrer Androhung bzw.,

---

[100] BVerwGE 44, S. 148 (S. 159); ebenso *Meissner,* in: Schoch/Schmidt-Aßmann/Pietzner, Verwaltungsgerichtsordnung, Rz. 61 zu § 78 VwGO.

[101] *Funke-Kaiser,* in: Gemeinschaftskommentar Ausländerrecht, Rz. 86 zu § 69 AuslG.

[102] *Kanein/Renner,* Ausländerrecht, Rz. 10 zu § 49 AuslG.

soweit diese von der Androhung getrennt als eigener Verwaltungsakt ergeht, der Setzung der Frist für die freiwillige Ausreise. Androhung und Fristsetzung sind nach § 50 Abs. 1 S. 1 AuslG Rechtmäßigkeitsvoraussetzung[103] der Abschiebung. Diese Verwaltungsakte zeitigen denn auch nur eine Rechtsfolge, nämlich daß die Abschiebung durchgeführt werden darf.

Soweit es sich bei Maßnahmen in der Verwaltungsvollstreckung um Verwaltungsakte handelt, muß allgemein davon ausgegangen werden, daß die Reichweite der aufschiebenden Wirkung von Rechtsbehelfen gegen die Vollstreckungsmaßnahmen mit Verwaltungsaktscharakter von der Reichweite der aufschiebenden Wirkung des Rechtsbehelfs gegen den zu vollstreckenden Verwaltungsakt abhängt. Manche Verwaltungsakte bedürfen der Verwaltungsvollstreckung nämlich nicht, da sie ihre Umsetzung bereits in sich tragen. Dies sind die gestaltenden und feststellenden Verwaltungsakte. Bei diesen Typen von Verwaltungsakten bewirkt ihr Regelungsgehalt selbst seine eigene Umsetzung: Die Aufhebung einer Genehmigung etwa – ein gestaltender Verwaltungsakt – bewirkt allein durch ihren Regelungsgehalt die intendierte Rechtsfolge, daß nämlich die Genehmigung nicht mehr besteht. Ein feststellender Verwaltungsakt stellt eine Rechtslage verbindlich fest und bewirkt damit ebenfalls über seinen Regelungsgehalt seine eigene Umsetzung. Diese Eigenschaft fehlt den befehlenden Verwaltungsakten. Die mit der Regelung intendierte Folge muß bei ihnen erst noch in einem gesonderten Schritt umgesetzt werden, kurz gesagt: Ein Befehl befolgt sich nicht von selbst. Die Vollstreckung befehlender Verwaltungsakte stellt deswegen das funktionale Äquivalent der Eigenschaft feststellender und gestaltender Verwaltungsakte dar, ihre Regelung selbst umzusetzen. Wird aber bei diesen Verwaltungsakten bei der Frage nach der aufschiebenden Wirkung von Rechtsbehelfen, die gegen sie gerichtet sind, immer auch notwendigerweise über die Frage des Aufschubs ihrer Umsetzung mitentschieden, so kann es bei den befehlenden Verwaltungsakten, die zu ihrer Umsetzung der Verwaltungsvollstreckung bedürfen, nicht prinzipiell anders sein. Die Wertung, daß ein gegen einen befehlenden Verwaltungsakt eingelegter Rechtsbehelf aufschiebende Wirkung oder sofortige Vollziehbarkeit zur Folge hat, muß deshalb auf den zur Durchsetzung des Befehls gedachten vollstreckungsrechtlichen Verwaltungsakt, der ebenfalls angefochten wurde, übertragen werden.[104] Deshalb ist für den Bereich verwaltungsvollstreckungsrechtlicher Verwaltungsakte eine Durchbrechung des Satzes angezeigt,

---

103 Obwohl die Androhung nach § 50 Abs. 1 S. 1 AuslG nur erfolgen „soll“, läßt diese Vorschrift eigentlich keine Ausnahmen zu, sondern wirkt zwingend: *Kanein/Renner*, Ausländerrecht, Rz. 2 zu § 50 AuslG.

104 So argumentieren etwa auch das OVG Münster, OVGE 25, S. 195 ff., sowie GewArch. 1962, S. 65, und *Finkelnburg*, in: Finkelnburg/Jank, Vorläufiger Rechtsschutz im Verwaltungsstreitverfahren, Rz. 728.

daß offensichtlich rechtmäßige Verwaltungsakte stets bewirken, daß einem gegen sie eingelegten Rechtsbehelf keine aufschiebende Wirkung zukommen kann: Selbst wenn der angefochtene vollstreckungsrechtliche Verwaltungsakt für sich genommen offensichtlich rechtmäßig ist, kann dies nicht zu seiner sofortigen Vollziehbarkeit führen, wenn der Rechtsbehelf gegen den zu vollstreckenden Grundverwaltungsakt aufschiebende Wirkung hat.[105] Hat indes ein gegen den Grundverwaltungsakt eingelegter Rechtsbehelf nicht die aufschiebende Wirkung, sondern die sofortige Vollziehbarkeit zur Folge, so kann dem Rechtsbehelf gegen den vollstreckungsrechtlichen Verwaltungsakt dennoch aufschiebende Wirkung zukommen (nämlich dann, wenn etwa der vollstreckungsrechtliche Verwaltungsakt wegen Verstoßes gegen vollstreckungsrechtliche Vorschriften offensichtlich rechswidrig ist).

Die Androhung der Abschiebung und die Setzung der Ausreisefrist sind im Ausländerrecht die vollstreckungsrechtlichen Akte, die als Verwaltungsakte der aufschiebenden Wirkung fähig sind und die die rechtmäßige Abschiebung ermöglichen. Sie bauen auf ausländerrechtlichen Verwaltungsakten wie der Ausweisung auf, die eine Ausreisepflicht begründen. Das Ausländerrecht kennt aber auch die Möglichkeit, daß diese vollstreckungs-

---

[105] Am Rande sei bemerkt, daß eine Reihe von Länderregelungen existieren, die die aufschiebende Wirkung von Rechtsbehelfen gegen Verwaltungsvollstreckungsmaßnahmen ausschließen. Im Hinblick auf Maßnahmen der Verwaltungsvollstrekkung hatten die Landesgesetzgeber früher nach § 187 Abs. 3 VwGO, heute nach dem neu eingefügten § 80 Abs. 2 S. 2 VwGO, die Möglichkeit, per Landesgesetz die aufschiebende Wirkung von Rechtsbehelfen gegen Maßnahmen der Verwaltungsvollstreckung auszuschließen. Dies gilt selbstverständlich nur, soweit diese Maßnahmen Verwaltungsakte darstellen. Von dieser Möglichkeit hat etwa Hessen in § 16 (früher: § 12) HessAGVwGO Gebrauch gemacht. Ein Problem der sachlichen Rechtfertigung dieser Regelungen vor Art. 3 Abs. 1 GG stellt sich indes nicht, da diese Vorschriften mit ihrer Regelung der sofortigen Vollziehbarkeit vollstreckungsrechtlicher Verwaltungsakte hinter dem zurückbleiben, was sich aufgrund der materiell-rechtlichen Ableitung ergibt. Diese Regelungen ordnen die sofortige Vollziehbarkeit nur bei bestandskräftigem oder sofort vollziehbarem Grundverwaltungsakt an, wobei sich die sofortige Vollziehbarkeit aus Gesetz oder Einzelfallanordnung nach § 80 Abs. 2 Nr. 4 VwGO ergeben kann. Die sofortige Vollziehbarkeit eines verwaltungsvollstreckungsrechtlichen Verwaltungsaktes bei bestandskräftigem Grundverwaltungsakt ergibt sich auf der Grundlage der gerade im Text dargestellten „Funktionsäquivalenzüberlegung", weil in diesem Fall ein gegen den Grundverwaltungsakt gerichteter Rechtsbehelf offensichtlich keine Aussicht auf Erfolg hat. Der Fall des nicht bestandskräftigen, sondern kraft Gesetzes sofort vollziehbaren Grundverwaltungsaktes ist ebenfalls auf der Grundlage der „Funktionsäquivalenzüberlegung" unproblematisch, da insofern die sofortige Vollziehbarkeit des vollstreckungsrechtlichen Verwaltungsaktes von der des Grundverwaltungsaktes abhängig gemacht ist. Ohne Bedeutung ist die sofortige Vollziehbarkeit des vollstreckungsrechtlichen Verwaltungsaktes bei für sofort vollziehbar erklärtem Grundverwaltungsakt, da die Regelung des § 80 Abs. 2 Nr. 4 VwGO auf der Basis des hier vertretenen Modells gegenstandslos ist. Siehe hierzu oben 1. Kapitel, C. und unten 3. Kapitel, D.

rechtlichen Akte – insofern vom allgemeinen Verwaltungsvollstreckungsrecht abweichend – dazu dienen, die Durchsetzung einer von Gesetzes wegen bestehenden Ausreisepflicht vorzubereiten, wie etwa im Falle der Ablehnung einer Aufenthaltserlaubnis. Daß dies nicht mit den allgemeinen Grundsätzen der Verwaltungsvollstreckung harmoniert, nach denen nur durch Verwaltungsakte konkretisierte Pflichten im Wege der Verwaltungsvollstreckung umgesetzt werden können, ist unschädlich. Die Abschiebung und ihre vorbereitenden Verwaltungsakte sind als Maßnahmen der Verwaltungsvollstreckung gegenüber dem allgemeinen Vollstreckungsrecht speziell geregelt. Soweit also das Ausländerrecht gegenüber dem allgemeinen Vollstreckungsrecht abweichende Aussagen enthält, gelten die Aussagen des Ausländerrechts.[106] Dies muß demnach auch für die Frage der aufschiebenden Wirkung von Rechtsbehelfen gelten. Im einzelnen lassen sich folgende Aussagen treffen: Gibt es einen Grundverwaltungsakt, der die Ausreisepflicht begründet, die durchgesetzt werden soll, so kann auf das eben allgemein zur Verwaltungsvollstreckung Gesagte verwiesen werden: Danach kommt es für die Frage der aufschiebenden Wirkung von Rechtsbehelfen gegen die vollstreckungsrechtlichen Verwaltungsakte, die eine Abschiebung vorbereiten, darauf an, ob und inwieweit der Rechtsbehelf gegen den Grundverwaltungsakt aufschiebende Wirkung hat. Soll beispielsweise eine Ausreisepflicht durchgesetzt werden, die auf eine Ausweisung zurückgeht, die in nicht offensichtlich rechtswidriger Weise auf zwingende Ausweisungsgründe gestützt ist, so hat ein Rechtsbehelf mit offener Erfolgsaussicht, der gegen die Abschiebungsandrohung gerichtet ist, keine aufschiebende Wirkung.

Untersucht man das materielle Ausländerrecht auf Vorgaben für die aufschiebende Wirkung von Rechtsbehelfen gegen Verwaltungsakte, die die rechtmäßige Abschiebung vorbereiten, wenn die Abschiebung der Durchsetzung einer gesetzlichen Ausreisepflicht[107] dient, so scheidet ein Rückgriff auf einen Grundverwaltungsakt aus. Allerdings wäre es verfehlt, von hier aus ohne weiteres auf eine generelle sofortige Vollziehbarkeit der Verwaltungsakte zu schließen, die die Abschiebung vorbereiten.[108] Vielmehr zeigt das Ausländergesetz, daß Ausreisepflichten, die von Gesetzes wegen bestehen, durch bestimmte Handlungen von an sich Ausreisepflichtigen durchbrochen oder in ihrer Durchsetzung suspendiert werden können. Hier fällt

---

[106] *Kanein/Renner,* Ausländerrecht, Rz. 5 f. zu § 42 AuslG.

[107] Also etwa eine Ausreisepflicht, die nach Ablehnung einer Aufenthaltserlaubnis entsteht. Dazu oben 3. Kapitel, B. III. 1. d) bb).

[108] Das OVG Hamburg (InfAuslR 1993, S. 340 (S. 341)) meint allerdings umgekehrt, auf die geringe Dringlichkeit der Durchsetzung einer Ausreisepflicht schließen zu können, wenn diese von Gesetzes wegen besteht. Für diese eigenartige Annahme wird aber keine Begründung genannt.

die bereits angeklungene Differenzierung des § 69 Abs. 2 und 3 AuslG ins Auge. Danach wird eine Aufenthaltsgenehmigung fingiert, wenn ein Antrag auf Aufenthaltsgenehmigung gestellt wird und der Aufenthalt des Ausländers im Bundesgebiet bereits ein gewisses Maß an „legaler Verfestigung" erreicht hat. Dies ist der Fall, wenn der Ausländer sich schon mehr als sechs Monate rechtmäßig im Bundesgebiet aufhält oder mit einem Visum eingereist ist, das mit Zustimmung der Ausländerbehörde erteilt wurde. Demgegenüber bewirkt die Antragstellung (minus der in Abs. 2 S. 2 enumerierten Umstände) sonst immer nur die Fiktion einer Duldung, also keines legalen Aufenthalts, sondern der bloßen Aussetzung der Abschiebung (so die Legaldefinition der Duldung in § 55 AuslG). Diese Beobachtung läßt sich bei der Bestimmung der Rechtsfolgen der Einlegung eines Rechtsbehelfs gegen die Verwaltungsakte fruchtbar machen, die die rechtmäßige Abschiebung bei einer gesetzlichen Ausreisepflicht vorbereiten. Zunächst ist davon auszugehen, daß die aufschiebende Wirkung, wenn sie eintritt, der Sache nach einen Aufschub der Abschiebung bewirken muß, also mindestens eine der Antragstellung nach § 69 Abs. 3 AuslG gleichkommende Rechtsfolge nach sich ziehen muß. Außerdem ergibt die Beobachtung, daß die genannten Fiktionen bei Antragsablehnung von Gesetzes wegen erlöschen, daß die aufschiebende Wirkung keine automatische Reaktivierung des von Gesetzes wegen erloschenen Status bewirken darf, sondern demgegenüber auf ein Weniger beschränkt sein muß. Daraus folgt, daß nur dann, wenn die Stellung des Antrages auf Erteilung einer Aufenthaltserlaubnis gegenüber der Ausländerbehörde die Fiktion rechtmäßigen Aufenthalts ausgelöst hat (§ 69 Abs. 3 AuslG), Rechtsfolge der Rechtsbehelfseinlegung sein kann, daß die Abschiebung aufgeschoben wird. Nur dann nämlich bedeutet die aufschiebende Wirkung nicht notwendigerweise, daß ein von Gesetzes wegen erloschener Status reaktiviert wird, sondern demgegenüber ein Weniger. Anders sieht es demgemäß aus, wenn die Stellung des Antrages auf Erteilung einer Aufenthaltserlaubnis nur die Fiktion geduldeten Aufenthalts zur Folge hatte (§ 69 Abs. 2 AuslG). Dann nämlich würde die Annahme einer aufschiebenden Wirkung, die die Abschiebung unzulässig macht, eine volle Reaktivierung des von Gesetzes wegen erloschenen Status bedeuten.

Die hier aus dem materiellen Ausländerrecht entwickelten Vorgaben finden sich in der bisherigen Praxis nicht in dieser Differenziertheit. Nach ihr trägt die Abschiebungsandrohung ihre sofortige Vollziehbarkeit generell in sich.[109] Jedoch sind Anklänge an die hier entwickelten Differenzierungen zu erkennen, wenn etwa das OVG Hamburg ausführt, daß an die Begründung des besonderen öffentlichen Interesses bei der Anordnung der soforti-

---

[109] Siehe etwa OVG Hamburg, DVBl. 1980, S. 200; *Schoch,* in: Schoch/Schmidt-Aßmann/Pietzner, Verwaltungsgerichtsordnung, Rz. 155 zu § 80 VwGO.

gen Vollziehbarkeit einer Abschiebungsandrohung keine strengen Anforderungen zu stellen sind, wenn der Ausländer, der keine Aufenthaltserlaubnis besitzt und auch nicht vom Erfordernis der Aufenthaltserlaubnis befreit ist, *auch keine Aufenthaltserlaubnis beantragt hat.*[110]

2. Beamtenrecht – Beamtenentlassung und Rücknahme einer Beamtenernennung

Ein weiteres Beispiel, wie die Ableitung der Rechtsfolgen der Einlegung von Widerspruch und Anfechtungsklage aus dem materiellen Recht funktioniert, sollen die Fälle der Rücknahme einer Beamtenernennung und der Beamtentlassung nach Maßgabe des Bundesbeamtengesetzes bilden.

Entsprechend den realen Interessenlagen soll zuerst die Frage behandelt werden, ob und inwieweit die aufschiebende Wirkung eine Pflicht des Dienstherren begründet, die Dienstbezüge des von dem Verwaltungsakt betroffenen Beamten weiterzuzahlen.

Aus dem materiellen Beamtenrecht folgt zunächst die Pflicht, die Dienstbezüge weiter zu leisten: Ist die Erfolgsaussicht des Rechtsbehelfs gegen den angefochtenen Verwaltungsakt offen, so gebietet es die Fürsorgepflicht des Dienstherrn,[111] die das Beamtenrecht insgesamt grundlegend prägt, den betroffenen Beamten nicht schon vor der endgültigen Klärung der Rechtmäßigkeit des Verwaltungsakts auf andere Einnahmequellen zu verweisen. Diese Aussage findet sich gestützt durch Entscheidungen verschiedener Gerichte zur Beamtenentlassung.[112] Jedoch steht einer Übertragung auf die Rücknahme nichts im Wege.

Sodann ist davon auszugehen, daß im Falle der angefochtenen Rücknahme der Ernennung bis zur Entscheidung über den Rechtsbehelf nur eine vorläufige Pflicht besteht, die Dienstbezüge weiter zu leisten. Diese Pflicht gibt dann für den Fall des Mißerfolges des Rechtsbehelfs keinen Rechtsgrund dafür ab, daß die Bezüge behalten werden dürfen, die während des Rechtsbehelfsverfahrens empfangen wurden. Die Vorläufigkeit der Weiterzahlungspflicht ist, da es sich um ein rein monetäres Problem handelt, unproblematisch zulässig. Im übrigen ergibt sie sich zwanglos aus dem materiellen Beamtenrecht: Die nach dem Gesetz auf gewichtige Gründe gestützte Rücknahme der Ernennung zum Beamten beseitigt die Beamtenstel-

---

110 DVBl. 1980, S. 199 (Leitsatz).

111 Zur Fürsorgepflicht siehe *Kunig,* in: Schmidt-Aßmann (Hrsg.), Besonderes Verwaltungsrecht, 6. Abschnitt, Rz. 148 ff., insbes. 152 ff., sowie *Köpp,* in: Steiner (Hrsg.), Besonderes Verwaltungsrecht, Kap. III, Rz. 98.

112 BVerfGE 1, S. 47; BVerfG, NVwZ 1990, S. 853; OVG Hamburg, DVBl. 1963, S. 931 (S. 933); VGH Kassel, NVwZ 1983, S. 354; OVG Lüneburg, OVGE 3, S. 191 (S. 193).

lung ex tunc und führt dazu, daß prinzipiell alle seit Ernennung erhaltenen Bezüge zurückgefordert werden können. Aus diesem Grunde darf die aufschiebende Wirkung keine Pflicht begründen, die gerade für den Zeitraum des Rechtsbehelfsverfahrens eine Rechtsgrundlage dafür abgibt, daß die weitergeleisteten Bezüge endgültig behalten werden dürfen.[113]

Als nächstes fragt sich, in welcher Höhe diese vorläufige Pflicht zur Weiterzahlung der Bezüge bei angefochtener Ernennungsrücknahme besteht. Die Rückforderung rechtsgrundlos geleisteter Beträge richtet sich nämlich nach den §§ 812 ff. BGB.[114] Hierbei ist davon auszugehen, daß bei unterstellter voller Weiterzahlung der Bezüge und erfolglosem Rechtsbehelf der Betroffene sämtliche Beträge zwar rechtsgrundlos erhalten hätte, jedoch dennoch einen bestimmten Betrag nach § 818 Abs. 3 BGB nicht zurückzahlen müßte. Dem Betrag, der nicht zurückgezahlt werden muß, werden – in Übereinstimmung mit der bisherigen Rechtsprechung zur Entlassung[115] – die Kosten einer „angemessenen Lebensführung" entsprechen. Um diesen Begriff auszufüllen, hat die Rechtsprechung, ebenfalls durch das materielle Recht angeleitet, verschiedene Kriterien entwickelt.[116] Auf den Betrag der Kosten einer angemessenen Lebensführung ist die vorläufige Weiterzahlungspflicht bei angefochtener Ernennungsrücknahme zu begrenzen: Er verbliebe dem Betroffenen wegen § 818 Abs. 3 BGB zwar wirtschaftlich endgültig, wäre jedoch wegen der prinzipiellen Konstruktion der Weiterleistungspflicht als einer vorläufigen dennoch nicht als mit Rechtsgrund geleistet anzusehen. Eine vorläufige Pflicht zur vollen Weiterzahlung bei angefochtener Ernennungsrücknahme wäre dem zugrunde liegenden materiellen Recht hingegen nicht angemessen: Dies würde nämlich den Dienstherren für den Fall des Mißerfolges des Rechtsbehelfs mit dem Risiko belasten, daß der Betrag nicht mehr eingetrieben werden könnte, der über den Betrag hinausgeht, der nach § 818 Abs. 3 BGB ohnehin dem Zugriff entzogen ist. Dies ist jedoch angesichts der Tatsache, daß der Dienstherr sich mit der Rücknahme auf durchaus gravierende Sachverhalte beruft,[117] nicht angemessen.

---

[113] Darin liegt kein unzulässiges Abstellen auf den Ausgang des Rechtsbehelfsverfahrens, sondern die systemkonforme Ableitung, daß für den Fall offener Erfolgsaussichten des Rechtsbehelfs die Schwere der Rücknahmegründe in tatsächlicher Hinsicht maßgeblich für die Reichweite der aufschiebenden Wirkung in dem Sinne ist, daß die in dieser Lage bestehende Möglichkeit des Mißerfolgs des Rechtsbehelfs gegenüber der Möglichkeit seines Erfolges in den Vordergrund tritt.

[114] §§ 12 BBesG, 52 BeamtVG.

[115] Zu den Parametern der Berechnung dieses „angemessenen" Lebensunterhaltes im einzelnen BVerwG, Buchholz 310 § 80 VwGO Nr. 20 S. 17; OVG Münster, NWVBl. 1992, S. 287.

[116] Etwa BVerwG, ZBR 1983, S. 246; VGH Kassel, NVwZ 1983, S. 354; OVG Hamburg, NVwZ 1984, S. 256.

Bei der Entlassung eines Beamten, die nur ex nunc wirkt, ist hingegen nicht schon aus den Überlegungen zur materiell-rechtlichen Grundlage ausgeschlossen, daß eine Weiterzahlungspflicht auch einen Rechtsgrund dafür abgibt, daß die geleisteten Beträge behalten werden dürfen.[118] Das Erlaßinteresse, das hinter der Entlassung steht, ist deutlich weniger gewichtig als das Erlaßinteresse, das hinter einer Rücknahme steht.

Im einzelnen kann das Gewicht, das das materielle Beamtenrecht den Erlaßinteressen zumißt, die Beamtenentlassungen tragen,[119] nach der Regelung des Bundesbeamtengesetzes nur danach bestimmt werden, ob ein Beamter auf Lebenszeit entlassen wird oder ein Beamter, dessen Position nicht derart stark ist, also ein Beamter auf Probe oder auf Widerruf. Wie stark die Stellung eines Beamten ist, zeigt sich u.a. an den Gründen, aus denen er entlassen werden darf. Bei Beamten auf Lebenszeit berechtigt lediglich der Umstand zur Entlassung, daß der Beamte die Eigenschaft verliert, Deutscher im Sinne des Grundgesetzes zu sein und die ihm zugewiesenen Aufgaben es erfordern, daß ein Deutscher beschäftigt wird (§ 29 Abs. 2 BBG i.V.m. § 7 Abs. 2 BBG). Bei Beamten auf Probe berechtigen hingegen außerdem eine Reihe weiterer Sachverhalte zur Entlassung. Dazu gehören etwa Verhaltensweisen, die bei einem Lebenszeitbeamten nur eine förmliche disziplinarische Maßnahme zur Folge haben (§ 31 Abs. 1 Nr. 1 BBG), die mangelnde Bewährung des Beamten (§ 31 Abs. 1 Nr. 2 BBG) oder die organisatorische Veränderung der Beschäftigungsbehörde, die das Aufgabengebiet des Beamten berührt, wenn eine anderweitige Verwendung nicht möglich ist (§ 31 Abs. 1 Nr. 4 BBG). Beamte auf Widerruf schließlich können jederzeit und ohne weiteres durch Widerruf entlassen werden (§ 32 Abs. 1 S. 1 BBG).

---

117 § 12 Abs. 1 BBG sieht die Rücknahme zwingend vor, wenn der Ernannte die Ernennung durch Zwang, arglistige Täuschung oder Bestechung herbeigeführt hat (Nr. 1 der Vorschrift), wenn bei der Ernennung nicht bekannt war, daß der Ernannte ein Verbrechen oder Vergehen begangen hat, das ihn der Berufung ins Beamtenverhältnis unwürdig erscheinen läßt, und er deswegen rechtskräftig zu einer Strafe verurteilt worden ist (Nr. 2), oder ein Nicht-Deutscher im Sinne des Art. 116 GG zum Beamten ernannt wurde, obwohl die Aufgabe die Ernennung eines Deutschen erfordert hätte, und eine Ausnahme nicht vorlag (Nr. 3 i.V.m. § 7 Abs. 2 und Abs. 3 BBG). § 12 Abs. 2 BBG sieht eine Ermessensrücknahme vor, wenn bei der Ernennung nicht bekannt war, daß der Ernannte schon einmal disziplinarisch aus dem Dienst entfernt oder zum Verlust der Versorgungsbezüge verurteilt wurde.

118 Der Begriff der „endgültigen Weiterzahlungspflicht" meint eine Pflicht, die für den Fall des Mißerfolges des Rechtsbehelfs einen Rechtsgrund für das endgültige Behalten der Bezüge abgibt, die während des Rechtsbehelfsverfahrens empfangen wurden.

119 Interessant sind ohnedies nur die Beamtenentlassungen, die nicht auf Wunsch des Beamten oder ohne Verwaltungsakt direkt ex lege erfolgen.

Diese Abstufung zeigt, daß Beamte auf Widerruf deutlich leichter durch Entlassung aus dem Dienst entfernt werden können als Beamte auf Probe, und daß diese wiederum deutlich leichter entfernt werden dürfen als Lebenszeitbeamte. Die Frage nach der Vorläufigkeit der Bezügezahlungspflicht muß sich an dieser Abstufung orientieren.[120] Eine Weiterzahlungspflicht ohne die Möglichkeit späterer Rückforderung besteht demzufolge nur in den Fällen der Entlassung eines Lebenszeitbeamten. Den Fällen der Entlassung von Beamten auf Probe und auf Widerruf ist hingegen wieder mit einer vorläufigen Bezügeweiterzahlungspflicht bei Anfechtung der Entlassung Rechnung zu tragen, also einer Pflicht, die im Falle des Mißerfolgs des Rechtsbehelfs zur Rückforderung berechtigt.

Was die höhenmäßige Begrenzung der Weiterzahlungspflicht bei angefochtener Beamtenentlassung angeht, so ist bei der Entlassung von Lebenszeitbeamten und Beamten auf Probe die volle Höhe der zuletzt gezahlten Dienstbezüge zugrundezulegen. Auch dies ergibt sich aus dem materiellen Recht: Nur die gegenüber den Entlassungsgründen gewichtigeren (und deshalb ja gerade zur ex-tunc-Beseitigung des Beamtenstatus führenden) Rücknahmegründe oder die voraussetzungslose Freiheit zur jederzeitigen Entlassung durch Widerruf können die höhenmäßige Begrenzung der Bezügeweiterzahlungspflicht auf den nach § 818 Abs. 3 BGB endgültig verbleibenden Betrag rechtfertigen. Mit anderen Worten: Kann sich der Dienstherr nicht auf Rücknahmegründe oder die voraussetzungslose Befugnis zur jederzeitigen Entlassung per Widerruf berufen, so trägt er das Risiko der Uneintreibbarkeit des Betrages, der über den Betrag hinausgeht, der nach § 818 Abs. 3 BGB nicht zurück gezahlt werden muß.

Praktisch wohl weniger wichtig als die Frage, ob und in welcher Höhe die Bezüge weiter geleistet werden müssen, ist das Problem, inwieweit die Dienstpflichten aus dem Beamtenverhältnis nach Rechtsbehelfseinlegung weiterbestehen. Dies hat folgenden Grund: Der Dienstherr als derjenige, der insoweit aus dem Beamtenverhältnis berechtigt ist, hat durch seinen Beendigungsakt gerade zum Ausdruck gebracht, daß er auf die weitere Leistung der Dienste für die Zukunft verzichten will. Praktisch werden könnte ein Konflikt also nur bei widersprüchlichem Verhalten des Dienstherrn oder – eher denkbar – bei einem Wunsch des Betroffenen, weiter seine Dienstpflichten zu versehen. Immerhin hat ein Beamter aus dem Beamtenver-

[120] Anderer Ansicht BVerwG, DVBl. 1998, S. 647 f., wo für Entlassungen generell angenommen wird, daß die Bezüge während des Rechtsbehelfsverfahrens nur vorläufig zu leisten sind, also mit der Möglichkeit späterer Rückforderung, wenn der Rechtsbehelf keinen Erfolg hat. Eine Begründung wird dafür allerdings nicht gegeben. Hier zeigt sich, daß die bisherige Rechtsprechung, auch soweit sie materiell-rechtlich angeleitet judiziert, bisweilen die notwendigen Differenzierungen vermissen läßt.

hältnis Anspruch auf eine der Amtsbezeichnung entsprechende Beschäftigung.[121]

Aus § 13 Abs. 1 BBG kann nicht mit Blick auf einen a maiore ad minus-Schluß entnommen werden, daß sogar bei Nichtigkeit der Ernennung die Dienstpflichten noch bis zur Untersagung der weiteren Betätigung weiterbestehen. Allein daraus, daß bei Nichtigkeit der Ernennung dem „Beamten" die Wahrnehmung der Dienstgeschäfte untersagt werden muß, kann nicht geschlossen werden, daß diese Untersagung konstitutive Wirkung hat. Nichtigkeit bedeutet auch bei der Beamtenernennung, daß kein wirksames Rechtsverhältnis besteht, das auf den nichtigen Akt gegründet wäre, sondern allenfalls ein Rechtsschein von Wirksamkeit bestehen kann. Diesen allein zu bekämpfen ist Aufgabe der Untersagung, die demnach realiter nie entstandene Dienstpflichten nicht konstitutiv beendet.

Bei der Frage nach der Pflicht, den Dienst weiter zu versehen, drängt vielmehr ein anderes Rechtsgut in den Vordergrund, das das materielle Beamtenrecht ebenfalls grundlegend prägt: Dies ist das Prinzip der Funktionsfähigkeit der öffentlichen Verwaltung, das, wann immer es betroffen ist,[122] ein besonderes Maß an Rechtsklarheit verlangt.[123] Aus dieser Vorgabe folgt, daß ein Beamter, bei dem der Dienstherr zu dem Ergebnis gekommen ist, daß der Beamte ab sofort seine Amtsgeschäfte nicht mehr wahrnehmen darf (oder sogar – im Falle der Rücknahmegründe – nie hätte wahrnehmen dürfen), auch im Falle der Einlegung eines Rechtsbehelfs mit offener Erfolgsaussicht gehindert ist, weiter seine Dienstpflichten zu versehen. Für diese Sicht finden sich auch in der bisherigen Rechtsprechung Anhaltspunkte.[124] Für dennoch vorgenommene Handlungen mit Außenwirkung – etwa den Erlaß eines Verwaltungsaktes – muß aus demselben Grund gefolgert werden, daß diese unwirksam sind. Diese klare Regelung hat auch den nicht zu unterschätzenden Vorteil, daß der Dienstherr nicht mit Blick

---

[121] Dieser Anspruch wurde im Zusammenhang mit der Umsetzung entwickelt, *Scheerbarth/Höffken*, Beamtenrecht Lehr- und Handbuch, § 14 II 2 b).

[122] Was für die gerade behandelte Frage nach dem Weiterleistenmüssen von Bezügen nicht der Fall ist, da dadurch die Aufgabenwahrnehmung der öffentlichen Verwaltung, deren Effektivität das Prinzip der Funktionsfähigkeit der Verwaltung schützen will, nicht betroffen ist.

[123] Die Bedeutung dieses Rechtsguts und das besondere Maß an Rechtsklarheit, das es erfordert, zeigt sich daran, daß es in der Lage ist, im Bereich der beamtenrechtlichen Konkurrentenstreitigkeiten sogar den Hauptsacherechtsschutz eines Konkurrenten abzuschneiden, sobald der ausgewählte Konkurrent ernannt ist, dazu *Kunig,* in: Schmidt-Aßmann (Hrsg.), Besonderes Verwaltungsrecht, 6. Abschnitt, Rz. 91 f. m. zahlr. Nachweisen aus der Rechtsprechung

[124] Siehe etwa BVerwG, Buchholz 310 § 80 VwGO Nr. 20 S. 16 (Weiterbeschäftigung stellt Sicherheitsrisiko dar), OVG Bremen, ZBR 1975, S. 222, OVG Lüneburg, OVGE 32, S. 377; OVG Münster, ZBR 1981, S. 352 (Beamter hat in schwerwiegender Weise gegen die demokratische Grundordnung verstoßen).

darauf, daß er unter Umständen weiter Bezüge zu zahlen hat, den Entlassenen doch noch weiter zur Erfüllung von Dienstpflichten heranzieht. Damit würde er sich nämlich dem Vorwurf widersprüchlichen Verhaltens aussetzen. Die eigentliche Intention des Dienstherrn ist es ja, daß das Beamtenverhältnis beendet wird. Außerdem würde positiv bewirkt, daß der Dienstherr mit Blick auf den Verlust der Arbeitskraft des betroffenen Beamten, der sofort einsetzt, die Maßnahme um so gründlicher prüfen wird.

Das Problem der Vorläufigkeit des Rechtszustandes, der durch die Rechtsbehelfseinlegung entsteht, wird sich außerhalb des Problems der Bezügeweiterleistung kaum stellen, weil die Bezügeleistungspflichten von den sonstigen Rechtsfolgen entkoppelt sind. Auftauchen kann das Problem nur, wenn der Beamte während des Rechtsbehelfsverfahrens Handlungen mit Außenwirkung vorgenommen hat und sich nach erfolgreichem Abschluß des Rechtsbehelfsverfahrens die Frage stellt, ob deren Wirksamkeit von dem Ergebnis des Rechtsbehelfsverfahrens abhängig ist. Die Lösung muß davon abhängen, ob das Prinzip der Funktionsfähigkeit der Verwaltung eine solche Rückorientierung verbietet. Dies ist mit Blick auf die Rechtsklarheit, nach der dieses Prinzip verlangt, anzunehmen. Solche Akte bleiben also auch dann unwirksam, wenn der Rechtsbehelf Erfolg hat.

3. Ergebnis

Als Ergebnis der Ausführungen unter III. ist festzuhalten: Es konnte beispielhaft gezeigt werden, daß sich für den Bereich der normalen Eingriffsverwaltung dem materiellen Recht zwanglos Maßstäbe entnehmen lassen, um die Frage nach dem Ob und Wieweit der aufschiebenden Wirkung eines Rechtsbehelfs zu beantworten, wenn der Ausgang des Rechtsbehelfsverfahrens ex ante noch nicht absehbar ist. Dabei hat sich gezeigt, daß diese Ableitungen – entgegen der Kritik Leipolds an der Figur des materiellen Zwischenrechts – nicht „zu starr und grobschlächtig“[125] sind, sondern durchaus differenziert. Grund dafür ist, daß an einzelne aus dem angefochtenen Verwaltungsakt ableitbare Rechtsfolgen angeknüpft wird. Auch das Bedenken, das hinter einem Verwaltungsakt stehende Erlaßinteresse sei nicht teilbar, die Güterzuordnungen des materiellen Rechts erlaubten deshalb nur pauschale Ableitungen, hat sich als unbegründet erwiesen.

[125] *Leipold*, Grundlagen des einstweiligen Rechtsschutzes im zivil-, verfassungs- und verwaltungsgerichtlichen Verfahren, S. 57. Zum „materiellen Zwischenrecht“ oben 2. Kapitel, A. II.

IV. Weitere Vorteile der materiell-rechtlich geleiteten Maßstabsableitung

Mit Hilfe des hier vetretenen Modells lassen sich zwei dogmatische Probleme, die zwar auch auf der Basis der gegenteiligen bisherigen Prämissen ohne Widersprüche gelöst werden konnten, in einer überzeugenderen Weise klären.

1. Einstweiliger Rechtsschutz bei isolierter Anfechtung von Nebenbestimmungen

Bei der isolierten Anfechtung von belastenden Nebenbestimmungen, die einem begünstigenden Verwaltungsakt beigegeben sind, ist zu entscheiden, ob der Rechtsbehelfsführer während des Rechtsstreits von der Begünstigung Gebrauch machen darf, ohne die Nebenbestimmung befolgen zu müssen. Eine ausdrückliche gesetzliche Anordnung der sofortigen Vollziehbarkeit von Nebenbestimmungen gibt es nicht. Soweit der Begünstigte von der Begünstigung keinen Gebrauch machen darf,[126] konnte die Lösung deshalb bisher nur darüber gefunden werden, daß entweder die sofortige Vollziehbarkeit der Nebenbestimmung nach § 80 Abs. 2 Nr. 4 VwGO angeordnet[127] oder die aufschiebende Wirkung auf den begünstigenden Teil des Verwaltungsaktes erstreckt[128] werden mußte. Die erste Möglichkeit steht vor dem Problem, ein öffentliches Interesse zu benennen, das über das Erlaßinteresse hinausgeht.[129] Der zweite Weg vermeidet dieses Problem jedoch. Er paßt überdies konstruktiv zur bisherigen Konzeption der aufschiebenden Wirkung,[130] da die aufschiebende Wirkung auf den Verwaltungsakt als Einheit bezogen wird. Gleichwohl mutet es merkwürdig an, daß eine Begünstigung dadurch aufgeschoben wird, daß der Begünstigte einen Rechtsbehelf gegen die Nebenbestimmung einlegt. Deswegen ist die Lösung des Problems auf der Basis der hier vorgeschlagenen Vorgehensweise überzeugender: Daß ein Rechtsbehelf eingelegt wird, muß nicht notwendigerweise Folgen für den Verwaltungsakt als Ganzes haben, weil die Rechtsfolgen der Einlegung an einzelne Rechtsfolgen des Verwaltungsaktes anknüpfen. Es ist deshalb ohne weiteres möglich, die Rechtsfolgen allein auf die belastende

---

126 Eine Darstellung des Meinungsstandes hierzu findet sich bei *Pietzcker,* in: Schoch/Schmidt-Aßmann/Pietzner, Verwaltungsgerichtsordnung, Rz. 128 zu § 42 Abs. 1 VwGO.

127 So *Schneider,* Nebenbestimmungen und Verwaltungsprozeß, S. 114 ff. (für die Auflage).

128 So *Meyer,* in: Meyer/Borgs, Verwaltungsverfahrensgesetz, Rz. 43 zu § 36 VwVfG.

129 Dazu oben 1. Kapitel, A. III.

130 Oben 1. Kapitel, B.

Nebenbestimmung zu beziehen. Inwieweit aufschiebende Wirkung oder sofortige Vollziehbarkeit eintreten, hängt von dem Gewicht des Erlaßinteresses ab, das das materielle Recht der Nebenbestimmung zumißt. Dient eine Nebenbestimmung dazu, die Einhaltung der Voraussetzungen einer Begünstigung sicherzustellen (§ 36 Abs. 1 letzter Hs. VwVfG bzw. die entsprechenden Regelungen in den Verwaltungsverfahrensgesetzen der Länder), auf die ein Anspruch besteht, so verlangt dieses Erlaßinteresse im Falle der offensichtlichen oder zweifelhaften Rechtmäßigkeit der Nebenbestimmung die sofortige Vollziehbarkeit der Nebenbestimmung. Dies darf auch bei Erfolg des Rechtsbehelfs nicht rückwirkend korrigiert werden. Anderenfalls bestünde die Möglichkeit, daß für die Dauer des Rechtsbehelfsverfahrens eine Begünstigung verwirklicht würde, auf die kein Anspruch besteht. Ansonsten – also in den Fällen des § 36 Abs. 2 VwVfG bzw. der entsprechenden Regelungen in den Verwaltungsverfahrensgesetzen der Länder – kann die sofortige Vollziehbarkeit nach dem Grad der Konnexität zwischen Nebenbestimmung und begünstigender Regelung[131] bestimmt werden.

2. *Sofortige Vollziehbarkeit beim indirekten Vollzug von Gemeinschaftsrecht*

Klagemöglichkeiten zum Europäischen Gerichtshof bestehen nach Maßgabe des Art. 173 Abs. 4 i.V.m. Abs. 1 EGV nur gegen Akte der Gemeinschaftsorgane. Deshalb obliegt die Kontrolle, ob das materielle Gemeinschaftsrecht durch nationale Behörden korrekt angewendet wird, den nationalen Gerichten. Welches Gericht jeweils zuständig ist, folgt aus der innerstaatlichen Zuständigkeitsverteilung. Nach den §§ 45, 40 VwGO sind deshalb auch die deutschen Verwaltungsgerichte damit befaßt zu überprüfen, ob die deutschen Behörden das Gemeinschaftsrecht im sogenannten indirekten Vollzug zutreffend anwenden. Wenden die deutschen Behörden das Gemeinschaftsrecht an, indem sie belastende Verwaltungsakte oder Verwaltungsakte mit belastender Drittwirkung erlassen, so verlangt nach der Rechtsprechung des EuGH der Grundsatz des effizienten Vollzugs des Gemeinschaftsrechts[132] bei bestimmten Bereichen des materiellen Gemeinschaftsrechts, daß diese Verwaltungsakte im Sinne des deutschen Rechts sofort vollziehbar sein müssen.[133] Ihre Anfechtung soll also nach deut-

---

[131] Die Konnexität zwischen Nebenbestimmung und begünstigender Hauptregelung stellt das für die Zulässigkeit von Nebenbestimmungen nach § 36 Abs. 2 VwVfG und den entsprechenden Regelungen in den Verwaltungsverfahrensgesetzen der Länder maßgebliche Kriterium dar; siehe hierzu *Meyer,* in: Meyer/Borgs, Verwaltungsverfahrensgesetz, Rz. 33 zu § 36 VwVfG.

[132] Dazu allgemein *Streinz,* Europarecht, Rz. 482 ff.

[133] EuGH, Rechtsprechung 1990, S. 2879: Die Kommission hatte auf der Grundlage von Art. 41 der VO (EWG) Nr. 337/79 angeordnet, daß gemeinschaftsweit

schem Recht nicht zur Folge haben dürfen, daß die aufschiebende Wirkung des § 80 Abs. 1 S. 1 VwGO eintritt.

Diese Argumentation insgesamt als richtig unterstellt,[134] kann dem Effizienzgebot nur durch Anordnungen der sofortigen Vollziehbarkeit nach § 80 Abs. 2 Nr. 4 VwGO Rechnung getragen werden. Denn eine ausdrückliche gesetzliche Anordnung der sofortigen Vollziehbarkeit für solche Fälle existiert nach deutschem Recht nicht. Soll eine solche Anordnung nach § 80 Abs. 2 Nr. 4 VwGO stimmig gerechtfertigt werden, so müßte das Gemeinschaftsrecht so auszulegen sein, daß es jeweils das besondere, im jeweiligen Erlaßinteresse noch nicht erfaßte besondere öffentliche Interesse an der sofortigen Vollziehbarkeit begründet. Dies wird zum Teil auch so gesehen.[135] Indes kann man das Effizienzgebot nicht so verstehen, daß es mit der Idee des Regel-Ausnahme-Verhältnisses von aufschiebender Wirkung und sofortiger Vollziehbarkeit harmoniert, der § 80 Abs. 2 Nr. 4 VwGO aber, wie gezeigt,[136] verpflichtet ist: Das Effizienzgebot verlangt keine ausnahmsweise sofortige Vollziehbarkeit, noch nicht einmal eine grundsätzliche, sondern eine ausnahmslose. Damit aber ist die Effizienz bereits Bestandteil des Geltungsanspruchs des Gemeinschaftsrechts an sich. Deswegen ist die Notwendigkeit, den Verwaltungsakt sofort umzusetzen, Bestandteil des Erlaßinteresses der Verwaltungsakte, die der Verwirklichung des Gemeinschaftsrechts dienen. Ist aber das Interesse an der sofortigen Vollziehbarkeit dem materiellen Gemeinschaftsrecht immanent, so kann dem Gemeinschaftsrecht insoweit nicht auch noch ein besonderes öffentliches Interesse an der sofortigen Vollziehbarkeit entnommen werden, das

---

Tafelwein zu destillieren sei, in Deutschland 70000 Liter. Von den daraufhin in Deutschland erlassenen 614 Bescheiden wurden 506 angefochten. Dies hatte zur Folge, daß insgesamt nur 13 % der vorgegebenen Menge destilliert wurden. Von einer effektiven Durchsetzung des Gemeinschaftsrechts kann angesichts solcher Quoten nicht die Rede sein. Siehe auch EuGH, Rechtsprechung 1991, S. 415 (S. 542 ff.); Rechtsprechung1995, S. 3761 (S. 3791 ff.); Rechtsprechung 1996, S. 6065 (S. 6103 ff.).

134 Ihre Richtigkeit ist nicht unbestritten, soll hier aber nicht näher untersucht werden. Eine andere Sichtweise vertritt etwa *Kadelbach,* Allgemeines Verwaltungsrecht unter europäischem Einfluß, S. 140 f. (dort auch weitere Nachweise zur Diskussion): Wenn die Gültigkeit der maßgeblichen gemeinschaftsrechtlichen Vorschrift zweifelhaft sei und deshalb die Vorlagepflicht des Verwaltungsgerichts an den EuGH feststehe, verlange das Gemeinschaftsrecht selbst die Gewährung eines Rechtsfolgenaufschubs, auch wenn dadurch die Effizienz der Durchsetzung des Gemeinschaftsrechts in Frage gestellt werde.

135 So etwa *Kopp/Schenke,* Verwaltungsgerichtsordnung, Rz. 95 zu § 80 VwGO: § 80 Abs. 2 Nr. 4 VwGO erlaube die Rezeption der gemeinschaftsrechtlichen Vorgaben. Ähnlich auch *Rengeling/Midekke/Jakobs,* Rechtsschutz in der Europäischen Union, Rz. 1156, 1158.

136 Oben 1. Kapitel, A. I. (S. 6 ff.).

über das Erlaßinteresse hinausgeht, um eine solche Anordnung zu rechtfertigen.[137]

Allerdings kann für den Bereich des Gemeinschaftsrechts die sofortige Vollziehbarkeit entgegen den Anforderungen, die § 80 Abs. 2 Nr. 4 VwGO statuiert, konstruktiv stimmig umgesetzt werden.[138] Dies geschieht über die normhierarchische Rechtsfigur des Anwendungsvorrangs, der dem Gemeinschaftsrecht zukommt. Dieser Anwendungsvorrang besagt, daß das Gemeinschaftsrecht nationales Recht verdrängt, wenn es ihm entgegensteht[139]. Der Anwendungsvorrang ist nach der Rechtsprechung des Bundesverfassungsgerichts nicht aus dem allgemeinen Völkerrecht abzuleiten. Er ergibt sich erst aus dem entsprechenden innerstaatlichen Rechtsanwendungsbefehl, nämlich dem Zustimmungsgesetz zum EG-Vertrag.[140]

Dieser Weg über den Anwendungsvorrang des Gemeinschaftsrechts hat allerdings den Preis, daß § 80 VwGO teilweise gemeinschaftsrechtswidrig ist und man zu einem gemeinschaftsrechtskonformen Ergebnis nur durch die Verdrängung des deutschen Rechts durch das Gemeinschaftsrecht kommt. Legt man indes das hier vertretene Modell zugrunde, so kann dies vermieden werden, da ja ohnehin die Wertungen des materiellen Rechts – also auch des Gemeinschaftsrechts – entscheiden, ob und wieweit aufschiebende Wirkung oder sofortige Vollziehbarkeit Rechtsfolgen der Einlegung von Widerspruch und Anfechtungsklage sind.[141]

V. Komplexe Planungs- und Gesamtabwägungsentscheidungen und Verwaltungsakte mit belastender Drittwirkung

Soweit komplexe Planungs- und Gesamtabwägungsentscheidungen durch Verwaltungsakt ergehen oder begünstigende Verwaltungsakte mit belastender Drittwirkung betroffen sind, versagt das materielle Recht bei der Ableitung, inwieweit aufschiebende Wirkung oder sofortige Vollziehbarkeit Rechtsfolgen der Rechtsbehelfseinlegung sind.[142]

---

[137] Siehe hierzu auch *Rohde*, Vorläufiger Rechtsschutz unter dem Einfluß des Gemeinschaftsrechts, S. 104 f. (insbes. S. 109 f.).

[138] Anders als bei den oben (1. Kapitel, A. III. 1. f)) behandelten Fällen.

[139] Zum Vorrang des Gemeinschaftsrechts grundlegend EuGH, Rs. 6/64, Costa/ENEL, RSpr. 1964, S. 1251 (S. 1269), *Schweitzer*, Staatsrecht III, Rz. 45 ff., insbes. Rz. 47 und 49, *Streinz*, Europarecht, Rz. 194. Zum Anwendungsvorrang (in Abgrenzung zum Geltungsvorrang) speziell *Streinz*, Europarecht, Rz. 200.

[140] BVerfGE 73, S. 339 (S. 374 f.).

[141] Dazu allgemein 2. Kapitel, A.

[142] Dazu oben 3. Kapitel, B. II. 2.

1. Grundlagen

Für diese Fälle soll der Maßstab anhand einer Prüfung gewonnen werden, ob gesetzliche Regelungen existieren, die es überwiegend wahrscheinlich erscheinen lassen, daß solche Verwaltungsakte im verwaltungsgerichtlichen Hauptsacheverfahren Bestand haben werden und nicht aufgehoben werden dürfen (Bestandsgewähr). Wenn dies der Fall ist, so ist deswegen der in der aufschiebenden Wirkung liegende Vorteil – die Sicherung des status quo – nicht gerechtfertigt, während die sofortige Vollziehbarkeit hingegen gerechtfertigt ist. Im Unterschied zu der bei der Offensichtlichkeitsprüfung notwendigen einzelfallbezogenen Erfolgsprognose handelt es sich bei dieser Prognose, die auf normativen Grundlagen beruht, um eine abstrakte Prognose über den Bestand des angefochtenen Verwaltungsaktes im Rechtsbehelfsverfahren.

a) Bestandsgewähr durch Beschränkungen der verwaltungsgerichtlichen Aufhebung von Verwaltungsakten

Zuerst müssen im Sinne dieser normativen Gewähr, daß ein angefochtener Verwaltungsakt im verwaltungsgerichtlichen Verfahren nicht aufgehoben werden darf, Regelungen des Verwaltungsprozeßrechts betrachtet werden. Von Interesse sind diejenigen Regelungen, die die Voraussetzungen regeln, unter denen das Verwaltungsgericht Verwaltungsakte aufhebt. Je enger diese Voraussetzungen gestaltet sind, je weiter die Befugnis des Verwaltungsgerichts zur Aufhebung also beschränkt ist, desto höher ist die Wahrscheinlichkeit, daß die jeweiligen Verwaltungsakte nicht vom Gericht aufgehoben werden dürfen und deswegen Bestand haben werden.

Vorauszuschicken ist, daß das geltende Recht Verstöße gegen Verwaltungsverfahrensrecht und Verstöße gegen materielles Recht kennt, die entgegen § 113 Abs. 1 S. 1 VwGO, der Grundnorm der verwaltungsgerichtlichen Aufhebung von Verwaltungsakten, nicht dazu führen, daß ein Verwaltungsgericht einen entsprechend fehlerhaften Verwaltungsakt aufhebt.[143] Davon sollen an dieser Stelle nur die Verstöße gegen materielles Recht erörtert werden.[144]

---

[143] Daß Verstöße gegen Verwaltungsverfahrensrecht einen Verwaltungsakt rechtswidrig machen, zeigen § 44 Abs. 2 VwVfG, die Entstehungsgeschichte des § 45 VwVfG und der Rückschluß aus § 46 VwVfG. Hierzu *Meyer,* NVwZ 1986, S. 513 (S. 516 f.), zu dem Rückschluß aus § 46 VwVfG auch *Meyer,* in: Meyer/Borgs, Verwaltungsverfahrensgesetz, Rz. 2 und 8 zu § 46 VwVfG.

[144] Zu den Verstößen gegen Verwaltungsverfahrensrecht, die nicht zur Aufhebung von angefochtenen Verwaltungsakten führen, unten 3. Kapitel, B. V. 1. d).

Beschränkungen der verwaltungsgerichtlichen Aufhebung existieren im Bereich der Verwaltungsakte, die hier behandelt werden, nur bei Baugenehmigungen nicht. Eine Baugenehmigung ist demnach dann rechtswidrig und wird im Falle der zulässigen (weil klagebefugten Dritt-)Anfechtung vom Gericht nach § 113 Abs. 1 S. 1 VwGO kassiert, wenn sie – wie dies die Landesbauordnungen übereinstimmend festlegen[145] – nicht „den öffentlich-rechtlichen Vorschriften entspricht".

Bei Planfeststellungsbeschlüssen und Plangenehmigungen ist es hingegen oft der Fall, daß die materielle Rechtswidrigkeit des Verwaltungsaktes nicht die Aufhebung zur Folge hat. Oft führen vielmehr nur einige bestimmte Gründe, die den Verwaltungsakt materiell rechtswidrig machen, zu seiner Aufhebung (Genaueres dazu nachfolgend unter aa)). Bei den meisten Planfeststellungsbeschlüssen können außerdem bestimmte materielle Einwendungen präkludiert sein. Dies kann dann im Einzelfall dazu führen, daß der Verwaltungsakt trotz Rechtswidrigkeit nicht aufgehoben wird (bb)).

aa) Aufhebung nur bei bestimmten materiellen Fehlern

Zunächst ist es an dieser Stelle sinnvoll, sich das dogmatische Grundmodell der verwaltungsgerichtlichen Aufhebung von Planfeststellungsbeschlüssen und Plangenehmigungen zu vergegenwärtigen: Wenn § 113 Abs. 1 S. 1 VwGO ohne spezialgesetzliche Modifikation gilt, so führt die Rechtswidrigkeit des angefochtenen Verwaltungsakts und die Verletzung des Klägers in Rechten zur Aufhebung des Verwaltungsakts durch das Gericht. Die Anforderungen an die materielle Rechtmäßigkeit von Planfeststellungsbeschlüssen und Plangenehmigungen sind durch die Rechtsprechung unter dem bekannten Stichwort von der Abwägungs(fehler)lehre konkretisiert worden. Spezifische gesetzliche Vorgaben fehlen nämlich oft ganz oder sind nur sehr lückenhaft. Im einzelnen gilt: Zunächst sind alle nach Lage der Dinge zu berücksichtigenden Belange in die Abwägung einzustellen. Die Belange sind sodann nicht im Gegensatz zu ihrer objektiven Gewichtigkeit zu bewerten. Die Ausgleichsentscheidung darf nicht in einer Weise vorgenommen sein, die zu objektiven Gewichtigkeit der Belange außer Verhältnis steht.[146]

Das durch diese Anforderungen definierte „reine" verwaltungsgerichtliche Prüfungsprogramm wird spezialgesetzlich häufig dahin modifiziert, daß nur noch offensichtliche Abwägungsfehler, die das Abwägungsergebnis beeinflussen, eine Aufhebung des Verwaltungsaktes rechtfertigen, falls sie

---

145 Für Hessen: § 70 Abs. 1 S. 1 HessBauO.

146 Dazu allgemein *Stüer,* Handbuch des Bau- und Fachplanungsrechts, Rz. 2172 mit umfangreichen weiteren Nachweisen aus der Rechtsprechung.

auch nicht durch Planergänzung ausgeglichen werden können. Eine derartige Formulierung findet sich in § 75 Abs. 1a VwVfG (Bund). Deswegen gilt für den Anwendungsbereich dieses Gesetzes dieser Maßstab, d.h. also, soweit die handelnden Behörden Bundesbehörden sind (§ 1 Abs. 1 Nr. 1 VwVfG) und keine demgegenüber vorrangigen spezialgesetzlichen Regelungen bestehen (§ 1 Abs. 1 letzter Hs. VwVfG). Darüber hinaus gilt dieser Maßstab auch dann, wenn zwar wegen § 1 Abs. 3 VwVfG bei Ausführung von Bundesrecht durch die Länder ein Landesverwaltungsverfahrensgesetz gelten würde, das, wie etwa das nordrhein-westfälische oder das schleswig-holsteinische Landesverwaltungsgesetz, eine entsprechende Regelung nicht vorsieht, gleichwohl aber das einschlägige Fachplanungsgesetz des Bundes eine solche Regelung enthält. Dann kann nämlich insoweit das Verwaltungsverfahrensgesetz des Landes nicht gelten.[147] Solche speziellen fachplanungsgesetzlichen Regelungen finden sich etwa in § 17 Abs. 4 S. 1 FStrG oder § 29 Abs. 4 PBefG. Dies führt im Ergebnis dazu, daß das gerichtliche Prüfungsprogramm praktisch nur in dem seltenen Fall „rein" durch die materiellen Erlaßanforderungen bestimmt wird, wenn Landesbehörden tätig werden, das Verwaltungsverfahrensgesetz des jeweiligen Landes keine § 75 Abs. 1a VwVfG entsprechende Regelung enthält und entweder ein Fachplanungsgesetz des Bundes durch das jeweilige Land ausgeführt wird, das ebenfalls eine solche Modifikation nicht vorsieht, wie etwa das Luftverkehrsgesetz für die Planfeststellung eines Verkehrsflughafens,[148] oder ein Fachplanungsgesetz des Landes ausgeführt wird, das ebenfalls eine solche Modifikation nicht enthält. Dies ist z.B. bei der Planfeststellung nach dem schleswig-holsteinischen Straßengesetz der Fall, so daß aus diesem Grunde bei Planfeststellungsbeschlüssen nach diesem Gesetz Rechtmäßigkeitsanforderungen und gerichtlicher Prüfungsmaßstab identisch sind.

Klärungsbedürftig ist noch die Frage, wie sich der in diesen spezialgesetzlichen Modifikationen der Voraussetzungen des prozessualen Aufhebungsanspruches verwendete Begriff des „offensichtlichen" Abwägungsfehlers zu dem oben entwickelten verwaltungsprozessualen Begriff der Offensichtlichkeit der Erfolgsaussichten des Rechtsbehelfs verhält.[149] Wenn nämlich beide Begriffe deckungsgleich sind, könnte die Annahme naheliegen, daß es Fälle zweifelhafter Erfolgsaussicht des Rechtsbehelfs – über die hier ja ausschließlich Aussagen getroffen werden sollen – im Anwendungsbereich des modifizierten Prüfungsmaßstabes gar nicht gibt.

Dies ist indes aus zweierlei Gründen nicht der Fall: Zum einen legen diejenigen Tatbestände, die die Voraussetzungen des prozessualen Aufhe-

[147] Ob dies auf mangelnder Gesetzgebungskompetenz beruht oder auf Art. 31 GG, braucht hier nicht geklärt zu werden.

[148] § 10 Abs. 8 S. 1 LuftVG.

[149] Zu diesem Begriff oben 3. Kapitel, A. II.

bungsanspruches verändern, zusätzlich fest, daß der Aufhebungsanspruch nur gegeben ist, wenn der offensichtliche Abwägungsfehler sich auf das Abwägungsergebnis ausgewirkt hat[150]. Dieses Kausalitätserfordernis aber ist nicht durch ein Offensichtlichkeitsmerkmal eingeschränkt, so daß jedenfalls bei diesem Erfordernis Zweifelsfälle möglich sind. Zum anderen setzt es bei den hier betroffenen komplexen Sachverhalten typischerweise eine umfangreiche Sachverhaltsermittlung bzw. mindestens ein vertieftes Aktenstudium voraus, um einen Abwägungsfehler zu erkennen. Schon aus diesem Grunde kann es keine völlige Kongruenz mit dem Begriff der Offensichtlichkeit der Erfolgsaussichten eines Rechtsbehelfs geben. Der Offensichtlichkeitsbegriff im Sinne der genannten Tatbestände wird deshalb weniger an eine prima-vista-Erkennbarkeit des Fehlers anknüpfen, wie dies bei dem Begriff der Offensichtlichkeit der Erfolgsaussichten eines Rechtsbehelfs der Fall ist, sondern eher daran, daß der Abwägungsfehler sich nach einer vollumfänglichen Prüfung als besonders schwer erweist.[151]

bb) Materielle Präklusion

Die materielle Präklusion ist ein weiteres Rechtsinstitut, das verhindert, daß rechtswidrige Verwaltungsakte vom Verwaltungsgericht aufgehoben werden.[152] Sie funktioniert anders als die gerade unter aa) beschriebenen Regelungen nicht über eine ohne weiteres gültige allgemeine Beschränkung der Aufhebungsvoraussetzungen. Sie bewirkt stattdessen, daß einzelne Einwendungen Betroffener nicht nur im Verwaltungsverfahren und der Entscheidung, sondern auch im verwaltungsgerichtlichen Verfahren nicht berücksichtigt werden dürfen. Voraussetzung dieser Wirkung ist, daß Verfahrensfristen versäumt wurden, binnen derer diese Einwendungen hätten geltend gemacht werden müssen. Bleiben diese Einwendungen aber insoweit „außen vor“, können sie nicht zur gerichtlichen Aufhebung des Verwaltungsaktes führen. Dies gilt auch dann, wenn sie an sich nach dem materiellen Recht in die Entscheidung hätten eingestellt werden müssen. Auch die materielle Präklusion bewirkt also, daß die Wahrscheinlichkeit, daß ein Verwaltungsakt ein gerichtliches Verfahren unbeschadet übersteht, erhöht wird. Allerdings hat sie wegen ihres deutlich schmaleren Ansatzes eine weniger weitgehende Wirkung als die unter aa) behandelten Regelungen.

---

150 So etwa § 17 Abs. 6c FStrG.

151 Diesen Aspekt betont auch *Bonk,* in: Stelkens/Bonk/Sachs, Verwaltungsverfahrensgesetz, Rz. 37 zu § 75 VwVfG.

152 Zur verwaltungsverfahrensrechtlichen und verfassungsrechtlichen Unbedenklichkeit der materiellen Präklusion siehe *Hufen,* Fehler im Verwaltungsverfahren, Rz. 594a.

Bei den Verwaltungsakten, die hier untersucht werden sollen, findet sich die materielle Präklusion nur im Bereich der Planfeststellungsbeschlüsse. Im Verwaltungsverfahrensgesetz des Bundes ist etwa die Versäumung der Einwendungsfrist im Recht des Planfeststellungsverfahrens durch eine solche materielle Präklusion sanktioniert (§ 73 Abs. 4 S. 3 VwVfG). Außerdem enthalten sämtliche Fachplanungsgesetze des Bundes wie auch viele Verwaltungsverfahrensgesetze der Länder derartige Regelungen. Die Folge ist, daß im Ergebnis heute in den meisten Fällen, in denen ein Planfeststellungsverfahren durchzuführen ist, die Versäumung der Einwendungsfrist zur materiellen Präklusion der Einwendungen führt, die nicht binnen der Frist vorgebracht wurden. Dies ist nur dann nicht der Fall, wenn weder das einschlägige Fachplanungsgesetz eines Landes noch das Verwaltungsverfahrensgesetz des entsprechenden Landes eine Präklusion vorsehen.

b) Bestandsgewähr durch Verwaltungsverfahrensrecht

Die vorstehend unter a) behandelte Bestandsgewähr, die über verwaltungsprozessuale Beschränkungen der gerichtlichen Aufhebung von Verwaltungsakten bewirkt wird, ist aber nur von vergleichsweise untergeordneter Bedeutung. Zentral und von wesentlicher Bedeutung ist demgegenüber, ob das Verwaltungsverfahrensrecht, das den jeweiligen Verwaltungsakten zugrunde liegt, geeignet ist, eine überwiegende Wahrscheinlichkeit dafür zu begründen, daß der Verwaltungsakt vom Verwaltungsgericht nicht aufgehoben werden darf.

Die zentrale Bedeutung des Verwaltungsverfahrensrechts dafür, daß die Bestandsgewähr bewirkt wird, ergibt sich aus folgender Beobachtung: Die Wahrscheinlichkeit, daß die durch das materielle Recht festgelegten Rechtmäßigkeitsvoraussetzungen von Verwaltungsakten von der Verwaltung eingehalten werden, hängt wesentlich von der Gestaltung des Verwaltungsverfahrensrechts ab. Genauer: Diese Wahrscheinlichkeit ist merklich erhöht, wenn ein Verwaltungsverfahrensrecht existiert, das den jeweiligen materiellen Rechtmäßigkeitsanforderungen adäquat ist. Diese Beobachtung kann heute als unbestritten gelten. Das Bündel anerkannter Zwecke gesetzlicher Verwaltungsverfahrensrechtsgestaltung enthält nicht nur den Gedanken, daß der Rechtsschutz der von der Entscheidung Betroffenen unter dem bekannten Stichwort vom „Grundrechtsschutz durch Verfahren“ effektuiert werden soll.[153] Es enthält auch den Gedanken der „Richtigkeitsgewähr“ der Entscheidung, die durch das Verwaltungsverfahren bewirkt wird.[154] Diese

---

[153] Hierzu siehe etwa *Hill*, Das fehlerhafte Verfahren und seine Folgen im Verwaltungsrecht, S. 205; *Morlok*, Die Folgen von Verfahrensfehlern am Beispiel kommunaler Satzungen, S. 123; *Hufen*, Fehler im Verwaltungsverfahren, Rz. 21 ff.; *Schoch*, Die Verwaltung 25 (1992), S. 21 (S. 25 f., m.w.N.).

Richtigkeitsgewähr umfaßt neben einem nicht ausschließlich rechtlichen Moment, das sich am ehesten als Sachrichtigkeit oder für alle Betroffenen zumutbarer Ausgleich sämtlicher involvierter Interessen beschreiben läßt, nicht zuletzt den Aspekt der Einhaltung der materiellen Entscheidungs- und damit Rechtmäßigkeitsanforderungen.[155]

Nimmt man zu diesem Gedanken der Rechtmäßigkeitssicherung durch Verwaltungsverfahrensrecht hinzu, daß vorbehaltlich der gerade[156] behandelten Sonderregelungen, die dazu führen, daß auch rechtswidrige Verwaltungsakte nicht vom Verwaltungsgericht aufgehoben werden, die Rechtmäßigkeit des Verwaltungsaktes nach der Grundkonzeption des § 113 Abs. 1 S. 1 VwGO die Grenze der Befugnis des Verwaltungsgerichts darstellt, einen Verwaltungsakt aufzuheben, so führt dies dazu, daß das Verwaltungsverfahrensrecht, indem es die Einhaltung der materiellen Rechtmäßigkeitsanforderungen absichert, auch die Wahrscheinlichkeit des Bestandes des Verwaltungsaktes in einem verwaltungsgerichtlichen Verfahren entsprechend erhöht.

Wie die Gewähr materieller Rechtmäßigkeit durch Verwaltungsverfahrensrecht dem Prinzip nach funktioniert, d.h., welche Faktoren ein Verfahrensrecht zu einem solchen machen, das den materiellen Rechtmäßigkeitsanforderungen „adäquat" ist, wird in der bisherigen verfahrensrechtlichen Literatur eher selten[157] näher erklärt. Es ist aber ohne weiteres möglich: Da das materielle Recht auf konkrete Sachverhalte bezogen werden muß, setzt die materielle Rechtmäßigkeit einer Entscheidung zuerst die vollständige Kenntnis des Sachverhaltes voraus, der zu regeln ist. Die teilweise Nichtkenntnis eines Sachverhaltes bewirkt tendenziell, daß es unbemerkt bleibt, wenn ein Tatbestandsmerkmal nicht erfüllt ist, oder daß eine Entscheidungsalternative unerkannt bleibt. Letzteres führt etwa in der herkömmlichen Terminologie der Ermessensfehlerlehre zum Rechtswidrigkeitsgrund

---

[154] BVerfGE 42, S. 64 (S. 73); 46, S. 325 (S. 333); 53, S. 30 (S. 60); *Steinberg*, DÖV 1982, S. 619 (S. 620), *Badura*, JA 1981, S. 33, *Schoch*, Die Verwaltung 25 (1992), S. 21 (S. 25), *Hill*, Zehn Jahre Verwaltungsverfahrensgesetz, S. 42. *Ossenbühl*, NVwZ 1982, S. 465 f., spricht von der „Optimierung des administrativen Output".

[155] *Steinberg*, DÖV 1982, S. 619 (S. 620); *Morlok*, Die Folgen von Verfahrensfehlern am Beispiel kommunaler Satzungen, S. 119; *Schoch*, Die Verwaltung 25 (1992), S. 21 (S. 25).

[156] 3. Kapitel, B. V. 1. a) aa).

[157] Am deutlichsten insoweit *Morlok*, Die Folgen von Verfahrensfehlen am Beispiel kommunaler Satzungen, S. 119 f. Ansätze finden sich auch bei *Steinberg*, DÖV 1982, S. 619 ff. *Denninger*, Verfassungsrechtliche Anforderungen an die Normsetzung im Umweltrecht, Rz. 177, betrachtet die Verfahrensgestaltung weniger als Mittel der auf die Entscheidung bezogenen Rechtmäßigkeitsgewähr als unter dem Gesichtspunkt der Verfahrensgerechtigkeit, kommt aber auch auf der Basis dieses Ausgangspunktes teilweise zu den selben Ergebnissen.

des Ermessensnichtgebrauchs.[158] Um die demnach für die materielle Rechtmäßigkeit einer Entscheidung essentielle vollständige Sachverhaltskenntnis der handelnden Behörde zu sichern, muß die gesetzliche Ausgestaltung des Verwaltungsverfahrens sicherstellen, daß Informationen ungehindert in zwei Richtungen fließen können.[159] Es muß einerseits gewährleistet sein, daß die Regelungsabsichten der handelnden Behörde denjenigen bekannt werden, die von der beabsichtigten Entscheidung betroffen sind. Nur auf dieser Basis können diese ihre Einwendungen zutreffend formulieren. Andererseits muß gewährleistet sein, daß diese Einwendungen vollständig zur Kenntnis der handelnden Behörde gelangen. In diesem Zusammenhang muß das Verwaltungsverfahrensrecht auch dafür Sorge tragen, daß alle diejenigen am Verfahren teilnehmen dürfen, die von der beabsichtigten Entscheidung betroffen sind. Ohne eine solche Teilnahmeberechtigung stehen ihnen Rechte innerhalb des Verfahrens nicht zu, die den wechselseitigen Informationsfluß rechtlich verfassen.[160]

Wenn das Verwaltungsverfahrensrecht sich entscheidet, einer besonderen Komplexität der betroffenen Sachverhalte durch Vorkehrungen Rechnung zu tragen, die dazu dienen, diese Komplexität vor der eigentlichen Verarbeitung des Sachverhalts in der Endentscheidung zu reduzieren, so muß es im Sinne der Rechtmäßigkeitsgewähr sicherstellen, daß diese Reduzierung den Sachverhalt nicht verfälscht. Sie darf ihn lediglich übersichtlicher gestalten. Es muß sichergestellt werden, daß rechtlich relevante Konflikte als solche erkennbar bleiben und Entscheidungsnotwendigkeiten nicht verloren gehen.

Ist der so aufbereitete Sachverhalt vollständig und verarbeitungsfähig hergestellt und zur Kenntnis der entscheidenden Behörde gelangt, so muß die Verwaltungsverfahrensgestaltung sicherstellen, daß der Sachverhalt korrekt in Beziehung zu den einschlägigen Regelungen des materiellen Rechts gesetzt wird. Der eigenständige Charakter dieses Vorganges fällt naturgemäß bei Entscheidungen mit Handlungsspielräumen am deutlichsten ins Auge.[161] Bei diesen Entscheidungen formulieren diese Rechtssätze nämlich nur den Auftrag an die handelnde Behörde, alle relevanten Belange ihrer

---

158 Zur Bedeutung der Regelungen über die Informationssuche für die Rechtmäßigkeit des Endergebnisses siehe *Morlok*, Die Folgen von Verfahrensfehlern am Beispiel kommunaler Satzungen, S. 120. Eher indirekt *Hufen*, Fehler im Verwaltungsverfahren, Rz. 509, der den Zusammenhang zwischen Verfahrens*fehlern* und ihren oft zwangsläufigen Folgen für die (fehlende) materielle Rechtmäßigkeit darstellt.

159 Ähnlich *Denninger*, Verfassungsrechtliche Anforderungen an die Normsetzung im Umweltrecht, Rz. 177, allerdings auf Normsetzungsverfahren bezogen und abgeleitet aus dem Gedanken der Verfahrensgerechtigkeit.

160 Zu der Problematik der Abgrenzung des Kreises der Verfahrensbeteiligten auch *Denninger*, Verfassungsrechtliche Anforderungen an die Normsetzung im Umweltrecht, Rz. 177.

objektiven Wertigkeit nach zunächst einzeln zu gewichten und diese Belange sodann ebenfalls ihrem objektiven Gewicht entsprechend zueinander in Beziehung zu setzen, sie abzuwägen. Die Verarbeitung des Sachverhalts ist korrekt, wenn sie objektiv erfolgt.[162] Auch diese Objektivität muß die Verfahrensrechtsgestaltung sichern. Dazu muß verhindert werden, daß Eigeninteressen in die Entscheidung einfließen.[163] Naheliegenderweise kann zum einen die Gefahr bestehen, daß Eigeninteressen der für die Behörden handelnden natürlichen Personen in die Entscheidung einfließen. Es ist aber auch denkbar, daß organisatorische Einheiten eine Eigendynamik entwikkeln und eine Identität bilden, wenn sie über längere Zeit intensiv mit einem (Groß-)Vorhaben befaßt sind. Dies kann dazu führen, daß sie an seiner Durchsetzung ein „eigenes" Interesse entwickeln.[164]

Damit ist vorgezeichnet, auf welche Verfahrensinstitute hin das zugrunde liegende Verwaltungsverfahrensrecht für die Frage nach der Rechtmäßigkeits- bzw. Bestandsgewähr hin zu untersuchen ist.

c) Notwendigkeit normativer Betrachtungsweise

Die Grundlage der Ableitung der Rechtsfolgen von Widerspruch und Anfechtungsklage bei offener Erfolgsaussicht des eingelegten Rechtsbehelfs soll bei den hier behandelten Verwaltungsakten also die normative Ausgestaltung des Verwaltungsverfahrens sein. Darin liegt eine bestimmte Problematik: Es ist nämlich klar, daß ein Schluß auf die Qualität konkreter Verwaltungsakte nicht nur voraussetzt, daß das Verwaltungsverfahrensrecht geeignet ist, eine erhöhte Rechtmäßigkeits- bzw. Bestandsgewähr zu bewirken. Daneben muß das Verwaltungsverfahrensrecht auch in hinreichendem Maß tatsächlich befolgt werden. Deshalb ist die Frage zu beantworten, wieso nicht die tatsächliche Befolgung des Verwaltungsverfahrensrechts zur Basis der Ableitung gehören kann. Bezöge man die tatsächliche Einhaltung des Verwaltungsverfahrensrechtes bei der Bestimmung der Rechtsfolgen einer Rechtsbehelfseinlegung ein, so würde ein gerichtliches Verfahren notwendig, dessen Gegenstand eine entsprechende Klärung der rechtmäßigen Verfahrensdurchführung im konkreten Fall zu sein hätte. Dies wäre nichts anderes als die vollumfängliche Prüfung der formellen Rechtmäßigkeit des angefochtenen Verwaltungsaktes. Die vollumfängliche Prüfung der formel-

---

[161] So auch *Hill,* Das fehlerhafte Verfahren und seine Folgen im Verwaltungsrecht, S. 319.

[162] *Denninger,* Verfassungsrechtliche Anforderungen an die Normsetzung im Umweltrecht, Rz. 177, spricht von der „Ermöglichung der Intention auf Sach- und Gemeinwohlrichtigkeit".

[163] Zu dieser Regelungsnotwendigkeit *Steinberg,* DÖV 1982, S. 619 (S. 626).

[164] Siehe hierzu *Steinberg,* DÖV 1982, S. 619 (S. 627).

len Rechtmäßigkeit ist aber als Verfahrensgegenstand ausschließlich dem verwaltungsgerichtlichen Hauptsacheverfahren zugewiesen. Diese Zuweisung erfolgt über das Merkmal der Rechtswidrigkeit in § 113 Abs. 1 S. 1 VwGO und macht im übrigen auch Sinn: Mit einer vollumfänglichen Prüfung der formellen Rechtmäßigkeit in einem Verfahren des einstweiligen Rechtsschutzes würden nämlich die Erkenntnismöglichkeiten des Verfahrens des einstweiligen Rechtsschutzes vor allem bei komplizierteren Verwaltungsverfahren überfordert. Es kann deshalb bei der Bestimmung der Rechtsfolgen einer Rechtsbehelfseinlegung nur im Rahmen der Prüfung der Offensichtlichkeit der Erfolgsaussichten eine Rolle spielen, ob das Verwaltungsverfahrensrecht tatsächlich eingehalten wurde oder nicht.[165]

d) Problematik der §§ 45, 46 VwVfG und verwandter Regelungen

Die Feststellung, daß nicht nur das Verwaltungsverfahrensrecht als solches geeignet sein muß, eine erhöhte Gewähr der Rechtmäßigkeit bzw. des Bestands von Verwaltungsakten im verwaltungsgerichtlichen Verfahren zu gewährleisten, sondern daß das Verwaltungsverfahrensrecht auch in hinreichendem Maße befolgt werden muß, führt zusammen mit der gerade unter c) vorgenommenen Festlegung zu einem Problem des hier vorgeschlagenen Modells. Die Bereitschaft der Verwaltung, verwaltungsverfahrensrechtliche Vorgaben tatsächlich umzusetzen, ist nach dem geltenden Recht normativ nicht strikt gesichert. Es existieren vielmehr gesetzliche Regelungen, denen die grundsätzliche Eignung innewohnt, diese Befolgungsbereitschaft zu relativieren.[166] Dabei handelt es sich um diejenigen Vorschriften, welche die verwaltungsgerichtliche Aufhebung (§ 113 Abs. 1 S. 1 VwGO) von verfahrensfehlerhaft und damit rechtswidrig zustandegekommenen Verwaltungsakten verhindern. Die Bereitschaft, das Verwaltungsverfahrensrecht zu befolgen, hängt nämlich maßgeblich davon ab, ob verfahrensfehlerhaft zustande gekommene Verwaltungsakte wegen dieser Fehlerhaftigkeit im Anfechtungsfalle vom Verwaltungsgericht aufgehoben werden oder nicht.[167] Die Bereitschaft, Verfahrensvorschriften von Anfang an zu beachten, wird niedriger sein, wenn die Mißachtung von Verfahrensvorschriften im Anfechtungsfalle nicht dazu führt, daß die Aufhebung des Verwaltungsaktes durch

[165] Dazu genauer unten 3. Kapitel, B. V. 1. e).

[166] Die verfahrensrechtlichen Normbefehle selbst sind nach h.M. nicht relativiert, hierzu siehe *Sachs*, in: Stelkens/Bonk/Sachs, Verwaltungsverfahrensgesetz, Rz. 24–27 zu § 45 VwVfG.

[167] Auch *Meyer*, NVwZ 1986, S. 513 (S. 522) weist darauf hin, daß nur die prozessuale Konsequenz der Aufhebung die durchgängige Beachtung der verwaltungsverfahrensrechtlichen Normbefehle gewährleisten kann.

das Gericht die Folge ist, als wenn Verfahrensfehler die Aufhebung angefochtener Verwaltungsakte zur Folge haben.[168] Gegen diesen Zusammenhang läßt sich auch nicht einwenden, daß die Verwaltung bereits wegen ihrer Gesetzesbindung (Art. 20 Abs. 3 GG) ohne weiteres (verfahrens-)rechtskonform verhalten werde. Dieses etwas naive Argument findet sich zwar auch heute noch vor allem in der Diskussion um die Bedeutung der Subsidiarität der Feststellungsklage als sogenannte „Ehrenmanntheorie“[169], sollte aber endlich verabschiedet werden.

Die Bereitschaft, das Verfahrensrecht zu befolgen, wird zum einen dadurch relativiert, daß es nach § 45 VwVfG und den entsprechenden Regelungen der Verwaltungsverfahrensgesetzen der Länder zulässig ist, bestimmte Verfahrenshandlungen nachzuholen, die zunächst rechtswidrigerweise versäumt wurden. Die wirksame Nachholung führt dazu, daß die Rechtswidrigkeit, die aus dem Verfahrensverstoß resultiert, geheilt wird und der Verwaltungsakt deswegen nicht mehr vom Verwaltungsgericht aufgehoben wird.

Daneben gibt es noch eine zweites Regelungsmuster des Gesetzgebers, das die Bereitschaft der Verwaltung relativiert, das Verwaltungsverfahrensrecht zu befolgen. Es ist in § 46 VwVfG bzw. den entsprechenden Regelungen der Verwaltungsverfahrensgesetze der Länder[170] zu finden. Nach diesen Vorschriften ist bei bestimmten Verfahrensrechtsverstößen nicht einmal mehr die Nachholung der versäumten Handlung geboten. Der Fehler wird vielmehr von vorneherein für unbeachtlich erklärt. Dies geschieht, indem der Gesetzgeber ausschließt, daß das Verwaltungsgericht einen Verwaltungsakt wegen bestimmter Verfahrensrechtsverstöße, die zu seiner Rechtswidrigkeit führen, aufhebt. Nach der alten Fassung der Vorschrift, die in den manchen Ländern noch gilt, sind Verfahrensfehler unbeachtlich, wenn die Entscheidung in der Sache die einzig zulässige war. Nach der neuen Fassung des § 46 VwVfG des Bundes und mittlerweile der meisten Länder, die über den Anwendungsbereich der alten Fassung hinausgehen und ihn erweitern soll,[171] sind Verfahrensverstöße unbeachtlich, die offensichtlich keinen Einfluß auf das Ergebnis des Verfahrens – den Verwaltungsakt – hatten.[172]

---

[168] Anderer Ansicht, jedoch ohne Begründung, *Ossenbühl,* NVwZ 1982, S. 465 (S. 471).

[169] Der Ausdruck stammt von *Hufen,* Verwaltungsprozeßrecht, § 18 Rz. 10.

[170] In Schleswig-Holstein: § 114 LVerwaltungsG. Zu diesen Regelungen siehe auch oben 1. Kapitel, A. III. 1. f).

[171] *Sachs,* in: Stelkens/Bonk/Sachs, Rz. 79 ff. zu § 46 VwVfG.

[172] Die neue Fassung gilt außer in Nordrhein-Westfalen und Schleswig-Holstein mittlerweile in allen Bundesländern.

Außerdem existiert ein weiterer Typus von speziellen Verfahrensfehlerfolgeregelungen. Er gilt nur für Planfeststellungsbeschlüsse und Plangenehmigungen. Ein Beispiel bietet § 17 Abs. 6a S. 2 FStrG. Die Vorschrift normiert, daß Verfahrensfehler nur dann zur Aufhebung des Planfeststellungsbeschlusses führen, wenn sie nicht durch ein ergänzendes Verfahren behoben werden können. Diese Regelungstechnik ermöglicht eine Nachholung einer versäumten Verfahrenshandlung, knüpft aber an die erfolgreiche Nachholung anders als § 45 VwVfG nicht die Rechtsfolge der Heilung, sondern wie § 46 VwVfG den Ausschluß der Aufhebung des Verwaltungsaktes durch das Verwaltungsgericht.

Die in den genannten Vorschriften angelegte Eignung, die Bereitschaft der Verwaltung zu relativieren, verwaltungsverfahrensrechtliche Vorschriften zu befolgen, bedeutet aber nicht, daß der beabsichtigte Schluß von der normativen Ausgestaltung des Verwaltungsverfahrens auf die Qualität konkreter Verwaltungsakte völlig ausgeschlossen wäre. Das konkrete Maß der durch § 45 VwVfG und die entsprechenden Regelungen in den Verwaltungsverfahrensgesetzen der Länder bewirkten Relativierung der Bereitschaft, verwaltungsverfahrensrechtliche Vorgaben zu befolgen, tendiert, wie zu zeigen sein wird,[173] bei zutreffender Auslegung der Vorschrift gegen Null. Die Bedeutung des § 46 VwVfG und der entsprechenden Regelungen in den Verwaltungsverfahrensgesetzen der Länder ist für die verschiedenen Typen der Verwaltungsakte, die hier untersucht werden sollen, durchaus unterschiedlich. Jedenfalls im Bereich der Planfeststellungsbeschlüsse tendiert sie bei zutreffender Auslegung der Vorschrift ebenfalls gegen Null.[174] Der grundsätzlichen Eignung der Verfahrensfehlerfolgeregelungen, die Bereitschaft der Verwaltung zu relativieren, das Verwaltungsverfahrensrecht zu befolgen, ist deshalb im Rahmen des hier vertretenen Modells ausreichend Rechnung getragen, wenn der Schluß auf die Qualität konkreter Verwaltungsakte von der zusätzlichen Voraussetzung abhängig gemacht wird, daß bei den einzelnen Typen von Verwaltungsakten keine zu starke Relativierung besteht. Anders ausgedrückt: Der Bestand des Verwaltungsaktes im verwaltungsgerichtlichen Verfahren ist nur dann ausreichend wahrscheinlich, wenn ein hinreichendes Maß an verbleibender normativer Sicherung der Bereitschaft der Verwaltung vorhanden ist, das Verwaltungsverfahrensrecht zu befolgen.

Diese Sicht der Verfahrensfehlerfolgeregelungen als Vorschriften, die die normative Rechtmäßigkeits- bzw. Bestandsgewähr zu gefährden geeignet sind, scheint der Funktion des Verfahrensrechts zu widersprechen, die hier zum Ausgangspunkt genommen wird. Diese Funktion ist, die materielle

---

[173] Dazu unten 3. Kapitel, B. V. 2. a) ee).

[174] Dazu ebenfalls unten 3. Kapitel, B. V. 2. a) ee).

Rechtmäßigkeit der Entscheidung zu sichern. Nun könnte es aber gerade diese Funktion sein, die Beschränkungen der Verfahrensfehlerfolgen der Idee nach rechtfertigt: Verstöße gegen Verfahrensrecht, die nicht dazu führen, daß das Ergebnis des Verfahrens rechtswidrig ist, könnten gerade deshalb unsanktioniert bleiben, weil der Zweck der Verfahrensvorschriften, eine rechtmäßige Entscheidung herbeizuführen, trotz des Verstoßes erreicht worden ist.[175] Indes setzt dieser Gedanke voraus, daß hinreichend sicher festgestellt werden kann, daß der Zweck der Verfahrensvorschriften – die rechtmäßige Entscheidung – tatsächlich erreicht worden ist.[176] Daran fehlt es aber jedenfalls[177] in der hier behandelten Problemlage, daß ein Rechtsbehelfsverfahren anhängig ist, dessen Ausgang aber nicht feststeht, sondern zweifelhaft ist. In dieser Situation ist deshalb die Einhaltung aller derjenigen Verfahrensvorschriften, die im Dienste der Rechtmäßigkeit der Entscheidung stehen, ergebnisrelevant. Ihre Mißachtung führt zur Möglichkeit von materiellen Fehlern. Gerade die sogenannte dienende Funktion des Verwaltungsverfahrensrechts führt also dazu, daß für die Frage nach dem Rechtszustand bis zur Entscheidung über einen eingelegten Rechtsbehelf den Regelungen, welche die verwaltungsgerichtliche Aufhebung von Verwaltungsakten wegen Verfahrensfehlern ausschließen, ein schädlicher Effekt beigemessen werden muß. Dies alles heißt also nichts anderes, als daß es insgesamt zu kurz gegriffen ist anzunehmen, daß die „dienende" Bedeutung des Verwaltungsverfahrensrechts Regelungen wie die §§ 45, 46 VwVfG bzw. die entsprechenden Regelungen der Verwaltungsverfahrensgesetze der Länder zwingend erfordert.[178]

e) Auswirkungen schwerer Verfahrensfehler

Das hier vorgeschlagene Modell will aus der Betrachtung der normativen Ausgestaltung des Verwaltungsverfahrens und der normativen Steuerung seiner Umsetzung Aussagen über die Wahrscheinlichkeit der Rechtmäßigkeit von Produkten tatsächlicher Verwaltungsverfahren gewinnen. In diesem Rahmen ist sichergestellt, daß im konkreten Fall tatsächlich vorgekommene grobe Mißachtungen des Verfahrensrechts nicht zu einer für die Verwaltung

---

[175] Zu dieser Rechtfertigung der §§ 45 und 46 VwVfG als Vorschriften, die die Aufhebung staatlicher Akte wegen verfahrensfehlerhaften Zustandekommens ausschließen, siehe auch *Morlok*, Folgen von Verfahrensfehlern am Beispiel kommunaler Satzungen, S. 121; *Ossenbühl*, NVwZ 1982, S. 465 (S. 471).

[176] So auch *Morlok*, Folgen von Verfahrensfehlern am Beispiel kommunaler Satzungen, S. 121.

[177] Die Auffassung, der Bezug des Verwaltungsverfahrensrechts auf das materielle Recht bewirke die Sanktionslosigkeit nicht ergebnisrelevanter Verfahrensfehler, wird umfassend kritisiert bei *Hufen*, Fehler im Verwaltungsverfahren, Rz. 586 ff.

[178] Wie etwa *Ossenbühl*, NVwZ 1982, S. 465 (S. 471), dies offenbar meint.

günstigen rechtlichen Folgerung (hier also: zur sofortigen Vollziehbarkeit) führen. Diese Sicherung ergibt sich bereits daraus, daß die Ableitung der Rechtsfolgen einer Rechtsbehelfseinlegung aus dem Verwaltungsverfahrensrecht nur für die Fälle *zweifelhafter* Rechtmäßigkeit des angefochtenen Verwaltungsaktes praktiziert werden soll. Die grobe Außerachtlassung grundlegender Verfahrensanforderungen aber macht einen Verwaltungsakt, der unter solchen Umständen zustande gekommen ist, *offensichtlich* rechtswidrig. Dies kann wiederum zur offensichtlichen Erfolgsaussicht des eingelegten Rechtsbehelfs führen. Tut es dies, so ist die aufschiebende Wirkung als Rechtsfolge der Rechtsbehelfseinlegung anzunehmen. „Grundlegende Verfahrensanforderungen" in diesem Sinne sind diejenigen Institute des Verwaltungsverfahrensrechts, welche die Vorgänge normativ verbindlich machen, die für die Bestandsgewähr maßgeblich sind. Werden sie außer Acht gelassen, so ist dies stets im Sinne des Offensichtlichkeitsbegriffs ohne weitere Sachverhaltserforschung aus den Akten erkennbar. Denn ob z.B. in einem Planfeststellungsverfahren eine Planauslegung oder ein Erörterungstermin überhaupt stattgefunden haben, wird stets anhand vorhandener Protokolle nachvollziehbar sein.

Allerdings wird der Wert dieser Sicherung durch den Rahmen begrenzt, der durch die Verfahrensfehlerfolgeregelungen gezogen wird. Das heißt, sie greift nicht, soweit solche Verfahrensfehler offensichtlich oder möglicherweise durch Nachholung der geforderten Handlung geheilt wurden[179] oder unbeachtlich sind, also offensichtlich oder möglicherweise nicht zur Aufhebung des Verwaltungsaktes durch das Verwaltungsgericht führen. Damit hängt der Wert der so erreichten Sicherung letztlich also auch von der für die einzelnen Verfahren unterschiedlichen Bedeutung der Verfahrensfehlerfolgeregelungen ab.

2. *Normative Bestandsgewähr durch Verwaltungsverfahrensrecht*

Bei der Betrachtung einzelner gesetzlicher Ausgestaltungen des Verwaltungsverfahrens soll der Einfachheit halber so vorgegangen werden, daß jeweils zuerst geprüft wird, inwieweit die gesetzlichen Verfahrensgestaltungen geeignet sind, die Einhaltung der jeweiligen materiellen Rechtmäßigkeitsvoraussetzungen sicherzustellen. Ist dies bereits der Fall, so ist es nicht mehr erforderlich, auf die Modifikationen des verwaltungsgerichtlichen Prüfprogramms[180] einzugehen. Dann kann nämlich auch davon ausgegangen werden, daß auch für diesen – weiteren – Maßstab von einer erhöhten Wahr-

---

[179] Die bloße Heilbarkeit reicht nicht aus, da die Nachholung von einer Handlung der Behörde abhängt und nicht einfach von vorneherein unterstellt werden kann, daß die Nachholung erfolgt. Siehe auch oben 3. Kapitel, A. I.

[180] Dazu 3. Kapitel, B. V. 1. a).

scheinlichkeit des Bestandes der Entscheidung im verwaltungsgerichtlichen Verfahren auszugehen ist. Erst wenn das Verwaltungsverfahrensrecht nicht ausreicht, die Einhaltung der materiellen Rechtmäßigkeitsanforderungen sicherzustellen, fragt sich, ob die gesetzliche Gestaltung des Verwaltungsverfahrens wenigstens geeignet ist zu bewirken, daß die Bestandswahrscheinlichkeit erhöht wird, wenn der modifizierte weitere Prüfungsmaßstab gilt.

a) Planfeststellungsverfahren

Zuerst soll geprüft werden, ob das Planfeststellungsverfahren so ausgestaltet ist, daß es den materiellen Rechtmäßigkeitsanforderungen adäquat ist, die für Planfeststellungsbeschlüsse gelten.

Dabei wird das Planfeststellungsverfahren nach dem Verwaltungsverfahrensgesetz des Bundes zum Ausgangspunkt der Betrachtung gemacht. Auf Unterschiede zu anderen gesetzlichen Ausgestaltungen von Planfeststellungsverfahren – sei es in Fachplanungsgesetzen des Bundes oder der Länder, sei es in Verwaltungsverfahrensgesetzen der Länder – wird dabei en passant eingegangen.

aa) Verfahrensteilnahmerecht

Begonnen werden soll mit der Abgrenzung des Kreises der Verfahrensteilnehmer.

Vergegenwärtigt man sich die materiellen Anforderungen, die an Planfeststellungsbeschlüsse gestellt werden,[181] so kommt es darauf an, daß *alle* Belange berücksichtigt werden müssen, die der Sache nach in die Entscheidung einzustellen sind. Das Verwaltungsverfahrensrecht muß also sicherstellen, daß sämtlichen Trägern solcher „Belange“ die Berechtigung zukommt, am Verwaltungsverfahren teilzunehmen, wenn es die Rechtmäßigkeitsgewähr bewirken soll.

Da § 13 VwVfG nach § 72 Abs. 1 VwVfG[182] auch im Planfeststellungsverfahren Anwendung findet, können zunächst alle diejenigen Personen die Beteiligtenstellung im Sinne dieser Vorschrift erhalten, auf deren materielle Rechtsposition/subjektive Rechte sich der Planfeststellungsbeschluß auswirkt. Dies folgt aus § 13 Abs. 2 S. 1 VwVfG,[183] der „rechtliche Interes-

---

[181] Siehe 3. Kapitel, B. V. 1. b).

[182] Die §§ 73 ff. VwVfG enthalten mit der Regelung der Berechtigung zur Teilnahme am Verwaltungsverfahren, die an die Trägerschaft durch das Vorhaben berührter Belange – dazu sogleich im Text – anknüpft, keine insoweit abschließende abweichende Regelung im Sinne von § 72 Abs. 1 VwVfG.

[183] So auch *Meyer*, in: Meyer/Borgs, Verwaltungsverfahrensgesetz, Rz. 3 zu § 73 VwVfG.

sen"[184] zur Voraussetzung der Einräumung der Beteiligtenstellung macht und der Behörde ansonsten Ermessen einräumt, ob die Drittbetroffenen die Stellung von Verfahrensbeteiligten erhalten sollen. Da Zweck der Beteiligtenstellung Drittbetroffener die Verbesserung ihrer Möglichkeiten ist, ihre Rechte wahrzunehmen, wird dieses Ermessen nach § 40 VwVfG mindestens für den Regelfall dahin auszuüben sein, daß die Beteiligtenstellung eingeräumt wird. Daß die Möglichkeit späteren verwaltungsgerichtlichen Rechtsschutzes – anders, als dies vereinzelt vertreten wird[185] – insoweit keinen Versagungsgrund darstellt, folgt schon daraus, daß es sich dabei nicht um dasselbe Verfahren handelt.

Wäre die Regelung des § 13 VwVfG im Planfeststellungsverfahren die einzige Regelung der Berechtigung zur Teilnahme am Verwaltungsverfahren, so bestünde angesichts der bei diesen Verfahren typischerweise komplexen und schwer überschaubaren Sachverhalte das Risiko, daß Personen, die gegen das planfestzustellende Vorhaben subjektive Rechte ins Feld führen können, zu Unrecht vom Verwaltungsverfahren ausgeschlossen bleiben. Entsprechend bliebe ihre Rechtsposition in der Entscheidung unberücksichtigt. Damit wäre die Entscheidung im Ergebnis materiell rechtswidrig. Sie könnte dann von den Trägern derart unberücksichtigt gebliebener Rechte im verwaltungsgerichtlichen Verfahren angegriffen (denn sie wären nach § 42 Abs. 2 VwGO klagebefugt) und möglicherweise zu Fall gebracht werden. Jedoch ist die Regelung der Verfahrensteilnahmeberechtigung beim Planfeststellungsverfahren erweitert, so daß dieses Risiko deutlich reduziert ist. Maßgeblich für die Abgrenzung des Kreises der Verfahrensteilnehmer im Planfeststellungsverfahren ist nämlich, daß nicht nur in materiellen Rechten Betroffene Träger von Verfahrensrechten sein können, sondern nach § 73 Abs. 4 S. 1 VwVfG auch solche Personen zu Trägern von Verfahrensrechten – genauer des Rechts, gemäß den einschlägigen Regelungen Einwendungen gegen das planfestzustellende Vorhaben zu erheben – gemacht werden, die weniger als ein eigenes subjektives Recht geltend machen können. Sie müssen lediglich in ihren „Belangen" durch das Vorhaben betroffen werden. Der über den Begriff des Belangs definierte Kreis der am Verfahren Teilnahmeberechtigten ist anerkanntermaßen deutlich weiter gefaßt als der, der durch den Begriff der Betroffenheit in Rechten definiert ist:[186] Einen Belang kann im Unterschied zum eigenen subjektiven Recht bereits geltend machen, wer zu dem Bereich einen besonderen räum-

---

[184] Zur Kongruenz der Betroffenheit in „rechtlichen Interessen" mit der Betroffenheit in zur Klage befugenden eigenen Rechten *Meyer,* in: Meyer/Borgs, Verwaltungsverfahrensgesetz, Rz. 37 zu § 73 VwVfG; *Bonk,* in: Stelkens/Bonk/Sachs, Verwaltungsverfahrensgesetz, Rz. 57 ff. zu § 73 VwVfG; *Busch,* in: Knack, Verwaltungsverfahrensgesetz, Anm. 7. 1. 2. zu § 73 VwVfG.

[185] *Bonk,* in: Stelkens/Bonk/Sachs, Verwaltungsverfahrensgesetz, Rz. 105 zu § 72 VwVfG, BVerwGE 64, 325, (331 ff); 92, 258 (261, 263).

lichen Bezug hat, in dem sich das planfestzustellende Vorhaben voraussichtlich auswirken wird.[187] Die Effekte, die der Gesetzgeber mit dieser weit gefaßten Einwendungsbefugnis erreicht, sind vielfältig.[188] Für die Erhöhung der Wahrscheinlichkeit der Rechtmäßigkeit der Entscheidung und damit der Wahrscheinlichkeit, daß der Verwaltungsakt im verwaltungsgerichtlichen Verfahren Bestand haben wird, ist jedoch folgendes zentral: Es mag zwar immer noch denkbar sein, daß jemandem die Beteiligtenstellung nach § 13 VwVfG nicht eingeräumt wird, obwohl er de facto in subjektiven Rechten betroffen wird. Doch ist es weit unwahrscheinlicher, daß diesen Betroffenen auch noch die Geltendmachung eines Belangs und somit das Einwendungsrecht bestritten wird. So ist sichergestellt, daß die geltend gemachte Position dieser Betroffenen mit größter Wahrscheinlichkeit auf jeden Fall in die Entscheidung einfließt. Damit bewirkt die weite Fassung der Verfahrensteilnehmerschaft, daß diejenigen Rechte, die durch den Planfeststellungsbeschluß verletzt sein und insoweit zu seiner erfolgreichen Anfechtung führen können, nicht bereits deswegen im Verwaltungsverfahren unbeachtet bleiben, weil ihre Träger Gefahr laufen, die Beteiligtenstellung nach § 13 VwVfG zu Unrecht nicht zu erhalten. Damit erweist sich die Regelung der Verfahrensteilnehmerschaft im Planfeststellungsverfahren als ein erster Gesichtspunkt, der geeignet ist, die materielle Rechtmäßigkeit von Planfeststellungsbeschlüssen zu gewährleisten.

bb) Informationsaustausch

Nun soll untersucht werden, ob die gesetzliche Ausgestaltung des Planfeststellungsverfahrens Institute bereithält, die sichern, daß einerseits die Intentionen des Vorhabenträgers und Auswirkungen des Vorhabens unverfälscht und mit der Breitenwirkung, die dem Kreis der Verfahrensteilnehmer entspricht, nach außen kommuniziert werden, und daß andererseits von außen sämtliche Einwendungen der Träger von Belangen zur Kenntnis der zur Sachverhaltsaufklärung berufenen Behörde gelangen können.[189] Um

---

[186] *Meyer,* in: Meyer/Borgs, Verwaltungsverfahrensgesetz, Rz. 37–9 zu § 73 VwVfG; *Bonk,* in: Stelkens/Bonk/Sachs, Verwaltungsverfahrensgesetz, Rz. 62 zu § 73 VwVfG.

[187] *Meyer,* in: Meyer/Borgs, Verwaltungsverfahrensgesetz, Rz. 38 zu § 73 VwVfG; *Kopp/Ramsauer,* Verwaltungsverfahrensgesetz, Rz. 55 zu § 73 VwVfG.

[188] *Bonk,* in: Stelkens/Bonk/Sachs, Verwaltungsverfahrensgesetz, Rz. 10 f. zu § 73 VwVfG, nennt rechtliches Gehör, vorgezogenen Rechtsschutz und den „Grundrechtsschutz durch Verfahren“ im Sinne des Mülheim-Kärlich-Beschlusses des BVerfG (BVerfGE 53, S. 30 ff.). So auch *Kopp/Ramsauer,* Verwaltungsverfahrensgesetz, Rz. 2 § 73 VwVfG.

[189] Die Bedeutung sachgerechter Information heben auch hervor *Stüer/Probstfeld,* DÖV 2000, S. 701 (S. 702).

den materiellen Erlaßanforderungen zu entsprechen, muß das Planfeststellungsverfahrensrecht gewährleisten, daß diese Vorgänge ungehindert ablaufen können. Die materiellen Erlaßanforderungen verlangen nämlich, daß alle Belange, die der Sache nach zu berücksichtigen sind, in die Entscheidung eingestellt werden.[190]

Der Fluß der Informationen über die Intentionen des Vorhabenträgers und die Auswirkungen des Vorhabens ist im Recht des Planfeststellungsverfahrens als Teil des Anhörungsverfahrens rechtlich verfaßt, und zwar über das Institut der Planauslegung. Auszulegen ist der Plan in allen Gemeinden, in denen sich das Vorhaben auswirkt (§ 73 Abs. 2 letzter Hs. VwVfG). Damit ist eine Breitenwirkung gewährleistet, die dem weiten Kreis der zur Teilnahme am Verfahren Berechtigten entspricht. Wesentlich für die vollständige Vermittlung der Intentionen des Vorhabenträgers ist sodann, daß der Inhalt des Plans gesetzlich derart vorgegeben ist, daß diese Intentionen in ausreichender Weise transparent werden: § 73 Abs. 1 S. 2 VwVfG sieht vor, daß der Plan aus den Zeichnungen – also graphischen Darstellungen[191] – und Erläuterungen – also sprachlichen Verdeutlichungen[192] – besteht, die das Vorhaben, seinen Anlaß – also tatsächliche Angaben zu seiner inhaltlichen Rechtfertigung – und seine Auswirkungen auf Grundstücke und Anlagen erkennen lassen. Insgesamt müssen die Planunterlagen eine Gesamtbeurteilung des Vorhabens und seiner Auswirkungen ermöglichen.[193] Hinzuzufügen ist in diesem Zusammenhang, daß auch sämtliche Unterlagen, die der Vorhabenträger über die eben dargelegten Minimalanforderungen an den Plan hinausgehend selbst eingereicht hat, mit auszulegen sind. Es macht wenig Sinn, die spätere Erörterung mit den übrigen Verfahrensteilnehmern auf der Basis eines geringeren Kenntnisstandes durchzuführen, als ihn Vorhabenträger und Anhörungsbehörde haben.[194]

---

190 Oben 3. Kapitel, B. V. 1. b).

191 Näheres bei *Meyer*, in: Meyer/Borgs, Verwaltungsverfahrensgesetz, Rz. 9 zu § 73 VwVfG.

192 *Meyer*, in: Meyer/Borgs, Verwaltungsverfahrensgesetz, Rz. 9 zu § 73 VwVfG.

193 *Busch*, in: Knack, Verwaltungsverfahrensgesetz, Anm. 4. 1. 3. zu § 73 VwVfG; *Bonk*, in: Stelkens/Bonk/Sachs, Verwaltungsverfahrensgesetz, Rz. 17 zu § 73 VwVfG m.w.N. *Stüer/Probstfeld*, DÖV 2000, S. 701 (S. 703) weisen darauf hin, daß bei Großvorhaben regelmäßig schon die Planunterlagen eine besondere Komplexität aufweisen. Dies läßt es als sinnvoll erscheinen, die Planauslegung sich nicht selbst zu überlassen, sondern zusätzliche Serviceleisungen anzubieten, um die Bedeutung der Plannterlagen angemessen zu vermitteln.

194 So zu Recht *Meyer*, in: Meyer/Borgs, Verwaltungsverfahrensgesetz, Rz. 21 zu § 73 VwVfG, einschränkend jedoch *Kopp/Ramsauer*, Verwaltungsverfahrensgesetz, Rz. 34 f. zu § 73 VwVfG. *Bonk*, in: Stelkens/Bonk/Sachs, Verwaltungsverfahrensgesetz, Rz. 39 zu § 73 VwVfG, will ohne nähere Begründung oder Erklärung die Auslegung vorhandener Sachverständigengutachten nach den Besonderheiten des Einzelfalls einschränken.

Die Tauglichkeit des Planauslegungsverfahrens, die relevanten Informationen über die Intentionen des Vorhabenträgers und die Auswirkungen des Vorhabens zu vermitteln, wird bisweilen bezweifelt. Bereits die Tatsache, daß die auszulegenden Unterlagen vom Vorhabenträger stammen, lasse es wahrscheinlich erscheinen, daß die negativen Auswirkungen des Vorhabens auf die Belange Dritter nicht „betont" würden.[195] Abgesehen davon, daß eine Pflicht zur „Betonung" der negativen Auswirkungen keine rechtliche Grundlage hat, übersieht dieser Einwand, daß ein Plan, der den Anforderungen des § 73 Abs. 1 S. 2 VwVfG nicht entspricht, nicht ausgelegt werden darf.

Dafür, daß die Intentionen des Vorhabenträgers und die Auswirkungen des Vorhabens wirksam nach außen kommuniziert werden, kommt auch der Regelung wesentliche Bedeutung zu, die die Bekanntmachung der Planauslegung betrifft. Naturgemäß vermittelt die Auslegung eines Plans, von der niemand weiß, keine Informationen. Von den Bekanntmachungsregelungen kann aber nur verlangt werden, daß sie in zumutbarer Weise die Möglichkeit vermitteln, von den wesentlichen Modalitäten der Planauslegung Kenntnis zu nehmen. Mehr kann von Bekanntgaberegelungen generell nicht erwartet werden, wenn sie Bekanntgabeprobleme bei einem größeren Kreis von Betroffenen, der zudem in seiner endgültigen Zusammensetzung zum Zeitpunkt der Bekanntgabe noch nicht festzustehen braucht, lösen müssen.[196] § 73 Abs. 5 S. 1 VwVfG sieht insoweit die „ortsübliche" Bekanntgabe vor. Damit wird auf die Regelungen des Kommunalrechts[197] verwiesen, was über die Vorgaben der Nummer 1 der Vorschrift ohne weiteres sicherstellt, daß Ort und Zeitraum als die wesentlichen Modalitäten der Planauslegung zur Kenntnis genommen werden können.

Ist der Kreis der Betroffenen – dies sind die Träger von Belangen – bekannt, so kann das Auslegungsverfahren dadurch ersetzt werden, daß Gelegenheit zu individueller Planeinsicht gegeben wird (§ 73 Abs. 3 S. 2 VwVfG). Interpretiert man „bekannt" dahin, daß sich aus den Akten ohne weitere Ermittlungsarbeit[198] ergeben muß, wessen Belange durch das Vorhaben betroffen werden, so ist das Risiko, daß die Verfahrensentscheidung,

---

195 Das Argument stammt von *Wolfrum,* DÖV 1979, S. 497 (S. 500).

196 Dies verkennt *Wolfrum,* DÖV 1979, S. 497 (S. 500), wenn er Bedenken anmeldet, daß die Bekanntmachungregelungen im Anhörungsverfahren nicht geeignet seien sicherzustellen, daß die relevanten Informationen die Betroffenen tatsächlich erreichen.

197 In Hessen etwa die aufgrund von § 7 Abs. 2 HessGO ergangene Verordnung über öffentliche Bekanntmachungen der Gemeinden und Landkreise vom 12. Oktober 1977, GVBl. I, S. 409.

198 So zutreffend *Bonk,* in: Stelkens/Bonk/Sachs, Verwaltungsverfahrensgesetz, Rz. 45 zu § 73 VwVfG.

auf eine Planauslegung zu verzichten, zu Unrecht ergeht, als gering einzuschätzen.

Insgesamt zeigt diese Betrachtung, daß an der Eignung des Verfahrens, die Intentionen des Vorhabenträgers und Auswirkungen des Vorhabens nach außen zu kommunizieren, nicht zu zweifeln ist.

Darüberhinaus müssen die Regelungen des Planfeststellungsverfahrens umgekehrt auch gewährleisten, daß alle Einwendungen der Betroffenen, die diese auf der Grundlage der Planauslegung formulieren konnten, zur Kenntnis der handelnden Behörde gebracht werden.

Dieser Vorgang ist im Rahmen des Anhörungsverfahrens über das Einwendungsrecht (§ 73 Abs. 4 S. 1 VwVfG), das diesem Personenkreis eingeräumt wird, geregelt.

Nach § 73 Abs. 4 S. 1 VwVfG müssen Einwendungen schriftlich oder zur Niederschrift bei der Anhörungsbehörde erhoben werden. Daraus kann aber kein Zweifel an der Effektivität der Informationserhebung abgeleitet werden, die über das Einwendungsrecht bewirkt wird. Bei diesen Erfordernissen geht es lediglich darum, Modalitäten zu regeln, wie das Recht wahrzunehmen ist. Ähnlich verhält es sich mit den Anforderungen an die Substantiierung der Einwendungen, die die Rechtsprechung aus der Voraussetzung des Betroffenseins in eigenen Belangen abgeleitet hat. Diese sind – zu Recht – großzügig gefaßt: Das (Gegen-)Vorbringen muß lediglich in groben Zügen erkennen lassen, daß und in welcher Hinsicht aus der Sicht des Einwenders Bedenken gegen die in Aussicht gestellte Planfeststellung bestehen und inwieweit er in seinen Belangen berührt ist.[199]

Problematischer für die Effektivität des Einwendungsrechts als des rechtlichen Rahmens des notwendigen Informationsflusses aus der Sphäre der Betroffenen zur Anhörungsbehörde ist hingegen die Fristregelung des § 73 Abs. 4 S. 1 VwVfG. Die Einwendungsfrist ist nämlich lediglich auf zwei Wochen nach Ende der Planauslegung bemessen. Jedoch setzt zum einen der Fristlauf die ordnungsgemäße Bekanntmachung der Planauslegung voraus.[200] Zum anderen besteht dann, wenn die Frist unverschuldet versäumt wurde, die Möglichkeit, auf Antrag nach § 32 VwVfG Wiedereinsetzung in den vorigen Stand zu gewähren.[201] Damit wirkt die Frist nicht ab-

199 *Bonk*, in: Stelkens/Bonk/Sachs, Verwaltungsverfahrensgesetz, Rz. 63 zu § 73 VwVfG; *Kopp/Ramsauer*, Verwaltungsverfahrensgesetz, Rz. 74 zu § 73 VwVfG.

200 Hierzu BVerwG DVBl. 1997, S. 51 (S. 52; zur entsprechenden Regelung in § 17 Abs. 4 BFStrG); *Bonk*, in: Stelkens/Bonk/Sachs, Verwaltungsverfahrensgesetz, Rz. 74 zu § 73 VwVfG; *Kopp/Ramsauer*, Verwaltungsverfahrensgesetz, Rz. 77 zu § 73 VwVfG.

201 Hierzu BVerwG DVBl. 1997, S. 51 (S. 52 – zur entsprechenden Regelung in § 17 Abs. 4 BFStrG); *Bonk*, in: Stelkens/Bonk/Sachs, Verwaltungsverfahrensgesetz,

solut. Die Problematik reduziert sich deshalb auf die Frage, ob diese Frist bei ordnungsgemäßer Bekanntgabe der Planauslegung für den Regelfall als ausreichend lang angesehen werden kann, um die Einwendungen in der vorgeschriebenen Form der Anhörungsbehörde zur Kenntnis zu bringen. Dies ist im Ergebnis zu bejahen.[202] Denn zum einen ist jeder, der in seinen Belangen betroffen ist, ohne weiteres auch im Verfahren beteiligten- und (entweder selbst oder – soweit es sich um eine juristische Person handelt – durch seine Organe) handlungsfähig. Damit ist es nicht notwendig, einen besonderen Verfahrensbevollmächtigten zu bestellen,[203] was unter Umständen zeitraubend sein kann. Zum anderen sind etwa die zu beachtenden Formvorschriften oder die Substantiierungserfordernisse (siehe dazu soeben) nicht besonders streng. Darüber hinaus ist in der Bekanntmachung der Planauslegung nach § 73 Abs. 5 Nr. 2 VwVfG zwingend darauf hinzuweisen, daß Einwendungen binnen der Einwendungsfrist erhoben werden müssen. Daher stellt sich die Frist trotz ihrer Knappheit insgesamt (noch) als Regelung dar, die lediglich die Mitwirkungslast derjenigen verschärft, die Einwendungen erheben wollen, nicht aber der Effektivität des Informationsflusses abträglich ist.

In die Betrachtung einzubeziehen ist abschließend, ob das Anhörungsverfahren geeignet ist, die Auffassungen derjenigen Behörden in das Entscheidungsmaterial einzustellen, deren Aufgabenbereich durch das Vorhaben betroffen wird.[204] Für den verwaltungsgerichtlichen Rechtsschutz und damit für die hier interessierende Erhöhung der Wahrscheinlichkeit, daß die Entscheidung im verwaltungsgerichtlichen Verfahren bestehen wird, ist dies nicht etwa irrelevant: Denn derjenige, der durch die enteignungsrechtlichen Vorwirkungen des Planfeststellungsbeschlusses betroffen wird, hat das Recht, im verwaltungsgerichtlichen Verfahren auch solche Abwägungsfehler zu rügen, die keine unmittelbare Verbindung zu seiner subjektiven Rechtsposition haben.[205] Ein solcher Abwägungsfehler kann etwa in der Nichtberücksichtigung eines öffentlichen Belangs liegen und damit leicht darauf zurückzuführen sein, daß eine entsprechende Behördenstellungnahme einzuholen versäumt wurde.

Rz. 86 zu § 73 VwVfG; *Kopp/Ramsauer,* Verwaltungsverfahrensgesetz, Rz. 85 zu § 73 VwVfG. Näher zur Wiedereinsetzung nach § 32 VwVfG *Stelkens,* in: Stelkens/Bonk/Sachs, Verwaltungsverfahrensgesetz, Rz. 7 ff. zu § 32 VwVfG.

202 So auch BVerwG DVBl. 1997, S. 51 (S. 52 – zur entsprechenden Regelung in § 17 Abs. 4 BFStrG).

203 BVerwG DVBl. 1997, S. 51 (S. 52) hält auch die Beauftragung eines Verfahrensbevollmächtigten binnen der Zweiwochenfrist noch für möglich.

204 Der Aufgabenbereich anderer Behörden kann etwa durch die Ersetzungswirkung des Planfeststellungsbeschlusses (§ 75 Abs. 1 S. 1 letzter Hs. VwVfG) berührt sein.

205 *Stüer,* Handbuch des Bau- und Fachplanungsrechts, Rz. 2340 m. zahlr. w. N.

Die Behördenstellungnahmen werden nach § 73 Abs. 3a S. 1 VwVfG binnen einer Frist eingeholt, die von der Anhörungsbehörde zu setzen ist. Die Frist darf drei Monate nicht überschreiten. Für die Effektivität der Informationsgewinnung ist es unbedenklich, daß die Anhörungsbehörde ermächtigt ist, diese Frist zu bestimmen. Man muß nämlich davon ausgehen, daß das Fristsetzungsermessen der Anhörungsbehörde durch die Faktoren der Komplexität des Sachverhalts und der knappen personellen und dinglichen Ressourcen der Behörden determiniert ist, die ihre Stellungnahme abzugeben haben. Was die zulässige Höchstfrist[206] von drei Monaten anbelangt, so mag diese bedenklich kurz erscheinen, wenn man die knappen personellen und sachlichen Ressourcen mancher Behörden bedenkt. Dies führt aber im Ergebnis für die Gewährleistung effektiver und vollständiger Informationsflüsse nicht zu Problemen. Denn der Ablauf dieser Frist bedeutet nicht, daß die jeweiligen Belange unberücksichtigt bleiben könnten, wenn die Anhörungsbehörde die Belange kannte, kennen mußte oder – was insoweit von zentraler Bedeutung ist – diese Belange für die Rechtmäßigkeit der Entscheidung von Bedeutung sind: Da der Anhörungsbehörde naheliegenderweise nicht daran gelegen sein kann, Belange unberücksichtigt zu lassen, die verspätet von Behörden vorgebracht wurden, und dadurch ein zusätzliches Risiko zu schaffen, daß der Planfeststellungsbeschluß durch das Gericht aufgehoben wird, wird diese Vorgabe veranlassen, daß der jeweilige Belang im Zweifel eher berücksichtigt wird als daß er unbeachtet gelassen wird. Die Vorgabe wird also disziplinierend wirken und insofern die in manchen Fällen sicherlich bestehende Problematik der möglicherweise zu kurzen Frist kompensieren.

Im Ergebnis läßt sich also festhalten, daß die gesetzliche Ausgestaltung des Planfeststellungsverfahrens mit dem Anhörungsverfahren ein Institut vorsieht, das entsprechend den an Planfeststellungsbeschlüsse zu stellenden materiellen Erlaßanforderungen sicherstellt, daß einerseits die Intentionen des Vorhabenträgers und die Auswirkungen des Vorhabens unverfälscht und mit der dem Kreis der Verfahrensteilnehmer entsprechenden Breitenwirkung nach außen kommuniziert werden und andererseits von außen sämtliche Einwendungen der Träger von Belangen zur Kenntnis der zur Sachverhaltsaufklärung berufenen Behörde gelangen können.

---

[206] Der Wortlaut des Gesetzes („die drei Monate nicht überschreiten darf") deutet entgegen *Bonk,* in: Stelkens/Bonk/Sachs, Verwaltungsverfahrensgesetz, Rz. 32 zu § 73 VwVfG, nicht lediglich darauf hin, daß eine Fristverlängerung unzulässig ist, sondern zwingt zu dieser Annahme. Im Ergebnis ist dies aber unschädlich, siehe sogleich im Text.

cc) Vorab-Reduzierung von Sachverhaltskomplexität

Weiterhin ist zu überprüfen, auf welche Weise das Recht des Planfeststellungsverfahrens Vorkehrungen trifft, die dazu dienen, die typische Komplexität der betroffenen Sachverhalte vor der Entscheidung zu reduzieren. Die Komplexitätsreduktion muß im Sinne der Rechtmäßigkeits- bzw. Bestandsgewähr so ausgestaltet sein, daß Konflikte entweder endgültig beseitigt werden oder aber, wenn die Beseitigung nicht gelingt, als Konflikte erkennbar bleiben, so daß weiterhin bestehende Entscheidungsnotwendigkeiten nicht Gefahr laufen, zu Unrecht verloren zu gehen.

Ein solches Mittel, das Komplexität vorab reduziert, enthält das Recht des Planfeststellungsverfahrens mit dem Erörterungstermin (§ 73 Abs. 6 VwVfG).

Wie auch schon beim Einwendungsverfahren, so wirkt auch der Erörterungstermin nicht ausschließlich in dem hier interessanten Zusammenhang der Rechtmäßigkeitsgewähr als Vorab-Reduzierung von Sachverhaltskomplexität, sondern darüber hinaus auch noch in anderer Weise, etwa als vorgezogener Rechtsschutz oder als Ausprägung des Gedankens des Grundrechtsschutzes durch Verfahren.[207]

Im Erörterungstermin wird Komplexität auf zwei Wegen reduziert: Zum einen dient der Erörterungstermin als Gelegenheit, um, wie sich das Gesetz selbst ausdrückt, Einwendungen zu „erledigen“, indem bei einzelnen Einwendungen eine einverständliche Lösung herbeigeführt wird.[208] Dadurch reduziert sich der streitige Sachverhalt, der später noch von der Planfeststellungsbehörde verarbeitet werden muß. Zum anderen dient der Erörterungstermin im Rahmen der Verfahrensstufung als Grundlage der Stellungnahme, die die Anhörungsbehörde mit dem Plan, den nicht erledigten Einwendungen und den Behördenstellungnahmen der Planfeststellungsbehörde am Ende des Anhörungsverfahrens zukommen läßt. Diese Stellungnahme ist das Produkt der gesamten Beschäftigung der Anhörungsbehörde mit dem Vorhaben im Rahmen des Anhörungsverfahrens. Sie ist also das Produkt der Abschätzung des Gewichts der erhobenen Einwendungen und der Aufklärung von Mißverständnissen, was insoweit ebenfalls Sachverhaltskomplexität reduziert. In diesem Sinne ist die Stellungnahme auch vom Gesetz funktional im Rahmen der Verfahrensstufung[209] eingesetzt, da sie Teil des Entscheidungsstoffes wird (§ 73 Abs. 9 VwVfG), auf dessen Grundlage die

---

[207] *Bonk,* in: Stelkens/Bonk/Sachs, Verwaltungsverfahrensgesetz, Rz. 88 zu § 73 VwVfG.

[208] *Stüer/Probstfeld,* DÖV 2000, S. 701 (S. 704) bezeichnen den Anhörungstermin wegen dieser Funktion als das „Herzstück“ des Planfeststellungsverfahrens.

[209] Zu der insoweit zentralen Trennung von Anhörungs- und Planfeststellungsbehörde und ihrer Funktion siehe unten 3. Kapitel, B. V. 2. a) dd).

Planfeststellungsbehörde ihre Entscheidung zu treffen hat (§ 73 Abs. 9 VwVfG).

Das Verwaltungsverfahrensgesetz überträgt die Leitung des Erörterungstermins einer einzelnen Person, dem Verhandlungsleiter. Dies geschieht durch den Verweis des § 73 Abs. 6 S. 6 VwVfG auf § 68 VwVfG. Damit rücken die Regelungen in den Vordergrund der Betrachtung, die den Verhandlungsleiter als Person und die Art und Weise betreffen, wie er den Erörterungstermin leitet. Da die §§ 20, 21 VwVfG über § 72 VwVfG auch im Planfeststellungsverfahren Anwendung finden, kann Verhandlungsleiter nur eine Person sein, die weder von Gesetzes wegen noch durch Anordnung des Behördenleiters oder dessen Beauftragten von der Mitwirkung ausgeschlossen ist. Diese Regelungen sind insgesamt geeignet, die Objektivität des Behördenpersonals bei ihren Handlungen innerhalb des Verwaltungsverfahrens abzusichern.[210] Damit bewirken sie in dem hier verlangten Sinne, daß die Herbeiführung von Einigungen und die Zusammenfassung des noch verbliebenen streitigen Sachverhalts nicht fehleranfällig werden, weil die Möglichkeit besteht, daß Privatinteressen des Verhandlungsleiters einfließen.

Die Leitung des Erörterungstermins unterliegt über den Verweis in § 73 Abs. 6 S. 6 VwVfG den Direktiven des § 68 Abs. 2 VwVfG. Diese Vorschrift, die an die Regelung über die Verhandlungsleitung durch den Vorsitzenden der Kammer des Verwaltungsgerichts in § 86 Abs. 3 VwGO angelehnt ist, gewährleistet ebenfalls, daß die Komplexität im Erörterungsverfahren reduziert wird: Die (nicht abschließende[211]) Festlegung, er habe dafür zu sorgen, daß „unklare Anträge erläutert, sachdienliche Anträge gestellt, ungenügende Angaben ergänzt sowie alle für die Feststellung des Sachverhalts wesentlichen Erklärungen abgegeben" werden, macht den Verhandlungsführer allgemein zum „Helfer des Staatsbürgers".[212] Bezieht man diese Festlegung auf die Herbeiführung von Einigungen im Erörterungstermin, so kann kein Zweifel bestehen, daß beispielsweise Einigungen, die erzwungen oder durch Täuschungen erschlichen werden, nicht als Einigungen im Sinne des Gesetzes gelten können, die Konflikte tatsächlich bereinigen. Auf die Zusammenfassung des streitigen Sachverhalts bezogen, der nicht durch Einigungen erledigt wird, dient die Vorgabe des § 73 Abs. 6 S. 6 VwVfG i.V.m. § 68 Abs. 2 VwVfG über die Leitung des Erörterungstermins dazu, daß die Sachverhaltszusammenfassung inhaltlich zutreffend erfolgt.[213] Ins Gewicht fällt insoweit außerdem, daß eine Beweisaufnahme

---

[210] Genauer dazu unten 3. Kapitel, B. V. 2. a) dd).

[211] *Bonk,* in: Stelkens/Bonk/Sachs, Verwaltungsverfahrensgesetz, Rz. 20 zu § 68 VwVfG.

[212] *Borgs,* in: Meyer/Borgs, Verwaltungsverfahrensgesetz, Rz. 5 zu § 68 VwVfG; BGH DVBl. 1960, 520.

mit den Beweismitteln des Zeugen, des Sachverständigen und des Augenscheines im Erörterungstermin zulässig ist. Dies ergibt ein Rückschluß aus § 68 Abs. 4 Nrn. 1, 4 und 5 VwVfG.[214]

Im übrigen reduziert auch die Niederschrift Komplexität, die über den Erörterungstermin zu fertigen ist. Es ist nämlich kein Wortprotokoll vorgeschrieben.[215] Die Niederschrift ist auf bestimmte Gegenstände beschränkt. Dies ist aber unschädlich. Die Gegenstände, die in ihr aufzunehmen sind (§ 68 Abs. 4 Nrn. 1–5 VwVfG), sind nämlich die wesentlichen Bestandteile des Erörterungstermins. Außerdem entfaltet das Protokoll keine unwiderlegbare abschließende Vermutung über den Inhalt des Erörterungstermins. Deswegen ist auch in dieser Hinsicht nicht zu befürchten, daß der Sachverhalt verfälscht wird.

Hervorzuheben ist ferner, daß bei denjenigen Verfahrensteilnehmern, denen die Beteiligtenstellung nach § 13 VwVfG zukommt,[216] in einem – allerdings kleinen – Bereich die Erledigung und Zusammenfassung des Sachverhaltes nicht nur durch den Erörterungstermin nach § 73 VwVfG verfaßt wird, sondern auch durch § 28 VwVfG, der ansonsten nach § 72 Abs. 1 VwVfG nicht zur Anwendung kommt. Dann nämlich, wenn es einem Angehörigen dieses Personenkreises nicht zumutbar ist, seine Einwendungen gegen das planfestzustellende Vorhaben im Erörterungstermin vorzutragen, wenn diese seiner geheimhaltungsbedürftigen Privatsphäre entstammen, muß eine Anhörung nach § 28 VwVfG durchgeführt werden.[217]

Problematisch erscheint für die Rechtmäßigkeitsgewähr, die das Verwaltungsverfahrensrecht erbringen soll, an der Regelung des Verwaltungsverfahrensgesetzes über die Durchführung des Erörterungsverfahrens dreierlei: Es kann ohne Personen verhandelt werden, die Einwendungen erhoben haben (§ 73 Abs. 5 Nr. 3 VwVfG), es gibt die Möglichkeit, ein Verfahren ohne Erörterungstermin durchzuführen (§ 73 Abs. 6 S. 6 VwVfG, 67 Abs. 2 Nr. 1 und 4 VwVfG), und schließlich gibt § 67 Abs. 3 VwVfG vor, daß die Anhörungsbehörde darauf hinzuwirken hat, daß möglichst nur ein Erörterungstermin angesetzt werden muß.

---

213 Sinnvolle praktische Hinweise zur Durchführung und Leitung des Erörterungstermins geben *Stüer/Probstfeld,* DÖV 2000, S. 701 (S. 706 f.).

214 So auch *Bonk,* in: Stelkens/Bonk/Sachs, Verwaltungsverfahrensgesetz, Rz. 21 zu § 68 VwVfG.

215 Wortprotokolle können nämlich ihren Zweck oft allein wegen ihres (bei Massenverfahren) beachtlichen Umfangs nicht erfüllen. Außerdem enthalten Wortprotokolle oft über lange Strecken keine relevanten Aussagen, siehe dazu auch *Stüer/ Probstfeld,* DÖV 2000, S. 701 (S. 708).

216 Dazu oben 3. Kapitel, B. V. 2. a) aa).

217 Dazu *Meyer,* in: Meyer/Borgs, Verwaltungsverfahrensgesetz, Rz. 46 zu § 73 VwVfG.

Die erste Regelung verliert allerdings einen wesentlichen Teil ihrer Problematik, wenn man sich vergegenwärtigt, daß die Erörterungspflicht nach dem insoweit eindeutigen Wortlaut des § 73 Abs. 6 S. 1 VwVfG gegenüber allen Personen besteht, die (rechtzeitig) Einwendungen erhoben haben: Daraus folgt, daß auch die Einwendungen von Einwendern erörtert werden müssen, die nicht persönlich am Erörterungstermin teilnehmen.[218] Insoweit verkürzt diese Regelung allenfalls den „Rechtsschutz durch Verwaltungsverfahren" der betroffenen Einwender,[219] sie bewirkt aber nicht, daß die Einwendungen der Sache nach unberücksichtigt bleiben und insofern der Sachverhalt verfälscht wird.

Das Planfeststellungsverfahren ohne Erörterungstermin durchzuführen ist nur zulässig, wenn alle Beteiligten und Einwender auf ihre Einwendungen gegen das Vorhaben als solches (§ 73 Abs. 6 S. 6, 67 Abs. 2 Nr. 1 VwVfG) oder zumindest auf die Erörterung ihrer Einwendungen verzichtet haben (§ 73 Abs. 6 S. 6 VwVfG, 67 Abs. 2 Nr. 4 VwVfG). Das Verfahren ohne Erörterungstermin durchzuführen setzt also voraus, daß niemand (mehr) etwas gegen das Vorhaben hat oder alle Einwender ihre Einwendungen nicht für erörterungsbedürftig halten, weil sie sich keine Hoffnungen auf eine Erledigung ihrer Einwendungen machen. Unter diesen Umständen ist die Möglichkeit des Verzichts auf den Erörterungstermin unter dem Gesichtspunkt der Rechtmäßigkeitsgewähr durch Verwaltungsverfahrensrecht aber unschädlich, da die Komplexitätsreduktion für den Fall, daß keine Einwendungen mehr bestehen, ohnehin schon erfolgt ist, oder nicht zu erwarten steht, wenn allseitig auf die Erörterung verzichtet wurde.

Im Ergebnis unschädlich ist auch die Vorgabe des § 67 Abs. 3 VwVfG, darauf hinzuwirken, daß die Erörterung möglichst in einem Termin durchgeführt werden kann. Dies ist zum einen keine unbedingte Verpflichtung („soll"), zum anderen bedeutet dies nicht, daß es ein rechtmäßiger Gebrauch des insoweit verbleibenden Verfahrensermessens wäre, nur einen Termin anzuberaumen, wenn es möglich erscheint, daß dies nicht ausreicht, um die Einwendungen zu erledigen bzw. zu erörtern.

Wie schon beim Planauslegungsverfahren, könnten auch hier die Bekanntmachungsregelungen problematisch erscheinen. Aber auch hier gilt: Angesichts der unter Umständen großen Zahl der Bekanntmachungen des Termins, die durchgeführt werden müssen, kann vom Verfahrensrecht von vorneherein nicht verlangt werden, unter allen Umständen sicherzustellen, daß die Betroffenen von dem Termin tatsächlich Kenntnis erlangen. Auch

---

[218] So auch *Bonk,* in: Stelkens/Bonk/Sachs, Verwaltungsverfahrensgesetz, Rz. 94 zu § 73 VwVfG.

[219] Und auch dies wird durch die Bekanntmachungsvorschrift des § 73 Abs. 5 S. 2 Nr. 3 VwVfG so ausgestaltet, daß die Möglichkeit der Verhandlung ohne den Einwender diesen nicht unvorbereitet trifft.

hier kann nur verlangt werden, daß in adäquater Weise ermöglicht wird, Kenntnis zu nehmen. Für den Erörtertungstermin geht das Verwaltungsverfahrensgesetz in § 73 Abs. 6 S. 2–5 für den Regelfall folgenden Weg: Der Termin ist spätestens eine Woche vorher ortsüblich bekanntzugeben. Außerdem sind der Vorhabenträger, die Behörden, die Stellungnahmen abgegeben haben, sowie alle Einwender ebenfalls spätestens eine Woche vor dem Termin zu benachrichtigen. Dies gilt nicht, wenn die Zahl der Einwender über 50 liegt (nach früherer Gesetzeslage: 300). Dann ist neben der ortsüblichen Bekanntmachung und der Benachrichtigung der Drittbehörden und des Vorhabenträgers[220] eine öffentliche Bekanntmachung über das amtliche Veröffentlichungsblatt der Anhörungsbehörde und örtliche Tageszeitungen vorgeschrieben, die in dem Bereich verbreitet sind, in dem das Vorhaben sich voraussichtlich auswirken wird. Ersetzt werden in diesem – einzig problematischen – Fall also nur die Benachrichtigungen der Einwender durch öffentliche Bekanntmachung, die wie beschrieben ausgestaltet ist. Es ist zwar nicht daran zu zweifeln, daß auf diese Art und Weise die Zahl der Fälle erhöht wird, in denen Einwender keine tatsächliche Kenntnis vom Erörterungstermin erhalten. Es ist aber angesichts der Verpflichtung, die Bekanntmachung nicht nur über (wohl in weiten Kreisen der Bevölkerung weder bekannte noch zugängliche) Veröffentlichungsblätter der Anhörungsbehörden vorzunehmen, sondern über im betroffenen Gebiet *verbreitete* Tageszeitungen, nicht davon auszugehen, daß diese Zahl insgesamt zu hoch wird. Damit ist auch die Fragwürdigkeit der Festlegung, daß diese Ersetzung bereits dann zulässig sein soll, wenn nur 50 statt nach früherem Recht 300 Einwender zu benachrichtigen sind, wesentlich relativiert. Was die Wochenfrist betrifft, die vor dem Erörterungstermin einzuhalten ist, so handelt es sich nach dem eindeutigen Wortlaut des Gesetzes („spätestens") um eine Mindestfrist, die insoweit das Verfahrensermessen der Anhörungsbehörde begrenzt, nicht aber ausschließt. Da dieses Ermessen aber durch die Besonderheiten des jeweiligen Falles gesteuert wird, ist auch diese Festlegung im Ergebnis für die Rechtmäßigkeitsgewähr unbedenklich.[221]

Insgesamt läßt sich also sagen, daß die Regelungen des Planfeststellungsverfahrensrechts über den Erörterungstermin, die dazu dienen, die Komplexität der zu verarbeitenden Sachverhalte vor der Entscheidung zu reduzieren, im Sinne der Rechtmäßigkeitsgewähr ausreichend sicherstellen, daß diese Reduzierung den Sachverhalt nicht verfälscht.

---

220 Diese Verpflichtungen werden durch § 73 Abs. 6 S. 4 VwVfG nicht verdrängt, so schon zur alten Gesetzeslage *Meyer,* in: Meyer/Borgs, Verwaltungsverfahrensgesetz, Rz. 49 zu § 73 VwVfG.

221 Soweit nach § 73 Abs. 7 VwVfG der Erörterungstermin in der Bekanntmachung der Planauslegung bestimmt werden kann, kann auf die Ausführungen oben (3. Kapitel, B. V. 2. a) bb)) verwiesen werden.

dd) Objektivität des Abwägungsvorganges

Weiterhin sind die Regelungen über das Planfeststellungsverfahren daraufhin zu untersuchen, ob sie geeignet sind, die erforderliche Objektivität der (Gesamt-)Abwägung aller involvierten Belange sicherzustellen, so wie es das materielle Recht fordert.

Zuerst ist in diesem Zusammenhang auf den Ausschluß der Eigeninteressen des Personals der Behörden, die im Planfeststellungsverfahren tätig werden, einzugehen. Dieser Ausschluß ist über §§ 20, 21 VwVfG rechtlich verfaßt und in effektiver Weise gesichert: Zentral ist zunächst, daß die Vorschrift ihrer Grundkonzeption nach in allen Fällen, die sie erfaßt, eine Interessenkollision *unwiderleglich* vermutet.[222] Damit ist es bei der Prüfung eines Verstoßes nicht erforderlich, letztlich niemals völlig sichere Erhebungen über die tatsächliche Interessenlage eines Ausgeschlossenen oder womöglich über den Einfluß seiner Eigeninteressen auf seine Tätigkeit für die Behörde durchzuführen. Diese Regelungstechnik wirkt durch ihre Klarheit zweifelsfrei im Sinne der Rechtmäßigkeitsgewähr. Gleiches gilt auch für die gegenständliche Erstreckung des gesetzlichen Ausschlusses. Über § 20 Abs. 1 S. 1 Nr. 1 VwVfG sind nicht nur Beteiligte im Sinne des § 13 VwVfG[223] ebenso wie ihre Angehörigen (Nr. 2; denkbar weit definiert in Abs. 5, siehe besonders Abs. 5 Nr. 8, der sogar Pflegekinder und Pflegeeltern erfaßt) ausgeschlossen, sondern auch Verfahrensbevollmächtigte der Beteiligten (und entsprechend der Einwender) und Angehörige solcher Bevollmächtigter (Nrn. 3 und 4), sowie jeder Behördenbedienstete, der außerhalb seiner dienstlichen Tätigkeit sonst in der Sache tätig geworden ist, insbesondere ein Gutachten erstattet hat (Nr. 6, was bereits dann gegeben ist, wenn es sich rechtlich nicht um dieselbe, sondern nur um eine vergleichbare Sache handelt[224]). Die Regelung des § 20 Abs. 1 Nr. 5 VwVfG, die den Ausschluß wegen entgeltlicher Beschäftigung bei einem Beteiligten oder die Mitgliedschaft in einem seiner Leitungsorgane betrifft, hat im Zusammenhang mit dem Planfeststellungsverfahren zum Flughafen München II besondere Bedeutung erlangt. Hier hat das Bundesverwaltungsgericht zu Recht auf die sehr weitgehende Regelungsintention hingewiesen, jeden „bösen Schein" der Berücksichtigung eigener Interessen des Entscheidungspersonals zu vermeiden, und deshalb angenommen, daß diese Regelung auch auf eine Mitgliedschaft im Organ einer privatrechtlichen Gesellschaft

---

[222] *Bonk*, in: Stelkens/Bonk/Sachs, Verwaltungsverfahrensgesetz, Rz. 5 zu § 20 VwVfG.

[223] Im Planfeststellungsverfahren wird man zudem über § 72 VwVfG auch alle Einwender für ausgeschlossen ansehen müssen.

[224] *Bonk*, in: Stelkens/Bonk/Sachs, Verwaltungsverfahrensgesetz, Rz. 39 zu § 20 VwVfG.

Anwendung findet, die selbst dem öffentlichen Wohl verpflichtet ist, wenn aus der insoweit maßgeblichen Sicht des betroffenen Bürgers nicht offensichtlich ist, daß eine Interessenkollision ausgeschlossen ist.[225]

Allerdings ist die Gefahr, daß in einem weiteren Sinne eigene Interessen in die Entscheidungsfindung einfließen, auch wegen des Phänomens denkbar, daß organisatorische Einheiten eine Eigendynamik entfalten und eine „Identität" bilden.[226] Wenn es das Organisationsziel einer Behörde ist, bestimmte (öffentliche) Belange wahrzunehmen, und die Behörde diese Belange selbst fördert, indem sie ein Großvorhaben betreibt, ist die Besorgnis berechtigt, daß die notwendige objektive Gewichtung aller involvierten Belange mit der dazu erforderlichen Distanz nicht mehr geleistet werden kann,[227] wenn diese Behörde selbst als Planfeststellungsbehörde tätig wird. Der Arbeits- und Zeitaufwand, der mit einem solchen Großvorhaben verbunden ist, das auf die „eigenen" Ziele der Organisationseinheit bezogen ist, führt zwangsläufig zu einer Stärkung des behördlichen „Korpsgeists" im Hinblick auf das Vorhaben. Die Behörde identifiziert sich als Organisation mit dem Vorhaben. Daraus ergibt sich die Forderung, daß dann, wenn eine Behörde als Trägerin eines Vorhabens auftritt, das der Planfeststellung bedarf, diese „Vorhabenträgerbehörde" nicht gleichzeitig Planfeststellungsbehörde sein darf.[228]

Diese Trennung findet sich allerdings in keinem Verwaltungsverfahrensgesetz ausdrücklich angeordnet. Regelungen, die die Planfeststellungsbehörden bestimmen, finden sich nur in den einzelnen Fachplanungsgesetzen. Es ist deshalb Angelegenheit dieser Gesetze, die Trennung von „Vorhabenträgerbehörde" und Planfeststellungsbehörde durchzuführen. Nach dem Wegfall der §§ 36 Abs. 4 BBahnG, 57 PostVerfG, die die jeweiligen Vorhabenträger auch zu Planfestellungsbehörden machten,[229] gibt es derzeit keine derartigen Funktionsverschränkungen mehr. Für das geltende Recht bestehen demnach keine Bedenken, daß die Gewährleistung der Rechtmäßigkeitswahrscheinlichkeit aus diesem Grunde leidet.

Bei Großvorhaben kann aber auch schon die bloße verwaltungsverfahrensmäßige Beschäftigung einer Behörde mit dem Vorhaben im Vorfeld der Entscheidung ausreichen, daß die Besorgnis mangelnder Distanz der Behörde zu dem Vorhaben entsteht. Typischerweise wird nämlich bei Großvorhaben von Behörden über lange Zeit und mit besonderer Intensität Ar-

---

225 BVerwGE 69, S. 259 (S. 263 f.).

226 Wie bereits oben kurz angedeutet (3. Kapitel, B. V. 2. a) dd).

227 Siehe hierzu *Steinberg*, DÖV 1982, S. 619 (S. 627).

228 So auch *Steinberg*, DÖV 1982, S. 619 (S. 627).

229 Sehr kritisch zu diesen Regelungen *Steinberg*, Fachplanungsrecht, S. 103 f. Dort auch weitere Nachweise aus Rechtsprechung und Literatur zu der Diskussion um die Verfassungsmäßigkeit dieser Regelungen.

beitskraft investiert, was auch schon alleine zur problematischen Identifikation mit dem Vorhaben führen kann. Diesem Problem tragen die Verwaltungsverfahrensgesetze selbst Rechnung. Sie trennen nämlich funktional zwischen der Planfeststellungsbehörde, die zur Entscheidung berufen ist, und der Anhörungsbehörde, die das vorgelagerte Anhörungsverfahren durchführt (§ 73 Abs. 9 VwVfG). Daß trotz dieser Trennung das Arbeitsergebnis der Anhörungsbehörde – ihre Stellungnahme zum Vorhaben – zur Entscheidungsgrundlage der Planfeststellungsbehörde gehört, ändert nichts daran, daß die Behördentrennung geeignet ist, der beschriebenen Gefahr zu begegnen. Diese Stellungnahme bildet nämlich nicht die alleinige Entscheidungsgrundlage der Planfeststellungsbehörde. Auch der Plan und die nicht erledigten Einwendungen gehören dazu (§ 73 Abs. 9 VwVfG). Im übrigen wäre es auch nicht sinnvoll, die Arbeitsergebnisse der Anhörungsbehörde völlig unbeachtet zu lassen.[230]

Bisweilen übertragen spezielle Fachplanungsgesetze des Bundes die Bestimmung der im Planfeststellungsverfahren tätigen Behörden auf Bundes- oder Landesorgane, ohne selbst Direktiven über die Trennung von Anhörungs- und Planfeststellungsbehörde zu formulieren. Dieser Fall wird vom Bundesverwaltungsgericht dahin gelöst, daß die Verbindung beider Verfahrensfunktionen in einer Behörde zulässig sein soll.[231] Dabei wird allerdings übersehen, daß für diesen Fall der Lückenhaftigkeit des Spezialgesetzes den Verwaltungsverfahrensgesetzen des Bundes und der Länder eine Einschränkung der Organisationsgewalt der zur Bestimmung der Behörden berufenen Organe zu entnehmen ist. Diese Einschränkung hat zur Folge, daß ein zeitlich gestuftes Verfahren vorzusehen ist, dessen getrennte Funktionen zwei unterschiedlichen Behörden zuzuweisen sind.[232] Damit sind die ausdrücklichen speziellen Regelungen der Fachplanungsgesetze, die dem Verwaltungsverfahrensgesetz vorgehen (§ 1 Abs. 1 VwVfG), die einzigen Fälle der zulässigen Vereinigung beider Funktionen in einer Behörde.[233] Die Zulässigkeit einer solchen Gestaltung besagt jedoch noch nicht, daß deswegen auch automatisch von einer hinreichend gesicherten Rechtmäßigkeitsgewähr durch Verfahrensrechtsgestaltung auszugehen wäre. Dies ist ein anderes Problem, dessen Lösung davon abhängt, ob die Trennung zwischen Anhörungsbehörde und Planfeststellungsbehörde für die Rechtmäßigkeitsgewährleistung essentiell ist. Die Trennung ist als Reaktion darauf zu verstehen, daß die Distanz zu dem planfestzustellenden Vorhaben schwindet, weil die

---

230 Zum Zweck der Stellungnahme der Behörde oben 3. Kapitel, B. V. 2. a) cc).

231 BVerwG NJW 1980, S. 1706.

232 *Meyer*, in: Meyer/Borgs, Verwaltungsverfahrensgesetz, Rz. 4 zu § 74 VwVfG (auch zum vorigen Satz).

233 Zu den im geltenden Recht bestehenden Regelungen dieser Art siehe sogleich im Text bzw. in der folgenden Fn.

zeit- und arbeitskraftaufwendige Befassung mit ihm die Identifikation der befaßten Organisationseinheit mit dem Vorhaben fördert (siehe soeben). Die Trennung von Anhörungs- und Planfeststellungsbehörde verhindert also, daß „Eigen"interessen in die Entscheidung einfließen, die auf diesem Wege zustande gekommen sind. Sie steht somit zweifellos im Dienste der Abwägungsrichtigkeit. Allerdings ist eine derartig aufwendige Befassung mit einem Vorhaben nur die Folge seiner besonderen Komplexität. Eine Vereinigung der Funktionen von Anhörungs- und Planfeststellungsbehörde in einer Behörde wäre also unschädlich, wenn die Planfeststellungsverfahren, bei denen die Trennung fehlt, typischerweise einen geringen Komplexitätsgrad aufwiesen.

Allerdings ist eher davon auszugehen, daß schon die Entscheidung über ein Vorhaben im Wege des aufwendigen Planfeststellungsverfahrens vom Gesetzgeber nur dann vorgeschrieben wird, wenn die betroffenen Vorhaben typischerweise besonders komplexe Interessenlagen aufweisen, die verarbeitet werden müssen, daß also lediglich zwischen der Anordnung eines Planfeststellungsverfahrens an sich und einer typischerweise gegebenen besonderen Komplexität eines Vorhabens eine Relation festgestellt werden kann.

Die Trennung von Anhörungsbehörde und Planfeststellungsbehörde als Mittel der Rechtmäßigkeitsgewährleistung durch Verwaltungsverfahrensrecht korreliert demnach typischerweise einer besonderen Komplexität des Vorhabens – und damit dem maßgeblichen distanzverringernden Faktor. Deswegen bedeutet die Aufgabe dieser Trennung, daß keine ausreichende verfahrensrechtliche Sicherung mehr besteht, daß die materiellrechtlich vorgegebenen Abwägungsanforderungen erfüllt werden. Fehlt also die Trennung von Anhörungsbehörde und Planfeststellungsbehörde, so kann nach Maßgabe des hiesigen Ausgangspunktes eine sofortige Vollziehbarkeit eines aufgrund einer solchen Verfahrensgestaltung zustande gekommenen Planfeststellungsbeschlusses nicht angenommen werden.

Im übrigen ist festzustellen, daß selbst dann, wenn es möglich wäre, bestimmte Planfeststellungen als typischerweise mehr oder weniger komplex zu identifizieren, dies für die im geltenden Recht ermöglichten oder angeordneten Verbindungen der Funktionen von Anhörungs- und Planfeststellungsbehörde nicht dazu führen würde, daß diese für unschädlich gehalten werden könnte: Gegenwärtig finden sich derartige Verbindungen beider Funktionen in einer Behörde in den Ländern, die für die Planfeststellung nach dem Bundesfernstraßengesetz von der Delegationsmöglichkeit in § 22 Abs. 4 S. 2 BFStrG Gebrauch gemacht haben.[234] Für eine Annahme, bundesfernstraßenrechtliche Planfeststellungen seien typischerweise von gerin-

---

234 Solche Regelungen existieren in Baden-Württemberg, Bayern, Niedersachsen und Schleswig-Holstein, Näheres dazu bei *Steinberg*, Fachplanung, S. 103.

ger Komplexität, fehlt aber jeder Anhaltspunkt. Gleiches gilt auch für abfallrechtliche Planfeststellungen, für die etwa § 25 Abs. 2 des HessAGKrw-AbfG beide Funktionen dem Regierungspräsidium zuweist, oder bergrechtliche Planfeststellungen, für die § 57a Abs. 1 BBergG ebenfalls beide Funktionen einer Behörde zuweist. Es mögen in diesen Fällen durchaus auch weniger komplexer Vorhaben denkbar sein. Generell lassen sich aber fernstraßen-, abfall- oder bergrechtliche Planfeststellungen nicht als weniger komplex typisieren.

Zu bedenken ist allerdings noch, daß die Trennung zwischen Anhörungs- und Planfeststellungsbehörde auch eine Gefahr birgt. Die von der Anhörungsbehörde erhobenen Informationen können nämlich auf ihrem Weg zur Planfeststellungsbehörde verloren gehen. Insoweit könnte die Behördentrennung auch dazu führen, daß der Sachverhalt verfälscht wird. Dieser Gefahr ist allerdings in effektiver Weise durch die Verwaltungsverfahrensgesetze begegnet, die insoweit auch nicht durch Spezialgesetze verdrängt werden. § 73 Abs. 9 VwVfG sieht vor, daß neben der Stellungnahme der Anhörungsbehörde der gesamte Plan, die Stellungnahmen der Drittbehörden und alle im Erörterungstermin nicht erledigten Einwendungen der Planfeststellungsbehörde zuzuleiten sind. Dies sind alle in diesem Verfahrensstand maßgeblichen Informationen.

ee) Planfeststellungsverfahren und Verfahrensfehlerfolgeregelungen

Weiterhin muß geklärt werden, ob die Bereitschaft der Verwaltung, das für die Rechtmäßigkeitsgewähr relevante Verfahrensrecht zu beachten, für den Bereich des Planfeststellungsrechts zu weitgehend relativiert ist.[235]

Bei Planfeststellungsbeschlüssen haben die §§ 45, 46 VwVfG entgegen wohl herrschender Ansicht[236] sowohl in ihren alten wie in ihren neuen Fas-

---

[235] Dazu allgemein oben 3. Kapitel, B. V. 1. d).

[236] *Bonk*, in: Stelkens/Bonk/Sachs, Verwaltungsverfahrensgesetz, Rz. 119 f. zu § 73 VwVfG, folgert etwa aus den §§ 45 und 46 VwVfG, daß ein fehlerhaft durchgeführtes Anhörungsverfahren „in aller Regel nicht" zur Aufhebung des Planfeststellungsbeschlusses führen wird. Eine nähere Begründung fehlt indes. Auch *Stüer*, Handbuch des Fachplanungsrechts, Rz. 2150 ff. (m.w.N.), geht davon aus, daß den §§ 45 und 46 VwVfG bzw. den entsprechenden Regelungen in den Verwaltungsverfahrensgesetzen der Länder bei Planfeststellungsbeschlüssen größere Bedeutung zukommt. Die Rechtsprechung wendet § 45 VwVfG bei Planfeststellungsbeschlüssen ohne weiteres an (siehe etwa BVerwG, DVBl. 1988, S. 492 (S. 496 f.), wo davon ausgegangen wird, daß ein im Planfeststellungsverfahren unterlaufener Anhörungsfehler im Widerspruchsverfahren geheilt werden kann, oder die Entscheidung BVerwG, NVwZ 1991, S. 162, die auf der Annahme beruht, daß auch die rechtwidrig unterlassene Beteiligung eines anerkannten Naturschutzvereins mit heilender Wirkung nach § 45 VwVfG nachgeholt werden kann). Sehr viel skeptischer zu Hei-

sungen nur geringe Bedeutung. Damit wird immerhin in diesem Bereich disziplinierend auf die Bereitschaft der Verwaltung eingewirkt, ein Verfahren vorschriftsmäßig durchzuführen.

Was die Möglichkeit der Heilung nach § 45 VwVfG angeht, so betrifft die Nr. 1 des Abs. 2 der Vorschrift einen Fall, der bei Planfeststellungsverfahren realiter nicht vorkommen wird. Denn ohne einen eingereichten Plan (und damit einen damit zumindest konkludent gestellten Antrag) kann es zur Durchführung eines Planfeststellungsverfahrens gar nicht kommen. § 45 Abs. 2 Nr. 2 VwVfG betrifft einen Verstoß gegen Verfahrensrecht, das für die Rechtmäßigkeitsgewähr bei Planfeststellungsbeschlüssen nicht maßgeblich ist. Dies folgt daraus, daß eine Rückwirkung der Begründungspflicht auf den Vorgang der Entscheidungsfindung im Sinne eines Rationalisierungsdrucks, wie sie bei ansonsten wenig formalisierten Verfahren zu beobachten ist,[237] beim Planfeststellungsverfahren nicht erkennbar ist.[238] Hier bewirken bereits die übrigen Verfahrenskautelen ein Maß an Rationalisierung der Entscheidungsfindung, das durch die Begründungspflicht nicht mehr signifikant erhöht werden kann. Die Begründung hat daher mit dem Gedanken der Rechtmäßigkeitsgewähr der getroffenen Entscheidung beim Planfeststellungsverfahren nichts zu tun.

Problematischer erscheinen hingegen die Nrn. 3 und 5 des § 45 Abs. 2 VwVfG. Denn sowohl die Betroffenenbeteiligung wie die Beteiligung von Drittbehörden sind wie gezeigt für die Rechtmäßigkeitsgewähr durch die Verfahrensrechtsgestaltung von zentraler Bedeutung. Besteht aber die Möglichkeit, die Verfahrensvorschriften unbeachtet zu lassen, die diese Beteiligungen verlangen, und reicht es aus, wenn die geforderten Handlungen zu einem späteren Zeitpunkt nachgeholt werden, zu dem sich das Verfahren aber schon in einem fortgeschrittenen Stadium befindet und sich die Entscheidungsmöglichkeiten in der Sache dementsprechend reduziert haben, so könnte man die Gefahr sehen, daß die Nachholung dieser Akte ihren Zweck verfehlt und damit auch den „Gewährleistungswert“ für die Rechtmäßigkeit der zu treffenden Entscheidung verliert. Dieses Problem wird jedoch dadurch entschärft, daß anerkanntermaßen der Eintritt des Heilungserfolges davon abhängt, daß der Zweck der Verfahrensvorschriften, gegen die verstoßen wurde, durch die Nachholung der geforderten Handlung noch erreicht werden kann.[239] Die Heilung des Fehlers tritt also nur dann ein,

---

lungsmöglichkeiten bei Fehlern im Planfeststellungsverfahren *Hufen,* JuS 1999, S. 313 (S. 319); *Hufen,* Fehler im Verwaltungsverfahren, Rz. 629.

237 Siehe hierzu etwa *Dolzer,* DÖV 1985, S. 9 (S. 10).

238 Anderer Ansicht *Koenig,* AöR 117 (1992), S. 513 (S. 520), allerdings ohne die Frage anzusprechen, ob von der Begründungspflicht bei derart formalisierten Verfahren wie dem Planfeststellungsverfahren überhaupt noch zusätzlicher Rationalisierungsdruck ausgehen kann.

wenn die Nachholung auch für die Rechtmäßigkeitsgewähr durch Verwaltungsverfahrensrecht denselben Wert hat wie die (dann hypothetische) ursprünglich rechtmäßige Verfahrensweise. Auch wenn die Rechtsprechung unter den Obersatz von der notwendigen Gleichwertigkeit von rechtmäßig vorgenommener und nachgeholter Handlung zum Teil erstaunliche Subsumtionen vornimmt[240] und damit Zweifel an der Ernsthaftigkeit ihres Bekenntnisses zu dieser Aussage nährt, ist doch ihre Richtigkeit insgesamt nicht in Frage zu stellen. Für die Nachholung von Beteiligungen im Planfeststellungsverfahren bedeutet dies zwingend, daß ein Heilungserfolg nur eintreten kann, wenn das Verfahren mindestens ab dem Zeitpunkt, zu dem der Verfahrensfehler vorgekommen ist, völlig neu aufgerollt wird.[241] Denn nur so läßt sich zuverlässig verhindern, daß die Nachholung den Zweck der verletzten Verfahrensvorschrift verfehlt. Dies bedeutet auch, daß Einschränkungen der Art, daß man nicht völlig neu aufrollen muß, wenn die nachgeholte Beteiligung nicht zu neuen entscheidungsrelevanten Informationen geführt hat, nicht vorgenommen werden dürfen. Dann nämlich ist die Gefahr zu groß, bei der Beurteilung der Entscheidungsrelevanz der Informationen, die aus der Nachholung gewonnen wurden, den Verfahrensstand zugrunde zu legen, der zum Zeitpunkt der Nachholung aktuell ist, und nicht den Stand zu dem Zeitpunkt, zu dem die unterbliebene Beteiligung hätte vorgenommen werden müssen. Nur ohne derartige Einschränkungen kann ausreichend sicher verhindert werden, daß die Beteiligung in einer fortgeschrittenen Situation des Verfahrens erfolgt, in der die Informationen, die durch sie gewonnen wurden, in die Entscheidung nicht mehr einfließen können.[242] Der Zeitverlust, der mit einer solchen Nachholung verbunden ist, und der wirtschaftliche Aufwand dürften sich bei Planfeststellungsverfahren als so erheblich erweisen, daß eine laxe Handhabung des Verfahrensrechts während des Verwaltungsverfahrens so unattraktiv erscheint, daß von Anfang an mit besonderer Sorgfalt auf die Einhaltung der maßgeblichen Verfahrensvorschriften geachtet werden wird.[243]

---

239 *Hufen,* JuS 1999, S. 313 (S. 315), führt dies auf eine verfassungskonforme Auslegung zurück. Dies ist nicht zwingend, denn die notwendige Gleichwertigkeit von ursprünglich rechtmäßiger Verfahrensweise und Nachholung läßt sich auch aus dem Sinn der Verfahrensvorschriften und der Heilungsvorschriften selbst ableiten. Im Ergebnis ebenso *Sachs,* in: Stelkens/Bonk/Sachs, Verwaltungsverfahrensgesetz, Rz. 17, speziell zur Nachholung der Anhörung Rz. 73 zu § 45 VwVfG (m.w.N.).

240 So hält etwa das OVG Münster (NJW 1978, S. 764 f.) eine Äußerung des Adressaten eines für sofort vollziehbaren Verwaltungsaktes in dem Verfahren nach § 80 Abs. 5 VwGO für eine ausreichende Nachholung der Anhörung. Dem folgt das OVG Koblenz DÖV 1979, S. 606.

241 Dies sieht die Rechtsprechung – allerdings ohne jegliches Problembewußtsein – anders (Siehe hierzu allgemein die Nachweise in der vorigen Fn.).

242 Der Annahme *Hufens* (JuS 1999, S. 313 (S. 316)), das Planfeststellungsverfahren sei prinzipiell heilungsfeindlich, bedarf es vor diesem Hintergrund nicht.

Auch § 46 VwVfG fördert im Bereich des Planfeststellungsverfahrensrechts keinen laxen Umgang mit Verfahrensvorschriften. Bei Lichte besehen kann § 46 VwVfG im Bereich der Planfeststellungsbeschlüsse nämlich überhaupt keine Bedeutung zukommen. Dies gilt für beide derzeit aktuellen Fassungen der Vorschrift, die neue, die in den Verwaltungsverfahrensgesetzen des Bundes und mittlerweile der meisten Länder zu finden ist, und die alte, die noch in den Verwaltungsverfahrensgesetzen der restlichen Länder enthalten ist. Die alte Fassung der Vorschrift macht die Unbeachtlichkeit eines Verfahrensfehlers von der Voraussetzung abhängig, daß die Entscheidung alternativlos war. Dies ist eine Voraussetzung, die bei Planfeststellungsbeschlüssen als Gesamtabwägungsverwaltungsakten ersichtlich nie erfüllt sein kann.[244] Die neue Fassung macht die Unbeachtlichkeit davon abhängig, daß der Verfahrensfehler „offensichtlich" auf die Entscheidung nicht von Einfluß gewesen ist. Zuerst ist insoweit festzustellen, daß es für § 46 n.F. jedenfalls nicht ausreicht, daß die Behörde schlicht angibt, daß sie auch bei korrekter Durchführung des Verwaltungsverfahrens in der Sache nicht anders entschieden hätte.[245] Es ist vielmehr so, daß die komplexe Natur von Planfeststellungsbeschlüssen bewirkt, daß ein Fehlen konkreter Kausalbeziehungen zwischen einem einzelnen Verfahrensfehler und dem Verfahrensergebnis überhaupt nicht festgestellt werden kann. Selbst wenn man dies aber dennoch als möglich unterstellt, bewirkt diese Komplexität, daß eine solche Nicht-Auswirkung auf das Ergebnis jedenfalls niemals offensichtlich sein kann.[246]

Auch die speziell bei einigen Planfeststellungsbeschlüssen vorgesehene Verfahrensfehlerfolgeregelung, daß Verfahrensfehler nur dann zur Aufhebung führen, wenn sie nicht durch ein ergänzendes Verfahren behoben werden können, bewirkt im Ergebnis keine zu weitgehende Relativierung der Bereitschaft der Verwaltung, das Verwaltungsverfahrensrecht zu beachten. Die somit eröffnete Nachholungsbefugnis mit der Wirkung, die Aufhebung des Verwaltungsaktes durch das Verwaltungsgericht auszuschließen,[247]

---

[243] Mit *Stüer/Probstfeld,* DÖV 2000, S. 701 (S. 711) gerade aus der Tatsache, daß sich bei komplexen Großvorhaben bei der Nachholung von Anhörungen oft neue Gesichtspunkte ergeben werden, so daß ein kostenintensives Neuaufrollen des Verfahrens bei Anhörungssfehlern häufig geboten sein wird, zu schließen, daß das Verfahren „nicht stets" neu aufzurollen ist, ist ersichtlich mit dem Sinn der Anhörung nicht vereinbar.

[244] So auch *Steinberg,* DÖV 1982, S. 619 (S. 627).

[245] So auch *Hufen,* JuS 1999, S. 313 (S. 318 f.).

[246] So auch *Hufen,* JuS 1999, S. 313 (S. 319): Es sei die besondere „Tragik" der Neufassung des § 46 VwVfG, daß sie gerade bei solchen Verfahren, auf die sie eigentlich gemünzt gewesen sei, ineffektiv bleibe (Siehe auch *Hufen,* Fehler im Verwaltungsverfahren, Rz. 629.).

[247] Dazu oben 1. Kapitel, A. III. 1. f).

unterscheidet sich von der durch § 45 VwVfG eröffneten dadurch, daß eine abschließende Aufzählung der nachholbaren Verfahrenshandlungen und eine zeitliche Begrenzung fehlt. Insoweit werden zwar die Nachholungsmöglichkeiten tendenziell erweitert. Allerdings wird man aus dem Tatbestandsmerkmal, daß ein Verfahrensfehler „behoben" werden muß, wie bei § 45 VwVfG schließen müssen, daß die Nachholung der Verfahrenshandlung nur dann die gerichtliche Aufhebung ausschließt, wenn der Zweck der versäumten Handlung durch die Nachholung noch erreicht werden kann. Damit ist die durch diese Verfahrensfehlerfolgeregelung bewirkte Relativierung der Bereitschaft der Verwaltung, die verwaltungsverfahrensrechtlichen Normbefehle zu befolgen, bei Planfeststellungsbeschlüssen genauso gering wie die, die § 45 VwVfG bewirkt. Daß die Nachholung im Rahmen eines „ergänzenden" Verfahrens zu erfolgen hat, kann im übrigen auch nur so verstanden werden, daß das Verwaltungsverfahren im wesentlichen korrekt durchgeführt worden sein muß und die Nachholung ohnehin nur Marginalien betreffen darf.

ff) Zwischenergebnis

Abschließend ist also festzuhalten: Die gesetzliche Ausgestaltung des Planfeststellungsverfahrens unter Einbeziehung der Verfahrensfehlerfolgeregelungen bewirkt, daß die bei Planfeststellungsbeschlüssen zu beachtenden materiellen Anforderungen wahrscheinlich eingehalten werden. Weil damit der Planfeststellungsbeschluß auch die gerichtliche Prüfung voraussichtlich unbeschadet übersteht, ist seine sofortige Vollziehbarkeit anzunehmen. Auf die materiell-rechtlichen Modifikationen des verwaltungsgerichtlichen Prüfungsprogrammes[248] braucht deshalb nicht eingegangen zu werden.

In den Fällen, in denen keine Trennung in Anhörungs- und Planfeststellungsbehörde vorgesehen ist, fehlt es jedoch an der für die sofortige Vollziehbarkeit maßgeblichen Erhöhung der Wahrscheinlichkeit, daß die jeweiligen Planfeststellungsbeschlüsse eine gerichtliche Prüfung unbeschadet überstehen werden. Dementsprechend ist in diesen Fällen die aufschiebende Wirkung Rechtsfolge von Widerspruch und Anfechtungsklage.

gg) Sonderfall der fernstraßenrechtlichen Planfeststellungsverfahren ohne Trennung zwischen Anhörungs- und Planfeststellungsbehörde

Die fernstraßenrechtlichen Planfeststellungsbeschlüsse sind also der einzige Fall, in dem die sofortige Vollziehbarkeit nicht kraft Rechtmäßigkeitsgewähr gerechtfertigt ist, sie aber dennoch von Gesetzes wegen angeordnet

[248] Siehe oben 3. Kapitel, B. V. 1. a).

ist (§ 17 Abs. 6a S. 1 BFStrG[249]). Für diese Planfeststellungsbeschlüsse stellt sich daher die Frage, ob nicht wenigstens deshalb, weil die Voraussetzungen der verwaltungsgerichtlichen Aufhebung nach § 17 Abs. 4 S. 1 BFStrG modifiziert sind, angenommen werden kann, daß sie trotz der Verbindung von Anhörungs- und Planfeststellungsbehörde mit ausreichender Wahrscheinlichkeit keine offensichtlichen ergebnisrelevanten Abwägungsfehler aufweisen. Dies wäre nur dann zu bejahen, wenn die Bildung von „Eigen"interessen, die durch die Behördentrennung verhindert werden soll, wenigstens typischerweise nur zu leichteren Fehlern führen würde, die sich im Ergebnis selbst angesichts der reduzierten Anforderungen des § 17 Abs. 4 S. 1 BFStrG nicht auswirken. Davon kann aber keine Rede sein. Es ist nicht ersichtlich, weshalb das durch lange verfahrensmäßige Befassung entstehende Interesse einer Behörde, ihr „eigenes" Vorhaben durchzusetzen, dazu führen sollte, daß lediglich solche Belange übergangen werden, die sich durch Abwägung überwinden lassen.

Damit verbleibt noch das Problem der Rechtfertigung der gesetzlichen Anordnung der sofortigen Vollziehbarkeit durch § 17 Abs. 6a S. 1 BFStrG vor Art. 3 Abs. 1 GG. Die Gesetzesbegründung benennt indes keinen ausreichenden sachlichen Grund. Aus ihr läßt sich nur die Rechtfertigung der gesetzlichen Anordnung der sofortigen Vollziehbarkeit bestimmter bundesfernstraßenrechtlicher Planfeststellungsbeschlüsse ableiten. Nach ihr gilt es nämlich, „den neuen Anforderungen gerecht zu werden, die auf die Bundesrepublik als wichtigstes Transitland in der Mitte Europas nach Vollendung des europäischen Binnenmarktes und der Öffnung der osteuropäischen Staaten zukommen. Deshalb müssen vor allem Ost-West-Verbindungen, die ganz Europa zugute kommen, im Osten wie im Westen schneller geplant und ausgeführt werden können."[250] Damit liegt die Folgerung nahe, daß die in § 17 Abs. 6a S. 1 BFStrG vorgenommene Ungleichbehandlung nicht gerechtfertigt werden kann und ein Verstoß gegen Art. 3 Abs. 1 GG anzunehmen ist, weil die Ungleichbehandlung weiter reicht als das vorgebrachte sachliche Regelungsziel. Diese Folgerung ist allerdings nicht zwingend. Denn es ist möglich, die Vorschrift teleologisch zu reduzieren und damit zugleich verfassungskonform auszulegen. Die Anordnung der sofortigen Vollziehbarkeit nach § 17 Abs. 6a BFStrG gilt damit nur dann, wenn der jeweilige Planfeststellungsbeschluß eine Bundesfernstraße betrifft, die in diesem Sinne dem Ausbau der Ost-West-Verbindung dient.

---

[249] Entsprechende Regelungen fehlen für die abfallrechtlichen und bergrechtlichen Planfeststellungsbeschlüsse, bei denen die Behördentrennung ebenfalls fehlt, oben 3. Kapitel, B. V. 2 a) dd).

[250] BRDrs. 756/92, S. 2.

b) Plangenehmigungsverfahren

Nach dem Planfeststellungsverfahren soll nunmehr das Plangenehmigungsverfahren darauf untersucht werden, ob seine gesetzliche Ausgestaltung bewirkt, daß Plangenehmigungen mit erhöhter Wahrscheinlichkeit im Falle einer Anfechtung eine gerichtliche Überprüfung überstehen.

Das Plangenehmigungsverfahren ist eine Schöpfung der sogenannten Verfahrensbeschleunigungsgesetzgebung der letzten Jahre. Es wurde für bestimmte Fachplanungen im Jahre 1993 durch das Planvereinfachungsgesetz[251] eingeführt und im Jahre 1996 durch das Genehmigungsverfahrensbeschleunigungsgesetz[252] in das Verwaltungsverfahrensgesetz übernommen. Nach § 74 Abs. 6 S. 2 VwVfG finden die Bestimmungen über das Planfeststellungsverfahren auf das Plangenehmigungsverfahren keine Anwendung, obwohl die betroffenen Vorhaben an sich planfeststellungspflichtig sind. Die Rechtmäßigkeits- bzw. Bestandsgewähr, die mit den beim Planfeststellungsverfahren erörterten verfahrensrechtlichen Instituten einhergeht, läßt sich dem Plangenehmigungsverfahren demzufolge nicht zuschreiben. Indes stellen diese Institute des Planfeststellungsverfahrensrechts Mittel dar, die besondere Sachverhaltskomplexität bei planfeststellungsbedürftigen Vorhaben dem materiellen Recht adäquat zu verarbeiten. Ließe sich bei den Vorhaben, für die ein Plangenehmigungsverfahren durchgeführt wird, feststellen, daß diese besondere Komplexität fehlt, so wäre es unschädlich, daß verfahrensrechtliche Regelungen fehlen, die einer solchen Komplexität Rechnung tragen.

Die Verfahrensentscheidung, statt eines Planfeststellungsverfahrens ein Plangenehmigungsverfahren durchzuführen, ist davon abhängig gemacht, daß Rechte Dritter nicht (§ 74 Abs. 6 S. 1 Nr. 1, 1. Alt. VwVfG) oder nur unwesentlich (§ 17 Abs. 1a S. 1 Nr. 1, 2. Alt. FStrG) berührt sind. Außerdem ist das Plangenehmigungsverfahren zulässig, wenn alle Betroffenen dem Vorhaben zugestimmt haben (§ 74 Abs. 6 Nr. 1 VwVfG, 2. Alt. VwVfG) und mit den Drittbehörden das Benehmen hergestellt worden ist (§ 74 Abs. 6 S. 1 Nr. 2 VwVfG). Kurz gesagt kann also statt eines Planfeststellungsverfahrens ein Plangenehmigungsverfahren durchgeführt werden, wenn eine entsprechende Übereinkunft erzielt wird oder der Sachverhalt nur geringfügig komplex ist.

Allerdings fällt auf, daß es keine gesonderte verfahrensrechtliche Sicherung dafür gibt, daß die genannten Voraussetzungen für die Durchführung eines Plangenehmigungsverfahrens eingehalten werden. Besondere Verfahrensregeln, die dazu dienen festzustellen, ob wirklich Rechte Dritter oder

---

[251] BGBl. I, S. 2123.

[252] BGBl. I, S. 1354.

Belange Betroffener nicht oder nur unwesentlich durch das geplante Vorhaben beeinträchtigt werden, sind nirgends vorgesehen. Überhaupt fehlen Regelungen über die Ermittlung des Kreises der Betroffenen völlig. Es ist aber keineswegs immer evident, daß ein Vorhaben solche Positionen nicht oder nur unwesentlich beeinträchtigt bzw. welcher Personenkreis überhaupt betroffen ist, so daß (wie erforderlich) alle Mitglieder dieses Kreises zur Zustimmung bewegt werden können. Dieser besonderen Problematik adäquate verfahrensrechtliche Regelungen – mindestens die Bekanntgabe des Planes, seine Auslegung und ein Einwendungsverfahren – sind deshalb notwendig. Ein in dieser Hinsicht gesetzlich nicht besonders gesteuertes normales Verwaltungsverfahren kann hierfür nicht für ausreichend gehalten werden, selbst wenn man in Betracht zieht, daß für dieses Verfahren immerhin nach den allgemeinen Regeln der §§ 9 ff. VwVfG der Amtsermittlungsgrundsatz (§ 25 VwVfG) gilt: Dies allein trägt den dargestellten besonderen Problemen nicht Rechnung.

Zwar bewirken die Verfahrensfehlerfolgeregelungen nicht auch noch eine Neigung der Verwaltung, rechtswidrigerweise ein Plangenehmigungsverfahren statt eines Planfeststellungsverfahrens durchzuführen: Eine Heilung dieses Verfahrenswahlfehlers kommt wegen der Abgeschlossenheit[253] des Katalogs des § 45 VwVfG, der diesen Fehler nicht erfaßt, nicht in Frage. Wegen § 46 VwVfG n.F. oder den für Plangenehmigungen und Planfeststellungsbeschlüsse speziellen Verfahrensfehlerfolgeregelungen[254] ist allerdings denkbar, daß ein Planfeststellungsverfahren durchgeführt werden könnte, das offensichtlich sachlich zum selben Ergebnis führen würde wie das rechtswidrig durchgeführte Plangenehmigungsverfahren. Dann wird das Verwaltungsgericht zwar die Plangenehmigung nicht aufheben. Einen laxen Umgang mit dem Verfahrensrecht fördert dies in diesem Fall dennoch nicht notwendigerweise. Die Nichtaufhebung der Plangenehmigung durch das Verwaltungsgericht bedeutet nämlich nicht zwingend, daß es damit sein endgültiges Bewenden hat und nicht doch noch ein Planfeststellungsverfahren durchgeführt werden muß: § 46 VwVfG n.F. wird die verwaltungsgerichtliche Aufhebung der Plangenehmigung, anstatt derer ein Planfeststellungsbeschluß hätte ergehen müssen, in dem Fall ausschließen, daß die Rechte, in die durch das Vorhaben ohne Einverständnis eingegriffen wird, nicht so stark sind, als daß sie nicht (offensichtlich) im Wege der planfeststellungsrechtlichen Abwägung überwunden werden könnten. In diesem Fall wird es aber oft auf die enteignungsrechtliche Vorwirkung ankommen, die nur ein Planfeststellungsbeschluß aufweist, nicht aber die Plangenehmigung.

---

[253] *Meyer,* in: Meyer/Borgs, Verwaltungsverfahrensgesetz, Rz. 6 zu § 45 VwVfG.
[254] Oben 3. Kapitel, B. V. 1. d).

Allerdings vermag die Tatsache, daß der Fehler, rechtswidrigerweise ein Plangenehmigungs- statt eines Planfeststellungsverfahrens durchgeführt zu haben, ausreichend sanktioniert ist, an dem Befund nichts zu ändern, daß die Rechtmäßigkeit der Verfahrensentscheidung, statt eines Planfeststellungsverfahrens ein Plangenehmigungsverfahren durchzuführen, verfahrensrechtlich nicht ausreichend gewährleistet ist. Folglich kann auch von einer verfahrensrechtlichen Rechtmäßigkeitsgewähr der Endentscheidung nicht ausgegangen werden.

Auch die Frage, ob für die auch bei Plangenehmigungen bestehenden Modifikationen des verwaltungsgerichtlichen Prüfungsprogramms[255] nicht wenigstens angenommen werden kann, daß Plangenehmigungen mit ausreichender Wahrscheinlichkeit keine offensichtlichen ergebnisrelevanten Abwägungsfehler aufweisen, ist zu verneinen. Auch eine so schwere Beeinträchtigung der Rechte eines Betroffenen, die sich nicht im Wege der Abwägung überwinden läßt, muß bei der Verfahrenswahlentscheidung nicht ohne weiteres ins Auge stechen. Damit wirkt sich das Fehlen eines verfahrensrechtlichen Instrumentariums zur Feststellung, ob ein Plangenehmigungsverfahren überhaupt zulässig ist, auch insoweit aus, so daß die Annahme sofortiger Vollziehbarkeit von Plangenehmigungen insgesamt nicht zu rechtfertigen ist.

Allerdings sind einige Plangenehmigungen durch gesetzliche Anordnungen im Sinne von § 80 Abs. 2 Nr. 3 VwGO für sofort vollziehbar erklärt. Dies gilt für Plangenehmigungen nach dem Bundesfernstraßengesetz (§ 17 Abs. 6a S. 1), nach dem Allgemeinen Eisenbahngesetz (§ 20 Abs. 5 S. 2) sowie nach dem Luftverkehrsgesetz (§ 10 Abs. 6 S. 1). Die gesetzliche sofortige Vollziehbarkeit der fernstraßenrechtlichen und der eisenbahnrechtlichen Plangenehmigungen setzt allerdings voraus, daß für die jeweiligen Vorhaben nach dem Schienenwegeausbaugesetz bzw. nach dem Fernstraßenausbaugesetz ein vordringlicher Bedarf festgestellt ist. Diese Einschränkung ist geeignet, für die fernstraßen- und eisenbahnrechtlichen Plangenehmigungen den sachlichen Grund und damit die Rechtfertigung der gesetzlichen Anordnung der sofortigen Vollziehbarkeit zu liefern. Denn über diesen Begriff wird ein prinzipieller Vorrang bestimmter Vorhaben in sachlich nachvollziehbarer und damit willkürfreier Weise zum Ausdruck gebracht. Für Plangenehmigungen nach dem Luftverkehrsgesetz ist eine solche Einschränkung hingegen nicht vorgesehen. Sie sind generell sofort vollziehbar. Daß aber neue Verkehrsflughäfen dringend benötigt würden, läßt sich nicht generell behaupten. Auch der in der Gesetzesbegründung angeführte Gesichtspunkt, die bisher in der Bundesrepublik für den Flugverkehr geltenden hohen Sicherheitsstandards sollten auch angesichts im Luftverkehrsbereich

---

[255] Oben 3. Kapitel, B. V. 1. a).

zu erwartender hoher Verkehrzuwächse beibehalten werden,[256] rechtfertigt allenfalls die sofortige Vollziehbarkeit solcher Plangenehmigungen, die Erweiterungen vorhandener Verkehrsflughäfen vorsehen, wenn ohne die Erweiterung die Flugsicherheit gefährdet ist. Daß der Gesichtspunkt der Flugsicherheit so stark ist, daß er die sofortige komplette Neuanlage eines Verkehrsflughafens verlangt, ist hingegen nicht ersichtlich. Der damit drohende Verstoß gegen Art. 3 Abs. 1 GG ist jedoch auch hier wie schon im Bereich des § 17 Abs. 6a S. 1 FStrG[257] nicht zwingend. Auch hier läßt sich die gesetzliche Anordnung der sofortigen Vollziehbarkeit nach Maßgabe der eben dargestellten Gesichtspunkte teleologisch reduzieren und damit im Hinblick auf Art. 3 Abs. 1 GG verfassungskonform auslegen.

c) Baugenehmigungsverfahren am Beispiel der hessischen Bauordnung

Als Beispiel für ein Verwaltungsverfahren, das für den Fall der drittbelastenden Wirkung des ihn abschließenden Verwaltungsakts einen rechtmäßigen Ausgleich zwischen den Rechtsgütern des durch den Verwaltungsakt Begünstigten und des durch ihn (Dritt)Belasteten leisten muß[258], soll das Baugenehmigungsverfahren nach der hessischen Bauordnung untersucht werden.

Für das Baugenehmigungsverfahren nach hessischem Recht gilt das allgemeine Verfahrensrecht der §§ 9 ff. HessVwVfG vorbehaltlich spezieller Regelungen (§ 1 Abs. 1 HessVwVfG).[259]

aa) Verfahrensteilnehmerschaft und Sachverhaltserforschung

Für die hier interessierenden Fälle des drittbelastenden Verwaltungsaktes regelt § 69 HessBauO gegenüber den §§ 13, 28 HessVwVfG speziell, wer am Baugenehmigungsverfahren teilnehmen darf und wie im Verfahren Informationen gesammelt werden. Die Spezialität folgt aus § 69 Abs. 3 S. 2 HessBauO, der für die Nachbarbeteiligung im Baugenehmigungsverfahren ohne Einschränkung die §§ 13, 28 HessVwVfG für nicht anwendbar erklärt.

Für den Fall der Erteilung einer Baugenehmigung unter Ausnahme oder Befreiung von bauplanungs- und bauordnungsrechtlichen Vorschriften, die

---

256 BTDrs. 13/9513, S. 1.

257 Siehe hierzu oben 3. Kapitel, B. V. 2. a) gg).

258 Dazu, daß in diesen Fällen eine materiell-rechtliche Maßstabsableitung ausscheidet, oben 2. Kapitel, A., und oben 3. Kapitel, B. II. 2.

259 Für die zur Anwendung kommenden Regelungen etwa des § 20 HessVwVfG kann insoweit nach oben (3. Kapitel, B. V. 2. a) dd)) verwiesen werden.

dem Schutz der Nachbarschaft dienen, sieht § 69 Abs. 1 HessBauO vor, daß die Baugenehmigungsbehörde die Nachbarschaft benachrichtigen soll. Dies gilt nach der Vorschrift auch dann, wenn die angewandte Ausnahme- oder Befreiungsvorschrift selbst Drittschutz gewährt. In der Benachrichtigung ist darauf hinzuweisen, daß Einwendungen innerhalb eines Monats nach Zugang der Benachrichtigung schriftlich oder zur Niederschrift bei der Baugenehmigungsbehörde zu erheben sind.

Dies stellt im Sinne der Rechtmäßigkeits- bzw. Bestandsgewähr für den Fall, daß die Genehmigung Ausnahmen oder Befreiungen enthält, eine hinreichende Regelung der Verfahrensteilnehmerschaft und, darauf aufbauend, der Sachverhaltserforschung dar. Problematisch könnte insoweit allenfalls erscheinen, daß eine generelle Benachrichtigungspflicht nicht vorgesehen ist, sondern diese über die „soll"-Formulierung herkömmlichem Verständnis nach nur für den Regelfall gilt. Geht man aber mit dem VGH Kassel zutreffend davon aus, daß Sinn der Regelung ist, der Baugenehmigungsbehörde ein vollständiges Bild von dem Sachverhalt zu vermitteln,[260] so wird das noch verbleibende Ermessen dahin auszuüben sein, daß dieser Zweck erreicht wird. Eine Benachrichtigung wird deshalb vorbehaltlich sehr eng zu fassender besonderer Umstände stets vorzunehmen sein.

Für den ebenfalls denkbaren Fall, daß nicht Ausnahmen oder Befreiungen von drittschützenden Vorschriften zu prüfen sind, weil bereits klar ist, daß das Vorhaben mit drittschützenden Vorschriften unvereinbar ist, sondern – dem vorgelagert – die Vereinbarkeit des beantragten Vorhabens mit drittschützenden Vorschriften zweifelhaft ist, wirkt sich der durch § 69 Abs. 3 S. 2 HessBauO für die Nachbarbeteiligung bewirkte Ausschluß des § 13 HessVwVfG, der auch der analogen Anwendung dieser Vorschrift entgegen steht, auf die Rechtmäßigkeits- bzw. Bestandsgewähr wie folgt aus: Auch in diesem Fall können wesentliche Sachverhaltsbestandteile nur von denjenigen wirksam in das Verfahren eingebracht werden, die von dem Vorhaben negativ betroffen sind. Ob ein Vorhaben sich etwa im Sinne von § 34 BauGB in die nähere Umgebung einfügt, wird sich im Regelfall nur hinreichend verläßlich feststellen lassen, wenn diejenigen, die in dieser näheren Umgebung etwa Grundstückseigentümer sind, einbezogen werden. Der Ausschluß von § 13 HessVwVfG für die Nachbarbeteiligung bewirkt aber, daß diesem Personenkreis ein Recht der Beteiligung am Verwaltungsverfahren noch nicht einmal im Ermessenswege zugesprochen werden darf. Diese Personen dürfen zwingend im Verwaltungsverfahren nicht beteiligt werden, obwohl sie wegen möglicher Rechtsverletzung klagebefugt sind (§ 42 Abs. 2 VwGO) und so die Möglichkeit haben, die Baugenehmigung später im verwaltungsgerichtlichen Streit zu Fall zu bringen.

---

260 VGH Kassel, DVBl. 1992, S. 45; HessVGRspr. 1992, S. 35.

Für den Gedanken der Rechtmäßigkeitsgewähr durch Verwaltungsverfahrensrecht liegt damit auf der Hand, daß für die zuletzt besprochene Konstellation von einer solchen Gewähr bei einer derartigen Verfahrensgestaltung nicht mehr ausgegangen werden kann. Damit ist bereits aus diesem Grunde in dem Falle einer drittbelastenden Baugenehmigung, die ohne Ausnahmen oder Dispense ergeht und nicht offensichtlich rechtmäßig ist,[261] die aufschiebende Wirkung eines gegen sie vom belasteten Dritten erhobenen Rechtsbehelfs angezeigt.

bb) Baugenehmigungsverfahren und Verfahrensfehlerfolgeregelungen

Ob auch bei Ausnahmen oder Befreiungen von drittschützenden Vorschriften die aufschiebende Wirkung Rechtsfolge der Rechtsbehelfseinlegung zu sein hat, hängt allerdings noch wesentlich davon ab, ob über die Verfahrensfehlerfolgeregelungen ein zu laxer Umgang mit dem Verfahrensrecht gefördert wird.

Dabei ist zu beachten, daß auch für das hier beispielhaft behandelte Baugenehmigungsverfahren nach hessischem Recht die §§ 45, 46 HessVwVfG inzwischen nicht mehr in ihrer ursprünglichen Fassung gelten. Auch Hessen hat mittlerweile eine Anpassung an die neuen bundesgesetzlichen Regelungen der Verfahrensfehlerfolgen vorgenommen.[262]

Läßt man den Heilungserfolg einer nachgeholten Anhörung nach § 45 HessVwVfG unter Berücksichtigung des Zwecks der Anhörung nur dann eintreten, wenn die nachgeholte Anhörung ihren Sinn noch erfüllt und fordert man deshalb, daß das Verwaltungsverfahren ab dem Zeitpunkt, in dem der Verfahrensfehler auftrat, insgesamt neu durchgeführt wird,[263] so wird dadurch die Bereitschaft der Verwaltung in hinreichendem Maß gefördert, die verfahrensrechtlichen Vorschriften sogleich zu beachten und sie nicht vorerst zu ignorieren. Allerdings betrifft das Baugenehmigungsverfahren typischerweise eher weniger komplexe Sachverhalte. Daher kann ein erheblicher Zeit- und Kostenaufwand der Heilung, wie er beim Planfeststellungsverfahren gegeben ist,[264] nicht noch zusätzlich im Sinne der Disziplinierung der Verwaltung ins Feld geführt werden. Dies kann aber im Ergebnis für § 45 HessVwVfG nicht zu einer anderen Beurteilung führen, weil auch ohne diesen zusätzlichen Faktor der von einer zutreffenden Auslegung des

---

[261] Zu dieser Einschränkung oben 3. Kapitel, A.

[262] Die alten Fassungen der Vorschriften wurden durch Art. 4 des Gesetzes zur Änderung verwaltungsverfahrensrechtlicher Vorschriften vom 5. 11. 1998 (GVBl. I, S. 418) durch die neuen Fassungen ersetzt.

[263] Dazu oben 3. Kapitel, B. V. 2. a) ee).

[264] Oben 3. Kapitel, B. V. 2. a) ee).

§ 45 HessVwVfG ausgehende Druck, das Verfahrensrecht von Anfang an zu befolgen, ausreichend ist. Ein komplettes Neuaufrollen des Verfahrens ab dem Zeitpunkt des Verfahrensfehlers wird keine Behörde für erstrebenswert halten, und zwar unabhängig davon, ob damit nun ein besonderer oder lediglich ein „normaler" Aufwand verbunden ist.

Nichts anderes gilt auch im Hinblick auf den Umstand, daß § 45 Abs. 2 HessVwVfG die Heilung eines Anhörungsfehlers nunmehr (auch) bis zum Ende des verwaltungsgerichtlichen Verfahrens erlaubt. Auch hier muß die Nachholung den Zweck der Anhörung noch erfüllen, so daß auch insoweit die Notwendigkeit besteht, das Verfahren ab dem Zeitpunkt, zu dem der Fehler aufgetreten ist, gänzlich neu aufgerollt wird.

§ 46 HessVwVfG bestimmt – wie § 46 VwVfG – die Unbeachtlichkeit eines Verfahrensfehlers nunmehr auch für den Fall, daß ein Verfahrensfehler offensichtlich keine Auswirkung auf die Entscheidung hatte. Die Vorschrift schließt den Aufhebungsanspruch des § 113 Abs. 1 S. 1 VwGO also, wie schon die alte Fassung dies getan hatte, dann aus, wenn bei der jeweiligen Entscheidung kein Entscheidungsspielraum besteht. Die Vorschrift entfaltet diese Wirkung aber auch im Bereich von Entscheidungen mit Entscheidungsspielraum dann, wenn sich der Verstoß offensichtlich nicht ausgewirkt hat. Eine Baugenehmigung nach § 70 HessBauO ist der Struktur nach eine gebundene und folglich vom Gesetz als alternativlos definierte Entscheidung. Die hier aber ausschließlich interessierenden Ausnahmen und Befreiungen stehen hingegen im Ermessen der Baugenehmigungsbehörde. Dies gilt für das Bauplanungsrecht genauso wie für das Bauordnungsrecht (§ 31 Abs. 1 Nr. 2 BauGB, § 68 Abs. 1 S. 1 HessBauO). Aus diesem Grunde hätte § 46 HessVwVfG a.F. hier keine Bedeutung gehabt, so daß nach der früheren Rechtslage bereits aus diesem Grunde eine ausreichende normative Sicherung der Befolgungsbereitschaft anzunehmen war. Nach der neuen Rechtslage, nach der Verfahrensfehler auch im Ermessensbereich unbeachtlich sein können, reicht für das Eingreifen des § 46 HessVwVfG n.F. jedenfalls die Angabe der Behörde nicht aus, daß sie auch bei korrekter Durchführung des Verwaltungsverfahrens nicht anders entschieden hätte.[265] Andererseits läßt sich § 46 HessVwVfG n.F. aber für das Baugenehmigungsverfahren nicht wie für das Planfeststellungsverfahren[266] jede Bedeutung absprechen, da das Baugenehmigungsverfahren typischerweise weniger komplexe Sachverhalte betrifft als das Planfeststellungsverfahren. Hier ist es deswegen nicht a priori ausgeschlossen, daß ein Verfahrensfehler für ein Verfahrensergebnis aus der ex-post-Perspektive irrelevant ist. Es ist aber aus Gründen der Darlegungs- und Beweislast anzunehmen, daß die Be-

---

265 Wie oben (3. Kapitel, B. V. 2. a) ee)) bereits ausgeführt.

266 3. Kapitel, B. V. 2. a) ee).

hörde, die sich auf § 46 HessVwVfG n.F. beruft, tatsächliche Anhaltspunkte darlegen und beweisen muß, die die faktische Alternativlosigkeit der Entscheidung belegen.[267] Die Behörde muß also z.B. darlegen, daß und warum eine etwa nicht durchgeführte Anhörung keine zusätzlichen Erkenntnisse erbracht hätte. Diese hohen Anforderungen führen dazu, daß die Bereitschaft der Verwaltung, das Verwaltungsverfahrensrecht zu befolgen, gerade noch in ausreichender Weise normativ gesteuert ist.

Zusammenfassend läßt sich somit sagen, daß für drittbelastende Baugenehmigungen das Verfahrensrecht jedenfalls bei bauordnungs- wie bauplanungsrechtlichen Ausnahmen und Befreiungen den Entscheidungvorgaben des materiellen Rechts adäquat ist. Außerdem führt § 46 HessVwVfG n.F. nicht zu einer zu laxen Verfahrenspraxis. Deswegen ist die sofortige Vollziehbarkeit gerechtfertigt. Wenn hingegen nur die Vereinbarkeit eines Bauvorhabens mit drittschützenden Normen in Rede steht, so ist bereits die Verfahrenrechtsgestaltung den materiellen Entscheidungsanforderungen inadäquat. Deswegen ist hier aufschiebende Wirkung die Rechtsfolge der Rechtsbehelfseinlegung.

cc) § 212a Abs. 1 BauGB und Art. 3 Abs. 1 GG

§ 212a Abs. 1 BauGB ordnet für drittbelastende Baugenehmigungen jedoch ohne jede Differenzierung die sofortige Vollziehbarkeit von Gesetzes wegen an. Dies wirkt, soweit soeben angenommen wurde, daß das rechtmäßige Zustandekommen von Baugenehmigungen normativ nicht ausreichend gesichert ist, konstitutiv und bedarf der Rechtfertigung vor Art. 3 Abs. 1 GG. Jedoch kann die in dieser Vorschrift getroffene Regelung nicht gerechtfertigt werden. Das Regelungsziel des Gesetzgebers bei der Schaffung von § 212a Abs. 1 BauGB war lediglich, das Nebeneinander der Regelungen für Wohnbauvorhaben, für die vorher bereits nach dem Baugesetzbuchmaßnahmegesetz die sofortige Vollziehbarkeit von Gesetzes wegen angeordnet war, und Nicht-Wohnbauvorhaben zu beseitigen. Dieses Nebeneinander sei, wie die Begründung es nennt, „unbefriedigend".[268] Als ausreichender sachlicher Grund kann dies nicht gelten. Gleiches gilt für den in der Gesetzesbegründung ebenfalls herangezogenen Gedanken, eine Anpassung an den zuvor für die neuen Bundesländer geltenden Rechtszustand herbeizuführen. Insoweit hätte es des Nachweises bedurft, daß die für diese Regelung maßgebliche sachliche Ziel – die Förderung der Bautätigkeit allgemein – auch für die alten Bundesländer Geltung beanspruchen kann, etwa weil ein entsprechender Förderungsbedarf besteht.

---

[267] So auch *Hufen*, JuS 1999, S. 313 (S. 318 f.).

[268] BTDrs. 13/7589, S. 30.

Eine verfassungskonforme Auslegung, wie sie bei § 17 Abs. 6a S. 1 FStrG und § 10 Abs. 6 S. 1 LuftVG möglich ist, weil für eine weniger weit reichende Anordnung der sofortigen Vollziehbarkeit ein sachliches Regelungsziel benannt werden kann, kommt bei § 212a Abs. 1 BauGB nicht in Frage, weil hier ein sachliches Regelungsziel völlig fehlt.

Da auch eine noch weitere Ausdehnung der in § 212a Abs. 1 BauGB getroffenen Regelung nicht in Frage kommt, ist die Regelung nichtig.[269]

C. Ergebnis

Als Ergebnis der bisherigen Untersuchungen des dritten Kapitels dieser Arbeit läßt sich festhalten, daß die Gleichrangigkeit von aufschiebender Wirkung und sofortiger Vollziehbarkeit und die Möglichkeit der Differenzierung nach einzelnen rechtlichen Folgerungen aus dem angefochtenen Verwaltungsakt in der Lage sind, die Vorgaben des materiellen Rechts bzw. des Verwaltungsverfahrensrechts für den einstweiligen Rechtsschutz angemessen umzusetzen.

D. Folgerungen für die übrigen Regelungen der §§ 80, 80a VwGO

Nachdem Regelungsgehalt, Stellenwert und Problematik derjenigen Vorschriften bereits untersucht wurden, die ausdrückliche gesetzliche Anordnungen der sofortigen Vollziehbarkeit enthalten bzw. die Geltungsdauer der aufschiebenden Wirkung regeln,[270] bleibt nun noch darauf einzugehen, welche Bedeutung den übrigen Regelungen des einstweiligen Rechtsschutzes gegen belastende Verwaltungsakte auf der Basis des hier vertretenen Modells zukommt.

Reduziert man die Regelung des § 80 Abs. 1 und 2 VwGO um die Pauschalität des Rechtsfolgenaufschubes und das Regel-Ausnahme-Verhältnis von aufschiebender Wirkung und sofortiger Vollziehbarkeit, so wird § 80 Abs. 2 Nr. 4 VwGO gegenstandslos: Es ist nicht mehr notwendig, eine regelhafte aufschiebende Wirkung durch einzelfallbezogene Anordnung der sofortigen Vollziehbarkeit, die als Ausnahme zu rechtfertigen ist, zu durchbrechen. Immerhin kann man aber § 80 Abs. 3 VwGO auch auf der Basis des hier vertretenen Modells als Hinweis darauf verstehen, daß, soweit dies nicht wegen der Unaufschiebbarkeit der Maßnahme zeitlich unmöglich ist, eine schriftliche Begründung der Annahme der Behörde erforderlich ist,

[269] Zu den insoweit maßgeblichen Regeln oben 2. Kapitel, C. I.

[270] Oben 2. Kapitel, C.

wieso sie im konkreten Falle davon ausgeht, daß und wie weit der von ihr erlassene Verwaltungsakt sofort vollziehbar ist: Sie muß also darlegen, ob sie einen gegen den Verwaltungsakt denkbaren Rechtsbehelf für offensichtlich unbegründet hält, oder, tut sie dies nicht, wieso die Güterzuordnungen des materiellen Verwaltungsrechts oder das Verwaltungsverfahrensrecht ihrer Ansicht nach die Ableitung der in Anspruch genommenen Rechtsfolge der sofortigen Vollziehbarkeit des Verwaltungsaktes rechtfertigt. Auf diese Art und Weise wird der Gedankengang der Behörde nach außen kommuniziert, so daß es dem Adressaten möglich wird, die Erfolgsaussichten eines Rechtsschutzverfahrens gegen das behördliche Vorgehen abzuschätzen.

Die Reduktion des § 80 VwGO um pauschale aufschiebende Wirkung und Regel-Ausnahme-Verhältnis von aufschiebender Wirkung und sofortiger Vollziehbarkeit bewirkt für die Verfahrensregelungen des § 80 Abs. 4 und Abs. 5 VwGO lediglich, daß der Maßstab ein anderer ist, der der Prüfung jeweils zugrunde zu legen ist: Diese Verfahrensregelungen erlauben dann einesteils die Korrektur der ausgangsbehördlichen Einordnung eines Rechtsbehelfs als offensichtlich aussichtslos und damit der so begründeten Ableitung der sofortigen Vollziehbarkeit durch die Verwaltung (§ 80 Abs. 4 VwGO) und das Gericht (§ 80 Abs. 5 VwGO). Daneben erlauben diese Verfahrensregelungen außerdem in Fällen zweifelhafter Erfolgsaussichten die Korrektur der ausgangsbehördlichen Ableitung der sofortigen Vollziehbarkeit aus der Interessenzuordnung des materiellen Rechts bzw. aus dem Verwaltungsverfahrensrecht. In beiden Fällen ist der Antrag des Rechtsschutzsuchenden auf die Feststellung der Reichweite der aufschiebenden Wirkung seines Rechtsbehelfs zu richten. Auch dies bedeutet keine völlige Neuerung. Anträge dieser Art wurden auch bisher schon für den Fall der „faktischen Vollziehung“ anerkannt, d.h. den Fall, daß die aufschiebende Wirkung eines Rechtsbehelfs durch die Verwaltung ignoriert wird.[271] Eine Notwendigkeit für Anträge auf Wiederherstellung der aufschiebenden Wirkung hingegen besteht nicht mehr, da es Einzelfallanordnungen nach § 80 Abs. 2 Nr. 4 VwGO ohne ein Regel-Ausnahme-Verhältnis von aufschiebender Wirkung und sofortiger Vollziehbarkeit nicht mehr gibt. Anträge auf Anordnung der aufschiebenden Wirkung sind ebenfalls überflüssig. Sie sind auch nicht für den Fall notwendig, daß ein Rechtsbehelf offensichtliche Erfolgsaussicht hat, die aufschiebende Wirkung aber qua ausdrücklicher gesetzlicher Anordnung der sofortigen Vollziehbarkeit ausgeschlossen ist. Für diesen Fall war ein solcher Antrag bisher statthaft. Dessen bedarf es aber nicht, da eine solche gesetzliche Anordnung der sofortigen Vollziehbarkeit ohnehin so auszulegen ist, daß sie für diesen Fall nicht gilt.[272] Auch in

---

[271] *Kopp/Schenke*, Verwaltungsgerichtsordnung, Rz. 181 zu § 80 VwGO (m. zahlr. w. N.).

einer solchen Konstellation ist also ein Antrag auf Feststellung der aufschiebenden Wirkung statthaft.

Für die Vorschrift des § 80a VwGO, die auf den Fall des Verwaltungsakts mit Drittwirkung bezogen ist, gilt demnach, daß ebenfalls nur der Antrag auf Feststellung der aufschiebenden Wirkung des vom Belasteten eingelegten Rechtsbehelfs zulässig ist (bzw. im umgekehrten Fall der Antrag des Begünstigten auf Feststellung, daß eine aufschiebende Wirkung des vom Belasteten eingelegten Rechtsbehelfs nicht besteht). Die eigentliche Bedeutung der Vorschrift liegt nach wie vor in den Regelungen über die Maßnahmen zum Schutz der aufschiebenden Wirkung des Rechtsbehelfs des Drittbelasteten, für die die Vorschrift in Abs. 1 Nr. 2 eine Regelung bereitstellt.[273] Diese erfaßt allerdings den wesentlichen Fall nicht, daß der durch einen Verwaltungsakt Begünstigte die aufschiebende Wirkung des Rechtsbehelfs des belasteten Dritten ignoriert und von der Begünstigung Gebrauch macht.[274]

---

272 Oben 3. Kapitel, A. IV.

273 Zu den Schutzmaßnahmen und ihren Voraussetzungen im einzelnen *Schoch*, in: Schoch/Schmidt-Aßmann/Pietzner, Verwaltungsgerichtsordnung, Rz. 38 ff. zu § 80a VwGO.

274 Siehe dazu auch oben 1. Kapitel, B. II. 1.

Literaturverzeichnis

Alexy, Robert: Begriff und Geltung des Rechts, Freiburg (Breisgau) u.a. 1992.

Bachof, Otto: Die Rechtsprechung des BVerwG (BVerwGE Band 13–19), Verfahrensrecht: Anfechtungs- und Verpflichtungsklage, JZ 1966, S. 473–477.

Badura, Peter: Die gegenwärtige Diskussion über das Verwaltungsverfahren in der Bundesrepublik Deutschland, JA 1981, S. 33–38.

Bamberger, Christian: Die verwaltungsgerichtliche vorläufige Einstellung genehmigungsfreier Bauvorhaben, NVwZ 2000, S. 83–989.

Berg, Wilfried: Die Beweislast im Verwaltungsprozeß am Beispiel des Wohngeldrechts - BVerwGE 4, 265, JuS 1977, S. 23–28.

Breuer, Rüdiger: Strukturen und Tendenzen des Umweltschutzrechts, Der Staat 20 (1981), S. 93–422.

Bydlinski, Franz: Juristische Methodenlehre und Rechtsbegriff, 2. Auflage Wien/ New York 1991.

Denninger, Erhard: Verfassungsrechtliche Anforderungen an die Normsetzung im Umweltrecht, Baden-Baden 1990.

Dolzer, Rudolf (Gesamthrsg.): Bonner Kommentar zum Grundgesetz, Loseblatt Stand März 1999 (zit.: Bearb., in: Bonner Kommentar).

– Zum Begründungegbot im geltenden Verwaltungsrecht, DÖV 1985, S. 9–20.

Dreier, Horst (Hrsg.): Grundgesetz Kommentar Band I Artikel 1–19, Tübingen 1996 (zit.: *Bearb.*, in: Dreier, Grundgesetz Kommentar).

Drews, Bill/*Wacke,* Gerhard/*Vogel,* Klaus/*Martens,* Wolfgang: Gefahrenabwehr, 9. Auflage Köln u.a. 1986.

Erichsen, Uwe:Vorläufiger Rechtsschutz nach § 80 Abs. 1–4 VwGO, JURA 1983, S. 414–426.

Erichsen, Uwe/*Klenke,* Reiner: Rechtsfragen der aufschiebenden Wirkung des § 80 VwGO, DÖV 1976, S. 833–840.

Eyermann, Erich: Verwaltungsgerichtsordnung Kommentar, 10. Auflage München 1998 (zit.: *Bearb.*, in: Eyermann, Verwaltungsgerichtsordnung).

Feldhaus, Gerhard u.a.: Bundesimmissionsschutzrecht, Band I, Loseblatt Stand November 1998 (zit.: *Bearb.*, in: Feldhaus, Bundesimmissionsschutzrecht).

Finkelnburg, Klaus/*Jank,* Klaus Peter: Vorläufiger Rechtsschutz imVerwaltungsstreitverfahren, 4. Auflage München 1998 (zit.: *Bearb.*, in: Finkelnburg/Jank, Vorläufiger Rechtsschutz im Verwaltungsstreitverfahren).

Franz, Thorsten: Recht des Naturschutzes in Hessen, Loseblatt Stand Januar 1999.

Fritz, Roland/*Vormeier*, Jürgen (Hrsg.): Gemeinschaftskommentar Ausländerrecht, Loseblatt Stand August 1998 (zit.: *Bearb.*, in: Gemeinschaftskommentar Ausländerrecht).

Fuß, Ernst-Werner: Die einstweilige Anordnung im verfassungsgerichtlichen Verfahren, DÖV 1959, S. 201–210.

Gornik, Ursula: Die Strafbarkeit von Zuwiderhandlungen gegen rechtswidrige Verwaltungsakte, Frankfurt am Main 1971.

Grigoleit, Klaus-Joachim: Die Anordnung der sofortigen Vollziehbarkeit gemäß § 80 Abs. 2 Nr. 4 VwGO als Verwaltungshandlung, Berlin 1997.

Gusy, Christoph: Polizeirecht, 10. Auflage Tübingen 1996.

Hailbronner, Kay: Ausländerrecht, 2. Auflage Heidelberg 1988.

Hermes, Georg/*Wieland*, Joachim: Die staatliche Duldung rechtswidrigen Verhaltens, Heidelberg 1988.

Hill, Hermann: Das fehlerhafte Verfahren und seine Folgen im Verwaltungsrecht, Heidelberg 1986.

– Zehn Jahre Verwaltungsverfahrensgesetz, Speyer 1987.

Huba, Hermann: Grundfälle zum vorläufigen Rechtsschutz nach der VwGO, 1. Teil: Der vorläufige Rechtsschutz im Rechtsschutzsystem, JuS 1990, S. 382–386.

Hufen, Friedhelm: Fehler im Verwaltungsverfahren, 3. Auflage Baden-Baden 1998.

– Heilung und Unbeachtlichkeit von Verfahrensfehlern, Jus 1999, S. 313–320.

– Verwaltungsprozeßrecht, 3. Auflage München 1998.

Jagusch, Heinrich/*Hentschel*, Peter: Straßenverkehrsrecht, 35. Auflage München 1999.

Janicki, Hubertus: Aus Wissenschaft und Praxis: Keine Strafbarkeit von Verkehrsverstößen gegen durch amtliche Verkehrszeichen getroffene „rechtswidrige" Anordnungen, JZ 1968, S. 94–96.

Jarass, Hans D./*Pieroth*, Bodo: Grundgesetz für die Bundesrepublik Deutschland Kommentar, 4. Auflage München 1997 (zit.: *Bearb.*, in: Jarass/Pieroth, GG).

Kalkbrenner, Helmut: Anmerkung zu BayVGH, Urteil vom 28. 10. 1975 Nr. 66 II 72, BayVBl. 1976, S. 87.

Kanein, Werner/*Renner*, Günter: Ausländerrecht Kommentar, 6. Auflage München 1993.

Keller, Adolf: Die Kritik, Korrektur und Interpretation des Gesetzeswortlauts, Winterthur 1960.

Kloesel, Arno/*Christ*, Rudolf/*Häußer*, Otto: Deutsches Ausländerrecht, Loseblatt Stand September 1998.

Knack, Hans Joachim (Begr.): Verwaltungsverfahrensgesetz (VwVfG) Kommentar, 6. Auflage Köln u. a. 1998 (zit.: *Bearb.*, in: Knack, Verwaltungsverfahrensgesetz).

Knemeyer, Franz Ludwig: Polizei- und Ordnungrecht, 4. Auflage München 1991.

Koch, Hans-Joachim: Unbestimmte Rechtsbegriffe und Ermessensermächtigungen im Verwaltungsrecht, Frankfurt am Main 1979.

Koch, Hans-Joachim/*Rubel,* Rüdiger: Allgemeines Verwaltungsrecht, 2. Auflage Neuwied u.a. 1992.

Koenig, Christian: Der Begründungszwang im mehrpoligen Verwaltungsrechtsverhältnissen am Beispiel umweltrelevanter Entscheidungen, AöR 117 (1992), S. 513–542.

Kopp, Ferdinand O.: Rechtliche Bedeutung und Tragweite der aufschiebenden Wirkung der Anfechtungsklage, BayVBl. 1972, S. 649–654.

Kopp, Ferdinand O./*Ramsauer,* Ulrich, Verwaltungsverfahrensgesetz, 7. Auflage München 1996.

Kopp, Ferdinand O./*Schenke,* Wolf-Rüdiger: Verwaltungsgerichtsordnung, 11. Auflage München 1998.

Landmann/Rohmer (Begr.), Gewerbeordnung, Loseblatt Stand Oktober 1997 (zit.: *Bearb.*, in: Landmann/Rohmer, Gewerbeordnung).

Leipold, Dieter: Grundlagen des einstweiligen Rechtsschutzes im zivil-, verfassungs- und verwaltungsgerichtlichen Verfahren, München 1971.

Limberger, Judith: Probleme des vorläufigen Rechtsschutzes bei Großprojekten, Berlin 1985.

Lisken, Hans/*Denninger,* Erhard (Hrsg.): Handbuch des Polizeirechts, 2. Auflage München 1996 (zit.: *Bearb.*, in: Lisken/Denninger, Handbuch des Polizeirechts).

Magnussen, Beate: Der Säumniszuschlag im Erschließungsbeitragsrecht, BWVBl. 1989, S. 121–127.

Martens, Wolfgang: Suspensiveffekt, Sofortvollzug und vorläufiger gerichtlicher Rechtsschutz bei atomrechtlichen Genehmigungen, Köln u.a. 1983.

– Tendenzen der Rechsprechung zum Sofortvollzug der Zulassung großtechnischer Anlagen, DVBl. 1985, S. 541–548.

Maunz, Theodor/*Dürig,* Günther (Begr.): Grundgesetz Kommentar, Loseblatt Stand Juni 1998 (zit.: *Bearb.*, in: Maunz/Dürig, Grundgesetz Kommentar).

Metzner, Richard: Gaststättengesetz, 5. Auflage München 1995.

Meyer, Hans: Die Kodifikation des Verwaltungsverfahrens und die Sanktion für Verfahrensfehler, NVwZ 1986, S. 513–522.

Meyer, Hans/*Borgs-Maciejewski,* Hermann: Verwaltungsverfahrensgesetz, 2. Auflage Frankfurt am Main 1982 (zit.: *Bearb.*, in: Meyer/Borgs, Verwaltungsverfahrensgesetz).

Meyer, Hans/*Stolleis,* Michael (Hrsg.): Staats- und Verwaltungsrecht für Hessen, 5. Auflage Baden-Baden 2000 (zit.: *Bearb.*, in: Meyer/Stolleis, Staats- und Verwaltungsrecht für Hessen).

Michel, Elmar/*Kienzle,* Werner: Das Gaststättengesetz, 11. Auflage Köln u.a. 1992.

Morlok, Martin: Die Folgen von Verfahrensfehlern am Beispiel kommunaler Satzungen, Berlin 1988.

Müller, Friedrich: Juristische Methodik, 5. Auflage Berlin 1993.

v. Münch, Ingo/*Kunig,* Philipp (Hrsg.): Grundgesetz Kommentar Band 3, 3. Auflage München 1996.

Odenthal, Hans-Jörg: Strafbewehrter Verwaltungsakt und verwaltungsgerichtliches Eilverfahren, NStZ 1991, S. 418–421.

Ossenbühl, Fritz: Staatshaftungsrecht, 5. Auflage München 1998.

– Verwaltungsverfahren zwischen Effizienz und Rechtsschutzauftrag, NVwZ 1982, S. 465–472.

Palandt, Otto (Begr.): Bürgerliches Gesetzbuch, 57. Auflage München 1998 (zit.: *Bearb.*, in: Palandt, Bürgerliches Gesetzbuch).

Peine, Franz-Josef: Öffentliches Baurecht, 3. Auflage Tübingen 1996.

Pieroth, Bodo/*Schlink,* Bernhard: Grundrechte Staatsrecht II, 14. Auflage Heidelberg 1998.

Pietzner, Rainer/*Ronellenfitsch,* Michael: Das Assessorenexamen im Öffentlichen Recht, 8. Auflage Düsseldorf 1993.

Redeker, Konrad: Neuordnung der Verfahrensabläufe bei nachbarlichen Rechtsbehelfen im Baurecht, BauR 1991, S. 525–530.

Redeker, Konrad/*v. Oertzen,* Hans-Joachim: Verwaltungsgerichtsordnung, 11. Auflage Stuttgart u.a. 1994.

Renck, Ludwig: Gesetzgebungsbefugnis und sofortige Vollziehbarkeit, BayVBl. 1991, S. 743–745.

Rengeling, Hans-Werner/*Midekke,* Andreas/*Jakobs,* Michael: Rechtsschutz in der Europäischen Gemeinschaft, Durchsetzung des Gemeinschaftsrechts vor europäischen und deutschen Gerichten, München 1994.

Renner, Günter: Ausländerrecht in Deutschland, München 1998.

Rohde, Christian: Vorläufiger Rechtsschutz unter dem Einfluß des Gemeinschaftsrechts, Köln u.a. 1998.

Rubel, Rüdiger: Planungsermessen, Norm und Begründungsstruktur, Frankfurt am Main 1982.

Rudolphi, Hans-Joachim (Gesamtred.): Systematischer Kommentar zum Strafgesetzbuch, Loseblatt Stand Mai 1998 (zit.: *Bearb.*, in: Systematischer Kommentar zum Strafgesetzbuch).

Sarnighausen, Hans-Cord: Nachbarrechte gegen Unterkünfte für Asylbewerber im Baunachbarrecht, NVwZ 1994, S. 741–748.

Scheerbarth, Hans Walter/*Höffken,* Heinz: Beamtenrecht Lehr- und Handbuch, 6. Auflage Siegburg 1992.

Schenke, Wolf-Rüdiger: „Reform" ohne Ende – das Sechste Gesetz zur Änderung der Verwaltungsgerichtsordnung und anderer Gesetze (6. VwGOÄndG), NJW 1997, S. 82–93.

– Verwaltungsprozeßrecht, 6. Auflage Heidelberg 1998.

Schmaltz, Hans Carsten: Probleme des vorläufigen Rechtsschutzes im Baunachbarrecht, DVBl. 1992, S. 230–235.

Schmidt, Walter: Gesetzesvollziehung durch Rechtssetzung, Bad Homburg v.d.H. 1969.

– Staats- und Verwaltungsrecht, 2. Auflage Neuwied 1994.

Schmidt-Aßmann, Eberhard (Hrsg.): Besonderes Verwaltungsrecht, 10. Auflage Berlin und New York 1995 (zit.: *Bearb.*, in: Schmidt-Aßmann (Hrsg.), Besonderes Verwaltungsrecht).

Schmitt-Glaeser, Walter: Verwaltungsprozeßrecht, 14. Auflage Stuttgart u.a. 1997.

Schneider, Hans-Jürgen: Nebenbestimmungen und Verwaltungsprozeß, Berlin 1981.

Schoch, Friedrich: Vorläufiger Rechtsschutz und Risikoverteilung im Verwaltungsrecht, Heidelberg 1988.

– Maßstab und Rechtsnatur der Aussetzungsentscheidung nach § 80 Abs. 5 Satz 1 VwGO (Buchbespr.), NVwZ 1995, S. 570.

– Der vorläufige Rechtsschutz im 4. VwGO-Änderungsgesetz, NVwZ 1991, S. 1121–1126.

– Der Verfahrensgedanke im allgemeinen Verwaltungsrecht, Die Verwaltung 25 (1992), S. 21–53.

– Der Gleichheitssatz, DVBl. 1988, S. 863–882.

Schoch, Friedrich/*Schmidt-Aßmann,* Eberhard/*Pietzner,* Rainer: Verwaltungsgerichtsordnung, Loseblatt Stand September 1998 (zit.: *Bearb.*, in: Schoch/Schmidt-Aßmann/Pietzner, Verwaltungsgerichtsordnung).

Schüle, Adolf: Das Problem der einstweiligen Anordnung in der deutschen Reichsstaatsgerichtsbarkeit, Berlin 1932.

Schweitzer, Michael: Staatsrecht III, Staatsrecht Völkerrecht Europarecht, 6. Auflage Heidelberg 1997.

Sellner, Dieter: Immissionsschutzrecht und Industrieanlagen, Zulassung – Abwehr – Kontrolle nach dem BImSchG, München 1978.

Siegmund-Schultze, Gerhard: Die Bedeutung des Suspensiveffekts bei der Anfechtung von Verwaltungsakten, DVBl. 1963, S. 745–755.

Simon, Alfons (Hrsg.): Bayerische Bauordnung, Loseblatt Stand Oktober 1998.

Sommermann, Karl-Peter: Der vorläufige Rechtsschutz zwischen europäischer Anpassung und staatlicher Verschlankung, in: Planung – Recht – Rechtsschutz, Festschrift für Willi Blümel zum 70. Geburtstag, Berlin 1999.

Starck, Christian: Der Gesetzesbegriff des Grundgesetzes, Ein Beitrag zum juristischen Gesetzesbegriff, Baden-Baden 1970.

Staudinger, Julius v. (Begr.): Kommentar zum Bürgerlichen Gesetzbuch, Bd. II (§§ 255–327), 12. Auflage Berlin 1979 (zit.: *Bearb.*, in: Staudinger, Bürgerliches Gesetzbuch).

Steinberg, Rudolf: Komplexe Verwaltungsverfahren zwischen Verwaltungseffizienz und Rechtsschutzauftrag, DÖV 1982, S. 619–631.

– Fachplanung, 2. Auflage des Nachbarrechts der öffentlichen Anlagen, Baden-Baden 1993.

Steiner, Udo (Hrsg.): Besonderes Verwaltungsrecht, 5. Auflage Heidelberg 1995 (zit.: *Bearb.*, in: Steiner (Hrsg.), Besonderes Verwaltungsrecht).

Stelkens, Paul/*Bonk,* Heinz Joachim/*Sachs,* Michael: Verwaltungsverfahrensgesetz Kommentar, 5. Auflage München 1998 (zit.: *Bearb.*, in: Stelkens/Bonk/Sachs, Verwaltungsverfahrensgesetz).

Stern, Klaus:, Verwaltungsprozessuale Probleme in der öffentlich-rechtlichen Arbeit, 7. Auflage München 1995.

Streinz, Rudolf: Europarecht, 3. Auflage Heidelberg 1996.

Stüer, Bernhard: Handbuch des Bau- und Fachplanungsrechts, 2. Auflage München 1998.

Stüer, Bernhard/*Probstfeld,* Willi E.: Anhörungsverfahren bei straßenrechtlichen Großvorhaben, DÖV 2000, S. 701–711.

Timmler, Eva Angelika: Maßstab und Rechtsnatur der Aussetzungsentscheidung nach § 80 Abs. 5 Satz 1 VwGO, Baden Baden 1993.

Wahl, Rainer: Entwicklung des Fachplanungsrechts, NVwZ 1990, S. 426–441.

Wahl, Rainer/*Dreier,* Johannes: Entwicklung des Fachplanungsrechts, NVwZ 1999, S. 606–620.

Wassermann, Rudolf (Hrsg.): Kommentar zum Grundgesetz für die Bundesrepublik Deutschland, Band 1, Reihe Alternativkommentare, 2. Auflage Neuwied 1989 (zit.: *Bearb.*, in: GG-Alternativkommentar).

Weber, Martin: Vorläufiger Rechtsschutz bei subventionsrechtlichen Konkurrentenklagen, Frankfurt am Main 1991.

Wieseler, Willi: Der vorläufige Rechtsschutz gegen Verwaltungsakte, Berlin 1967.

Winkelbauer, Wolfgang: Die behördliche Genehmigung im Strafrecht, NStZ 1988, S. 201–206.

Wolfrum, Rüdiger: Der Ausschluß von Einwendungen im Anhörungsverfahren und sein Einfluß auf den Verwaltungsrechtsschutz, DÖV 1979, S. 497–502.

Wüterich, Christoph: Die Bedeutung von Verwaltungsakten für die Strafbarkeit wegen Umweltvergehen (§§ 324 ff. StGB), NStZ 1987, S. 106–109.

Sachverzeichnis

FSC
www.fsc.org
MIX
Papier | Fördert
gute Waldnutzung
FSC® C083411

Kolibri 360 GmbH
Ferdinand-Jühlke-Straße 7
99095 Erfurt, Deutschland
produktsicherheit@kolibri360.de

Druck:
CPI Druckdienstleistungen GmbH
im Auftrag der
Kolibri 360 GmbH
Ferdinand-Jühlke-Str. 7
99095 Erfurt